ララチッタ

France

フランス

ララチッタとはイタリア語の「街＝La Citta」と、
軽快に旅を楽しむイメージを重ねた言葉です。
世界遺産の豪華絢爛な宮殿、
名画のゆかりの地に、美しい村々…
女子の“素敵”が詰まったフランス旅へ出発です！

ララチッタ フランス

CONTENTS

フランスで叶えたい♥ とっておきシーン5

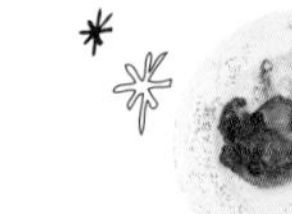

Paris

パリ

Île-de-France & Normandie & Loire

パリ近郊

Provence & Côte d'Azur

南フランス

Ville Mignonne de France

かわいいフランスの町

ワイン特集

トラベルinfo

付録MAP

マークの見かた

- 世界遺産
- 必見スポット
- 眺望がよいところ
- 予約が必要
- ドレスコードあり（ジャケット・タイ着用が望ましい）
- 日本語メニューがある
- 日本語スタッフがいる
- 英語メニューがある
- 英語スタッフがいる
- 交 交通
- 住 住所
- ☎ 電話番号
- 時 開館時間、営業時間
- 休 休み
- Ⓜ メトロ

PASS OK パリ・ミュージアムパス利用可

その他の注意事項

●この本に掲載した記事やデータは、2023年11月～2024年1月の取材、調査に基づいたものです。発行後に、料金、営業時間、定休日、メニュー等の営業内容が変更になることや、臨時休業等で利用できない場合があります。また、各種データを含めた掲載内容の正確性には万全を期しておりますが、おでかけの際には電話等で事前に確認・予約されることをお勧めいたします。なお、本書に掲載された内容による損害等は、弊社では補償いたしかねますので、予めご了承くださいますようお願いいたします。
●地名・物件名は政府観光局などの情報を参考に、なるべく現地語に近い発音で表示しています。
●休みは基本的に定休日のみを表示し、イースターやクリスマス、年末年始、夏期休業、国の記念日など祝祭日については省略しています。
●料金は基本的に大人料金を掲載しています。

事前にチェックしよう！

フランス早わかり

ヨーロッパ最大の面積を誇る世界有数の観光立国フランス。
国土はほぼ正六角形で13の地域圏に分かれている。
各地の特徴を知って、とっておきの旅行プランを考案しよう！

基本情報

正式国名：フランス共和国
首都：パリ
人口：約6800万人（2023年）
面積：約54万9000㎢
言語：フランス語
通貨とレート：€1=約162円（2024年3月現在）
時差：－8時間（日本より8時間遅れ。3月最終日曜～10月最終日曜まではサマータイムで日本との時差は－7時間となる。
ベストシーズン：5月中旬～10月がベスト。平均気温と降水量、祝祭日については→P149

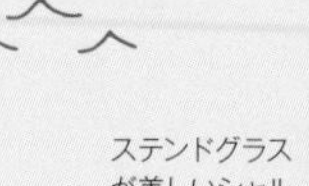

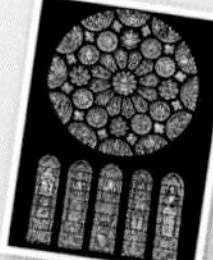

ステンドグラスが美しいシャルトルのノートルダム大聖堂

オンフルール P91
ルーア
ノルマンディ
モン・サン・ミッシェル P72
ロワー P82
ブルターニュ P138
2 パリ近郊
ペイ・ド・ラ・ロワール
トゥール P82

誰もが憧れる
フランス観光の中心

1 パリ ➡P23
Paris

「花の都」とよばれ、政治、文化、経済など、あらゆる分野での中心都市。街の中心をセーヌ河が流れ、沿岸一帯に歴史遺産が点在。世界遺産にも登録されている。

1：流行の発信地、パリではショッピングが楽しい 2：シャンゼリゼ大通りに立つ凱旋門 3：滞在中、一度は訪れたい老舗カフェ 4：1889年建造のエッフェル塔はパリの象徴

ヌーヴェル・アキテーヌ

ボルドー P136

ルルド P122

ボルドーでは高級ワインを楽しみたい

世界遺産、ナンシーのスタニスラス広場

オー・ド・フランス
ランス P92
ジヴェルニー P90
ヴェルサイユ P78
オヴェール・シュル・オワーズ P92
シャンティイ P87
ランス P140
パリ 1
イル・ド・フランス
フォンテーヌブロー P86
バルビゾン P94
シャルトル P88
サントル・ヴァル・ド・ロワール
ナンシー P130
P132 ストラスブール
グラン・テスト
ディジョン P138
ボーヌ P138
ブルゴーニュ・フランシュ・コンテ
リヨン P126
オーヴェルニュ・ローヌ・アルプ
P105 マントン
P106 モナコ
P98 ニース
3 南フランス
オクシタニー
P116 ポン・デュ・ガール
アヴィニヨン P114
アルル P110
ヴァンス P104
エズ P105
P112 エクス・アン・プロヴァンス
サン・ポール・ドゥ・ヴァンス P104
カルカッソンヌ P124
P104 カーニュ・シュル・メール

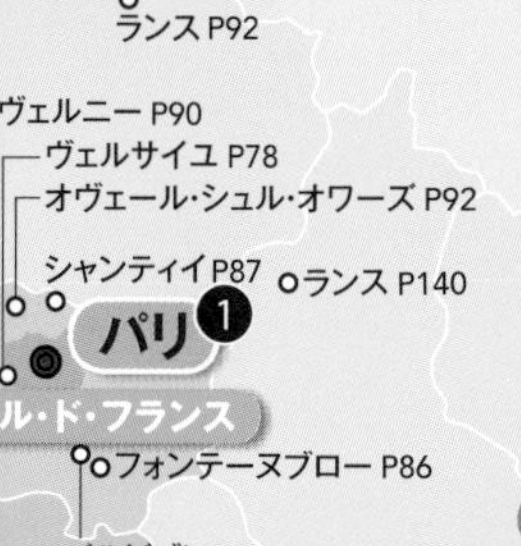

城塞都市が丸ごと修復されたカルカッソンヌ

パリから日帰りできる歴史舞台が点在

❷ パリ近郊 ➡P69

Île-de-France & Normandie & Loire

ヴェルサイユ宮殿やロワール河流域に立ち並ぶ古城群、海に浮かぶモン・サン・ミッシェルやモネゆかりの地、ジヴェルニーなど魅力に溢れた名所が多い。

1：モン・サン・ミッシェルはフランス随一の人気観光名所 2：歴代のフランス王に愛されたアンボワーズ城 3：ルイ王朝の栄華を伝えるヴェルサイユ宮殿

フランスきってのリゾート地

❸ 南フランス ➡P95

Provence & Côte d'Azur

一年を通して温暖で爽やかな気候をもち、変化に富んだ景観美が魅力。古代ローマ発祥の町も多く、周辺には2000年前の姿を今に伝える遺跡も点在する。

1：モナコのバラ園にはグレース公妃の紋章が 2：モナコにはグレース公妃ゆかりの地が点在 3：フランス最大のヴァカンス地、ニース

フランスを楽しみつくす!

6泊8日王道モデルプラン

世界遺産の宮殿や古城、印象派ゆかりの地まで日帰りで行ける、
パリを拠点とした超定番王道コースを紹介。

DAY1

夕方着だから…
初日は近場でパリを満喫

16:50
シャルル・ド・ゴール空港着

↓ ロワシーバスで約60分

19:00
パリ市内のホテルにチェックイン

↓ 徒歩で移動

20:00
ホテル近くのカフェで夜ごはん

夜遅くまで営業しているカフェもある

ADVICE!
羽田空港からフランスへの直行便は、朝5〜7時台か、夕方15〜17時台に到着する。自分が何時に到着して、どのエリアに滞在するかをよく確認してからプランを立てよう。

DAY2

ツアーを利用して
ロワールの古城めぐり

7:20
日帰りツアーでロワールへ

↓ バスで3時間

11:00
シュノンソー城見学(→P84)

↓ バスで35分

12:30
レストランでランチ

↓

ワインテイスティング

↓ バスで1時間

15:00
シャンボール城を見学(→P83)

↓ バスで3時間

19:20
パリに到着

ADVICE!
ロワールには数多くの城が点在。代表的な城を効率よくめぐるにはツアー(→P142)で訪れるのがベスト。日本語ガイド付きでより深く知ることができる。

ロワールの名門ワインを試飲

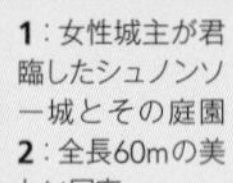

1:女性城主が君臨したシュノンソー城とその庭園
2:全長60mの美しい回廊

ロワール最大級の城

シンメトリーが美しいロワール最大級の城

DAY3

幻想的な島
憧れのモン・サン・ミッシェル

7:20
日帰りツアー(→P142)でモン・サン・ミッシェルへ

↓ バスで2時間40分

9:50
港町オンフールを散策

↓ バスで2時間15分

12:45
モン・サン・ミッシェルでランチ&修道院見学、島内散策(→P72)

↓ バスで2時間40分

21:20
パリに到着

ノルマンディー地方の古い港町

おみやげには
ガレットやキャラメルが人気
Caramels Tendres
1

1：1300年の歴史を誇るフランス随一の観光名所 2：ロマネスクとゴシック様式の修道院

DAY4

じっくり見学
絢爛豪華なヴェルサイユ宮殿

8:00
RER最寄り駅へ

↓ RERで45分

9:00
ヴェルサイユ宮殿見学
(→P80)

↓ 徒歩すぐ

11:00
庭園を散策
(→P79)

↓ RERで45分

14:00
パリへ

↓ メトロで移動

15:00
ルーヴル美術館で必見作品を早回り
(→P34)

↓ メトロで移動

20:00
ビストロでディナー(→P48)

宮殿見学は
所要約2時間
きらびやかな
「鏡の間」に
うっとり

幾何学模様の植栽や彫刻、噴水が配された庭園

アレンジプラン
あまり時間をかけたくなければ、日帰りツアー(→P142)に参加しよう。午前か午後の4時間でみどころを効率よく回れる。

©Musée du Louvre

©Musée du Louvre

ADVICE!
ガラスのピラミッド中央入口は混雑しているので、公式サイトから事前にチケットを購入してカルーゼル・デュルーヴルやポルト・デ・リオンから入ろう。

DAY5

名画のモデルとなった
印象派ゆかりの地を訪問

1：印象派の名画・名作が集まるオルセー美術館 2：ミュージアムグッズにも注目

冬のアレンジプラン

ジヴェルニーは4～10月のみオープン。日帰りツアーも冬期は催行していないので、モネの『睡蓮』を展示するオランジュリー美術館(→P56)など、パリ市内の美術館めぐりがおすすめ。

7:45
日帰りツアー(→P142)でジヴェルニーへ

↓ バスで1時間15分

9:00
モネの庭園を自由散策、アトリエ見学(→P90)

↓ バスで1時間15分

13:00
パリ到着後、ビストロでランチ
オススメ▶ラザール(→P48)

↓ ⓂST-LAZARE駅から ⓂSOLFÉRINO駅まで17分

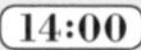

14:00
オルセー美術館へ(→P38)

↓ 徒歩15分

16:00
サン・ジェルマン・デ・プレでショッピング(→別冊MAP P30-31)

連作『睡蓮』を描いたジヴェルニーのモネの庭園

お目当の人気ビストロは予約しよう

セーヌ河左岸に広がる文化・芸術の中心地

DAY6

みどころたくさん！
パリをじっくり観光

8:30
ラデュレで朝食(→P44)

↓ 徒歩すぐ

9:30
シャンゼリゼ大通りと凱旋門へ(→P30、44)

↓ ⓂCHARLE DE GAULLE- ÉTOILEからⓂBIR-HAKEIMまで13分

11:00
パリのシンボル エッフェル塔に上る(→P28)

↓ 徒歩3分

13:00
バトビュスでクルーズ気分(→P40)

船で約42分

お目当はブリオッシュのフレンチトースト

1：凱旋門は展望台にも上ってみよう 2：凱旋門からコンコルド広場まで約2kmの大通り

高さ324m。3つの展望台がある

セーヌ河を往来する乗り降り自由の水上バス

マルシェ・デ・ザンファンルージュは飲食店が充実

14:00
マレのマルシェでランチ
オススメ▶マルシェ・デ・ザンファン・ルージュ(→P59)

↓ 徒歩20分

15:30
ノートルダム大聖堂へ
(→P31)

再建工事中のノートルダム大聖堂

↓ Ⓜ CITÉ駅から Ⓜ BLANCHE駅まで20分

華やかな衣装もみどころのひとつ
©Moulin Rouge®-S,Franzese

19:00
ムーラン・ルージュでディナーショー(→P43)

DAY7
みどころたくさん!
最終日はパリでショッピング三昧

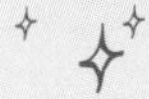

9:00
モンマルトルを散策(→P42)

↓ Ⓜ ANVERS駅から Ⓜ FILLES DU CALVAIRE駅へ20分

1:石畳の小径を散策しよう **2**:丘の上に立つサクレクール寺院

11:00
マレとオペラ地区でショッピング(別冊MAP P22/29)

↓ 徒歩すぐ

パトリック・ロジェ(→P47)のショコラ

13:00
カフェ・ドゥ・ラ・ペでランチ(→P61)

オペラ・ガルニエ(→P32)を眺めながらランチを

↓ 徒歩7分

ハイセンスなコンセプトストアのメルシー(→P64)

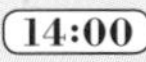

14:00
スーパーでおみやげ探し
オススメ▶モノプリ(→P54)

↓ メトロで移動

18:00
ホテルに戻って荷物ピックアップ

↓ ロワシーバスで約60分

プチプラなのでバラマキみやげに◎

20:00
シャルル・ド・ゴール国際空港着・チェックイン

ADVICE!
空港は混雑することが多いので、早めに行動を。空港内にはラデュレなど、スイーツの店舗も。日持ちしないマカロンは空港で購入がおすすめ。

DAY8
日本に帰国

18:30
羽田空港着

SPECIAL SCENE5

フランスで叶えたい♥
とっておきシーン5

フランスで絶対に体験したい5つのシーン！
歴史を感じられる世界遺産や名画の舞台から、かわいいスイーツにおしゃれ雑貨など、
女子旅にぴったりなフランスの魅力を紹介します。

贅を尽くした「鏡の間」は宮殿のハイライト

歴史冒険の旅へ出かけよう！

憧れの世界遺産

後世に伝えるべき、歴史的、文化的に価値がある世界遺産。フランスには52カ所が登録されている。絢爛豪華な古城に宮殿など、どれも絵になる美しさ！

ルイ王朝の栄華を伝える荘厳な宮殿

ヴェルサイユ宮殿と庭園 ➡P78

Palace and Park of Versailles
1979年登録／ヴェルサイユ

太陽王ルイ14世が建設を着手、ルイ15世の時代に完成したバロック建築を代表する宮殿。華やかな時代の香りが随所に残されている。

庭園はフランス式庭園の傑作と称される

花の都を彩る名建築の数々
パリのセーヌ河岸 ➡P40

Paris, Banks of the Seine
1991年登録／パリ

セーヌ河の両岸に立つ建物はパリの長い歴史を伝える貴重な遺産。ゴシックの殿堂ノートルダム大聖堂(再建工事中) やエッフェル塔など、魅力がたくさん。

パリの街の
中心を流れる
セーヌ河

小さな島に建てられた修道院
モン・サン・ミッシェルとその湾 ➡P72

Mont-Saint-Michel and its Bay
1979年登録／モン・サン・ミッシェル

脱出不可能な牢獄や難攻不落の要塞としての歴史をもつ。増改築を繰り返すことで複雑な構造となり、その迫力には圧倒されるばかり。

ノルマンディと
ブルターニュ地方の
狭間に浮かぶ

フランスで叶えたい♥

とっておきシーン5

SCENE 1 憧れの世界遺産

ロワール河のほとりにたたずむ優美な城

シュリー・シュル・ロワールとシャロンヌ間のロワール渓谷 ➡P82

The Loire Valley between Sully-sur-Loire and Chalonnes

2000年登録／シュノンソーなど

中世の王侯貴族たちが風光明媚なロワール流域に豪華な城を建設。ルネサンス様式を取り入れた建築や装飾、川と城が織りなす美景が広がる。

精緻な細工が施されたステンドグラス

均整のとれた美しい教会

神秘的な光を放つ青のステンドグラス

シャルトル・ノートルダム大聖堂

➡P89

Chartres Cathedral **1979年登録／シャルトル**

左右非対称の鐘楼をもつ大聖堂。圧巻はシャルトル・ブルーとよばれる13世紀のステンドグラス群。当時のままの姿を今に伝えている。

丘の上にそびえる城塞都市
歴史的城塞都市 カルカッソンヌ ➡P124

Historic Fortified City of Carcassonne
1997年登録／カルカッソンヌ

古代ローマ時代に建設された城塞都市。17世紀に衰退し、荒れた城塞は19世紀に修復され、欧州最大級の城塞都市が再現された。

当時の城塞都市がほぼ完全に復元

17世紀の長大な交易路
ミディ運河 ➡P125

Canal du Midi
1996年登録／カルカッソンヌなど

トゥールーズから地中海のトー湖を結ぶ、総延長距離360kmにおよぶ大運河。19世紀に鉄道が開通するまでは重要な交通路として利用された。

フランス発展に貢献した人工運河

2000年前の水道橋
ポン・デュ・ガール（ローマの水道橋） ➡P116

Pont du Gard(Roman Aqueduct)
1985年登録／ポン・デュ・ガール

ユゼスの水源からニームに至る約50kmの水路の一部で、3層のアーチの最上部を水が流れている。2000年を経た今でもほぼ完全な姿で残る。

ローマ人の技術力に驚かされる

フランスで叶えたい♥

とっておきシーン5

甘い誘惑がいっぱい！

絶品スイーツで至福の時間

スイーツの本場、フランスには工夫を凝らした魅惑のお菓子がたくさん！ 食後に、散策の休憩にいろいろ食べてお気に入りをみつけよう。

パリで食べたい！

マカロン *Macaron*

♥ ○ ⇧ **ラデュレ** ➡P44

アーモンドと卵白、砂糖にフレーバーをつけた生地を焼き、クリームやジャムをはさんだカラフルなお菓子。パリスイーツの代表格。

イスパハン *Ispahan*

♥ ○ ⇧ **ピエール・エルメ** ➡P63

ローズ風味のマカロンにライチとローズのクリーム、木イチゴをはさんだ、エルメ氏の代表作。

ミルフィーユ *Millefeuille*

♥ ○ ⇧

ユーゴ・エ・ヴィクトール ➡P63

「千枚の葉」を意味。サクサクのパイ生地にカスタードクリームをはさみ、表面に粉砂糖をまぶすのが定番。

パリ・ブレスト *Paris Brest*

♥ ○ ⇧

セバスチャン・ゴダール ➡P62

パリ・ブレスト間の自転車レースを記念して作られたタイヤ型の菓子。

エクレア *Eclair*

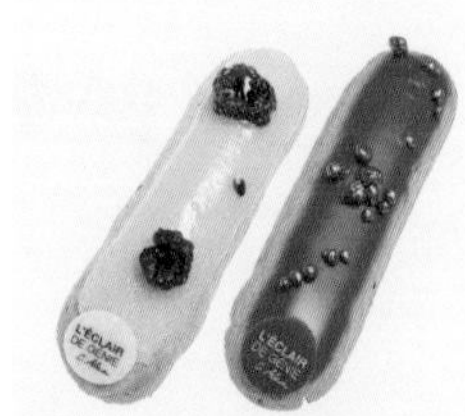

♥ ○ ⇧ **レクレール・ドゥ・ジェニ** ➡P62

細長いシュー皮にカスタードやホイップクリームをはさみ、チョコやアイシングをかける。

サントノーレ Saint-honoré

カレット ➡P62

サクサクのパイ生地の上にカラメルのシュークリームと生クリームをのせた伝統菓子。

オペラ Opera

ダロワイヨ ➡P62

コーヒー風味のビスキュイ、バタークリーム、ガナッシュチョコレートを重ねた濃厚な味わいのケーキ。

クリーム・ブリュレ Creme Brulee

カフェ・デ・ドゥ・ムーラン ➡P43

仏語で「焦がしクリーム」。濃厚なカスタードに砂糖をのせ、バーナーで焦がしてカラメル状に仕上げる。

タルト・シトロン Tarte Citron

ラ・パティスリー・シリル・リニャック ➡P62

サクサクとしたタルト生地に甘酸っぱいレモンクリームを合わせたフランス伝統菓子。

モンブラン Mont Blanc

アンジェリーナ ➡P62

パリの老舗菓子店「アンジェリーナ」で誕生。濃厚なマロンペーストの中は生クリーム、土台は焼きメレンゲ。

ババ・オ・ラム Baba au Rhum

ストレール ➡P62

ラム酒をたっぷり浸したブリオッシュの中に、カスタードクリームと干しブドウを詰めたデザート。

地方で食べたい!

アルザス
クグロフ Kouglof

ティエリー・ミュロップ ➡P133

アーモンドと、リキュールで香りづけ。ドライフルーツ入り。

パリ、ボルドー
カヌレ Cannele

蜜蝋を塗った型に生地を入れ焼く。外は固く中はモチモチとやわらかい。

シャンティイ
クレーム・シャンティイ Creme Chantilly

ラ・キャピテヌリー ➡P87

生クリーム、粉砂糖、バニラエッセンスのクリーム。

エクス・アン・プロヴァンス
カリソン Calisson

ベジャール ➡P113

果物のシロップを練りこみ、型抜きし糖衣をかけた銘菓。

ブルターニュ、ノルマンディ
クレープ Crepe

オーベルジュ・サン・ピエール ➡P76

薄く焼いたフランス風パンケーキ。

ナンシー
マカロン・ドゥ・ナンシー Macaron de Nancy

メゾン・デ・スール・マカロン ➡P131

18世紀にふたりの修道女が考案した素朴なマカロン。

美食の国で大満足♪

絶対食べたい！フランス料理Best11

海、山の幸が豊富なフランスでは
地方ごとにさまざまな料理を味わえる。
カフェやビストロ、レストランで思いっきり堪能して。

ニース風サラダ
Salade Niciuse

ル・サファリ➡P102
トマト、ピーマン、タマネギ、キュウリ、オリーブ、アンチョビ、ツナ、ゆで玉子のサラダ

オニオンスープ
Soupe a Loignon Gratinee

タマネギを香ばしく炒めたスープに、バゲットやチーズを浮かべる。スープに染み込んだパンが◎

クロック・ムッシュー
Croque-monsieur

カフェ・ドゥ・ラ・ペ➡P61
パンにハムやホワイトソースをサンドし、チーズをのせて焼く、カフェの定番。目玉焼きをのせたものはクロック・マダム

生ガキのプレート
Plateau des Huitres

ラ・クーポール➡P51
レモンやエシャロット入り赤ワインビネガーと一緒に。通常は6個か12個単位で注文。料金は時価

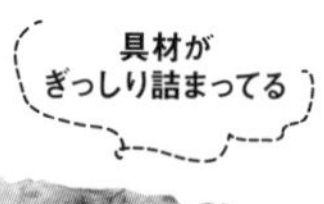

キッシュ *Quiche*

ローズ・ベーカリー➡P63
パイ生地の上に卵やチーズなどをのせて焼いたアルザス地方の郷土料理。カフェやブーランジュリーの定番

舌平目のムニエル
Sole Meuniere

シェ・ミッシェル➡P61
ブルターニュ直送の肉厚な舌平目の両面に小麦粉をはたき、バターで焼いたメイン。身はやわらかく上品な味

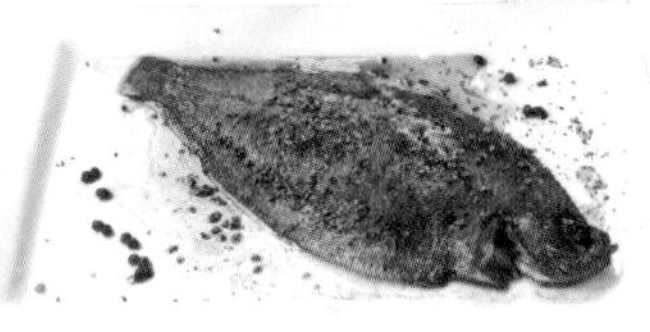

ブイヤベース

Bouillabaisse

ル・ティユール➡P104
いろいろな魚をトマトやタマネギ、ニンニク、オリーブオイル、白ワインとサフランで煮込む。南仏の漁師料理

魚介のうま味が凝縮した一皿

シュークルート

Choucroute

メゾン・カメルツェル➡P133
塩漬けして発酵させて酸味を出したキャベツにソーセージ、ハムやベーコンなど豚肉の加工品を添える

お肉をがっつり味わえる

鴨のコンフィ
Confit de Canard

ル・セレクト➡P61
鴨肉を脂煮（コンフィ）し、保存した伝統料理。フライパンで焼き、鴨脂で炒めたポテトを添える

エスカルゴ
Escargots

オ・ブルギニョン・デュ・マレ➡P61
食用カタツムリに、パセリとニンニクのバターソースをからめて加熱し、熱々でサービスする

ガレット *Galette*
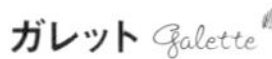

ブレッツ・カフェ➡P61
そば粉を使った塩味の生地に卵やチーズ、野菜をトッピング。ブルターニュ地方の伝統料理

かわいい&おいしいモノを探そう

エスプリ薫るステキなおみやげ

旅の思い出にかかせない、各地のおみやげをピックアップ。
デザイン性に優れたもの、昔ながらの雑貨などどれも気になる！

《食材》

グルメ大国のフランス。食材専門店でとっておきの味を探したい。

マスタード

マイユ➡P67
ブルゴーニュ地方発のディジョンマスタード

《コスメ》

パリでは日本よりお手頃プライスで、有名コスメを購入できる。

プロディジューオイル

シティファルマ➡P55
ニュクスの万能保湿オイル€12.78

リップバーム

マドモアゼル・ビオ➡P55
クレイジー・ルマーズのリップクリーム€5.25

《パリの名所グッズ》

エッフェル塔やオペラ・ガルニエなどグッズはいろいろ。

キーホルダー

ラデュレ➡P44
マカロンも付いたキュートなキーホルダー。リボンもかわいい

ラ・ギャラリー・ドゥ・ロペラ・ドゥ・パリ➡P32
オペラ・ガルニエがプリントされたポーチ€12.95

《ミュゼグッズ》

美術館のショップにはセンスのいいオリジナルグッズがいっぱい！

付せん

ロダン美術館➡P57
名作『考える人』が付せんに。各€2.90

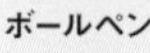

ボールペン

ルーヴル美術館➡P37
バラマキみやげにちょうどいい 各€3.20

マグカップ

ピカソ美術館➡P56
ピカソ作品のマグカップ€15.90

《ファッションアイテム》

パリジェンヌ御用達のおしゃれ小物でセンスアップ！

バレエシューズ

レペット➡P65
カラーバリエーション豊富なバレエシューズ

帽子

ラ・スリーズ・シュー・ル・シャポー➡P65
オーダーメイドで自分だけの帽子を

南仏

小皿

ソレイアード➡P115
プロヴァンス・プリントの小皿€25

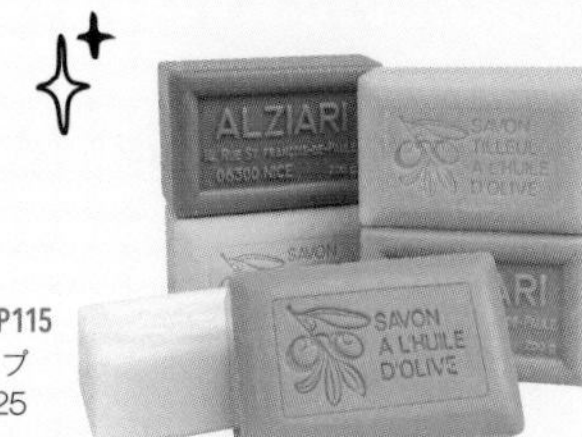

保湿効果も期待できる

石けん

アルジアリ➡P103
オリーブ油が原料。香りはラベンダーやヴァーベナなど

ナンシー

ベルガモット・ドゥ・ナンシー

メゾン・デ・スール・マカロン➡P131
ベルガモットとカラメルで作る、黄金色のキャンディ。香り爽やか

アルザス

陶器

ポトゥリー・ダルザス➡P133
アルザス地方の名菓クグロフ型の陶器。色もサイズも豊富

モン・サン・ミッシェル

クセになるおいしさ

塩バターキャラメル

ブティック・ラ・メール・プラール➡P76
ノルマンディ地方特産の牛乳とバターを使用。濃厚な味

ランス

ビスキュイ・ローズ

フォシエ➡P141
シャンパンに浸して食べるビスケット。軽い食感

プロヴァンス

オリーブオイル

アルジアリ➡P103
南仏料理はオリーブオイルをよく使う。計り売りをしている店も

ポプリ

ラベンダーの花を乾燥して作ったポプリのサシェ

サントン人形

イエスの誕生を人形や馬小屋の模型で再現。クリスマスに飾る

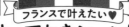

憧れのあの景色に出合う

名画の世界へトリップ

モネ、ゴッホ、ルノアール、ミレー……。名だたる芸術家が描いた名画の舞台へ訪れてみよう。そこには彼らを魅了した美景が待っている。

クロード・モネの

『睡蓮』

Les Nymphéas

ココを訪問：
クロード・モネの
邸宅と庭園➡P90

オランジュリー美術館（→P56）などに展示されているモネの代表作。モデルとなったのは緑豊かなジヴェルニー村のモネの邸宅にある美しい睡蓮池。

左：モネの邸宅もみどころのひとつ　上：四季折々の花が咲く。睡蓮の開花は7月ごろ

睡蓮池に太鼓橋が架かる

フィンセント=ファン・ゴッホの

『オヴェールの教会』

L'église d' Auvers-sur Oise, vue du chevet

ココを訪問：
ノートルダム教会➡P93

セーヌ川下流のオヴェール・シュル・オワーズという小さな村。ゴッホはここで70点以上の作品を描いた。終焉の地でもある。

オルセー美術館（→P38）所蔵

右：村にはゴッホと弟のテオの墓もある
下：ゴッホが描いた絵を見比べてみよう

オーギュスト・ルノワールの

『ムーラン・ドゥ・ラ・ギャレット』

Bal du Moulin de la Galette

ココを訪問：パリ（モンマルトル）➡P42

かつてのダンスホールで、現在はレストランとなっているムーラン・ドゥ・ラ・ギャレットが作品の舞台。オルセー美術館（→P38）で鑑賞できる。

17世紀に造られた風車が目印

ジャン=フランソワ=ミレーの

『落穂拾い』 Des glaneuses

ココを訪問：バルビゾン➡P94

ミレーが暮らした、牧歌的で自然豊かなバルビゾンの村。ここで農民画や風景画を描いた。『晩鐘』が描かれた地でもある。

オルセー美術館（→P38）所蔵

村周辺には麦畑や森が広がる

もっとフランスを楽しみたい！

テーマでめぐるモデルプラン

コース1 パリ近郊印象派ゆかり地をめぐるアートの旅

4泊6日

アートにこだわる6日間の旅。ジヴェルニーは現地発着ツアーを利用すれば効率的。＋1日足せばヴェルサイユ宮殿またはロワールの古城群にも行ける。

Day 1

16:50 シャルル・ド・ゴール空港着
↓ バスで1時間
19:00 パリ市内のホテルへ

Day 2

8:15 日帰りでオヴェール・シュル・オワーズへ
↓ 鉄道で1時間
9:00 ゴッホの家、ノートルダム教会、オヴェール・シュル・オワーズ墓地などゴッホの軌跡をたどる
↓ 鉄道で1時間
16:00 パリ着、芸術家が愛したモンマルトル散策

Day 3

8:00 日帰りツアーでジヴェルニーへ
※冬期は催行なし。代わりにヴェルサイユ宮殿やロワールのツアーに参加
↓
13:00 パリ着
↓ メトロで移動
14:00 ルーヴル美術館へ

Day 4

パリの美術館めぐり
オルセー美術館、オランジュリー美術館

Day 5

最終日はパリでショッピング
18:00 余裕をもって空港へ出発
↓ バスで1時間
20:00 シャルル・ド・ゴール空港に到着、チェックイン

Day 6

18:30 羽田空港着

コース2 美しい町と温暖な気候に癒やされる、南フランス

6泊8日

欧州屈指のリゾートエリア、コート・ダジュールと古代ローマ発祥の町が点在するプロヴァンスをめぐる旅。紺碧の地中海と豊かな自然、美しい村の美景に出合える。

Day 1

19:40 パリで乗り継ぎ マルセイユ プロヴァンス空港着
↓ タクシーで30分
21:30 マルセイユ市内のホテルへ

Day 2

9:00 アヴィニヨンに移動
↓ 鉄道で35分
11:00 法王庁宮殿、サン・ベネゼ橋を見学
↓ バスで50分
14:00 ポン・デュ・ガール見学後、アヴィニヨンへ

Day 3

9:00 日帰りでアルルへ
↓ 鉄道で20分
10:00 アルルで古代ローマの遺跡を見学後、アヴィニヨンへ
↓ バスで1時間30分
15:00 アヴィニヨンからエクス・アン・プロヴァンスに移動

Day 4

9:00 半日エクス・アン・プロヴァンス観光後、ニースへ
↓ バスで2時間30分
17:50 ニース泊

Day 5

ニース1日観光。シャガール美術館、マティス美術館、城跡公園など。プロムナード・デ・ザングレでリゾート気分を満喫

Day 6

9:00 ニースからエズへ
↓ バスで40分
10:00 エズで半日観光
↓
13:00 モナコで半日観光
↓ 鉄道で25分
ニースへ戻る。ニース泊

Day 7

11:30 ニースの空港へ
↓ タクシーで30分
12:15 空港にチェックイン。パリで乗り継ぎ

Day 8 羽田空港着

コース3 ブルゴーニュ&シャンパーニュでワインと美食に酔いしれる

5泊7日

アルザス、シャンパーニュ、ブルゴーニュといったワインの銘醸地へ。美食タウンとして知られるリヨンでは、ポール・ボキューズやブションのレストランで食事を。

Day 1

16:50 パリ シャルル・ド・ゴール空港着
↓ 鉄道で1時間30分
20:00 ランス市内のホテルへ

Day 2

9:00 シャンパンセラーを見学
↓ 鉄道で2時間30分
15:00 ストラスブールへ。世界遺産の街を見学

Day 3

9:00 市内観光後、ナンシーへ
↓ 鉄道で1時間30分
15:00 スタニスラス広場などを見学。ナンシー泊

Day 4

8:00 ブルゴーニュへ
↓ 鉄道で3時間
11:00 ワイナリーツアーに参加、その後リヨンへ
↓ 鉄道で1時間45分
21:00 リヨン泊

Day 5

9:00 リヨン市内観光
↓ トラムで移動
13:00 ブションでランチ
↓ トラムで移動
14:00 新市街を散策。ディナーは星付きレストランで

Day 6

10:00 ベルシオンなどでチョコレートを購入
↓ 鉄道で2時間
20:00 パリ シャルル・ド・ゴール空港に到着、空港チェックイン

Day 7

18:30 羽田空港着

Lala Citta France

Area1

パリ

Paris

政治、経済、文化の中心である
フランスの首都パリ。老舗ビストロやパティスリー、
最新ショップなど欲張りに楽しもう!

街が見えてくる！

パリ エリアNAVI

パリの街は山手線内とほぼ同じ広さ。セーヌ河をはさんで北側を右岸、南側を左岸といい、右岸は経済の中心地、左岸は芸術・文化の地として発展してきた。まずはエリアの特徴をつかもう。

① シャンゼリゼ大通り

Champs-Élysées

凱旋門からコンコルド広場へ抜ける、パリで一番華やかな目抜き通り。約2kmの通りには、ハイブランドの本店や名物カフェ、レストランが軒を連ね、世界中から訪れる観光客でいつも賑わう。

MAP 付録P14-15 交M1号線 GEORGE V 駅、1号線 CHARLES DE GAULLE-ÉTOILE駅

CHECK! ☑凱旋門….P30 ☑ラデュレ….P44

② エッフェル塔周辺

La Tour Eiffel

パリのシンボル、エッフェル塔を中心にシャン・ドゥ・マルス公園とシャイヨー宮が並び、美しい景観が広がる。西側の16区はパッシーとよばれるパリ有数の高級住宅街。

MAP 付録P18 交M6号線BIR-HAKEIM駅、6·9号線TROCADÉRO駅、6号線PASSY駅

CHECK!
☑エッフェル塔….P28
☑パリ市立近代美術館….P57
☑ロダン美術館….P57

③ モンパルナス

Montparnasse

20世紀初頭、モンマルトルを離れた芸術家たちが移り住んだ下町。芸術家ゆかりのアトリエや文化人が眠る墓地などがあり、彼らが集ったカフェは今も健在。クレープ店が多いことでも知られる。

MAP 付録P24 交M4·6·12·13号線MONTPARNASSE-BIENVENÜE駅

CHECK! ☑ラ・クーポール….P51
☑ラ・ロトンド….P51 ☑モンパルナス・タワー….P57

④ モンマルトル
Montmartre

ユトリロやピカソなど芸術家たちに愛された丘の街。サクレ・クール寺院を中心にのどかな風景が広がり、往時の面影が今も残る。周辺には夜まで賑やかな繁華街もある。

MAP 付録P26-27 交M2号線ANVERS駅、2・12号線PIGALLE駅、12号線ABBESSES駅

CHECK!
- ☑サクレ・クール寺院…P42
- ☑ムーラン・ルージュ…P43
- ☑ル・ムーラン・ドゥ・ラ・ギャレット…P43

⑤ オペラ
Opéra

パリを代表する観光地。老舗デパートや高級食材店、ホテルなどが集まり、オペラ・ガルニエなどパリらしい景観も堪能できる。文化、歴史、芸術、グルメなど魅力満載の華やかなエリア。

MAP 付録P28-29 交M3・7・8号線OPÉRA駅、8・12・14号線MADELEINE駅

CHECK!
- ☑オペラ・ガルニエ…P32
- ☑ギャラリー・ラファイエット・パリ・オスマン…P64
- ☑プランタン・オスマン…P64

⑥ マレ
Marais

歴史的建造物と最新トレンドが共存する街。おしゃれなショップが立ち並ぶ、ショッピング好きにははずせない人気エリア。中世の瀟洒な建物を眺めながらの散策も楽しい。

MAP 付録P22 交M1号線ST-PAUL駅、8号線FILLES DU CALVAIRE駅

CHECK!
- ☑パリ市庁舎…P41
- ☑ピカソ美術館…P56 ☑メルシー…P64

⑦ カルチェ・ラタン
Quartier Latin

ソルボンヌ大学を中心とした、アカデミックな雰囲気漂う活気あふれる学生街。パンテオンや博物館など歴史ある建造物やカジュアルな店、賑やかな市場など、普段着のパリに出合える。

MAP 付録P25 交M10号線CARDINAL LEMOINE駅、10号線CLUNY-LA SORBONNE駅

CHECK!
- ☑アラブ世界研究所…P57
- ☑パリ植物園…P57 ☑パンテオン…P57

⑧ サン・ジェルマン・デ・プレ
St-Germain des-Prés

文化人を魅了してきたセーヌ河左岸を代表するエリア。パリ最古のサン・ジェルマン・デ・プレ教会を中心に、老舗カフェやギャラリー、ブティックも多く、歴史と現在が交差する洗練された街並み。

MAP 付録P30-31 交M4号線ST-GERMAIN- DES-PRÉS駅

CHECK!
- ☑オルセー美術館…P38
- ☑サン・ジェルマン・デ・プレ教会…P58
- ☑ル・ボン・マルシェ・リヴ・ゴーシュ…P64

お得なパリ・ミュージアム・パス(PMP)

パリ市内や郊外にある50以上の美術館や観光スポットに入場できる便利なパス。チケット売り場で並ぶことなく、有効期間中は各施設1回のみ入場できる。3〜4カ所以上回るなら、かなりお得に。

URL www.parismuseumpass.fr

使える主な施設 凱旋門→P30/ルーヴル美術館→P34/オルセー美術館→P38/オランジュリー美術館→P56/ヴェルサイユ宮殿→P78 など

購入できる場所 加入している一部の美術館のチケット売り場や各観光案内所のほか、日本でも購入できる。

❶ノートルダム大聖堂 P31

聖母マリアを称えるために建造。「白い貴婦人」ともよばれ、パリで一番美しいといわれる教会。火災により再建中で、一般公開は2024年12月予定。

花びらの形をした大きなバラ窓

シテ島に立つかつての荘厳な姿

❷エッフェル塔 P28

パリといえば真っ先に思い浮かぶ街のシンボル。展望台は3つ、パリの街並みをバードビューで見渡せる。第1展望台にはガラス床がある。

❸凱旋門 P30

エッフェル塔とともにパリを象徴するランドマーク。軍の勝利と栄光を称えるため造られたもので展望台から眺望を楽しめる。

❹シャンゼリゼ大通り P44

パリ随一の目抜き通り。全長2kmに渡るマロニエの並木道は、老舗ブランドや名門カフェが立ち並ぶ華やかストリート。

ラデュレはかわいいグッズも豊富 →P44

11時間で攻略

パリ Paris ゴールデン・コース

街歩きにショッピングにおいしいもの、尽きない魅力にあふれるパリ。
限られた日程では、外せないスポットをコンパクトに回るのがポイント。
超定番のみどころを1日で回る、王道の観光コースがこちら。

外はさっくり、中はしっとりしたラデュレのマカロン

モデルコース

Ⓜ3・7・8号線OPÉRA駅

→ 地下鉄&徒歩で10分

Start 8:00 ❶ノートルダム大聖堂

→ 地下鉄&徒歩で25分

9:30 ❷エッフェル塔

→ 地下鉄&徒歩で15分

11:00 ❸凱旋門

→ 徒歩すぐ

12:00 ❹シャンゼリゼ大通り

有名ブランド(→P44)が集結! ブランドショッピングがお目当てなら憧れの本店でお買物を。

ランチは名門カフェや老舗サロン・ド・テ「ラデュレ」(→P44)で。

→ 地下鉄&徒歩で10分

14:00 ❺オペラ・ガルニエ

→ 徒歩10分

15:00 ❻ルーヴル美術館

ノープランで行くのは厳禁。滞在時間と照らして、見たい作品の優先順位を決めていくのが肝心。入場に時間がかかることも考慮して。

→ 地下鉄&徒歩20分

Goal 18:00 ❼セーヌ河クルーズ

冬なら日没が早いのでライトアップも楽しめる。

→ 徒歩20分

Ⓜ3・7・8号線OPÉRA駅

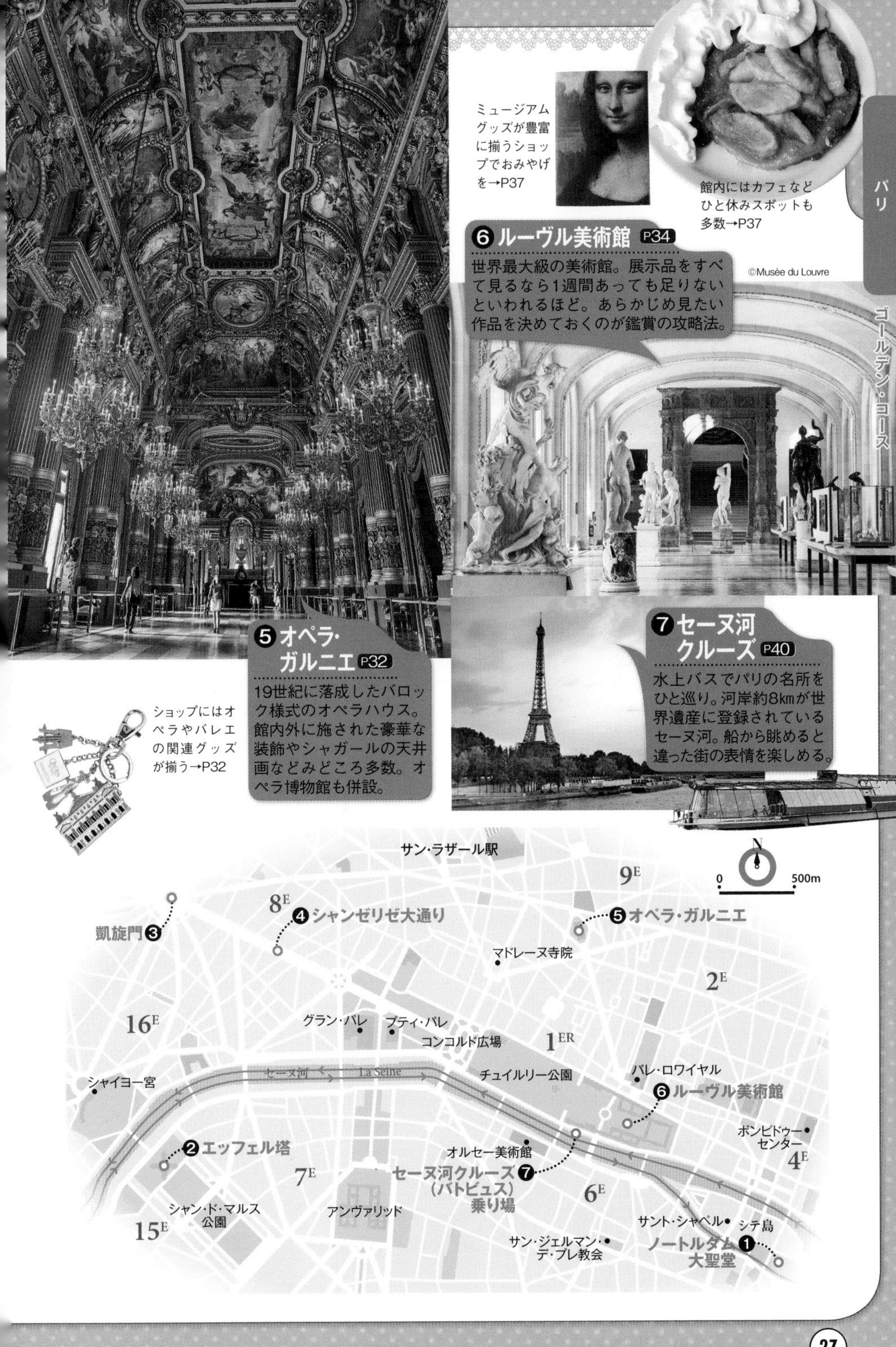

ミュージアムグッズが豊富に揃うショップでおみやげを→P37

館内にはカフェなどひと休みスポットも多数→P37

⑥ルーヴル美術館 P34

世界最大級の美術館。展示品をすべて見るなら1週間あっても足りないといわれるほど。あらかじめ見たい作品を決めておくのが鑑賞の攻略法。

⑤オペラ・ガルニエ P32

19世紀に落成したバロック様式のオペラハウス。館内外に施された豪華な装飾やシャガールの天井画などみどころ多数。オペラ博物館も併設。

ショップにはオペラやバレエの関連グッズが揃う→P32

⑦セーヌ河クルーズ P40

水上バスでパリの名所をひと巡り。河岸約8kmが世界遺産に登録されているセーヌ河。船から眺めると違った街の表情を楽しめる。

その1

人気の名所を徹底解剖！

パリのシンボルを訪ねる

花の都「パリ」。世界に知られる観光スポットから、パリジェンヌ気分が楽しめるカフェやお買物まで、パリでマストなやりたいことを10のテーマで紹介。まずは、ココに行かなくちゃ“パリ旅”は始まらない、王道名所を訪ねることからスタート！

第3展望台

324m

第2展望台

第1展望台

設計したギュスターヴ・エッフェルの像が北柱下に

チケット購入のアドバイス

展望台に上るためのチケット購入窓口は常に混雑している。チケットは公式サイト URL www.toureiffel.parisで事前予約も可能（エレベーター利用のみ）。事前予約の場合は、指定日時に予約入口から入場する。

エッフェル塔

La Tour Eiffel MAP付録P18A2

パリを象徴するランドマーク

1889年のパリ万国博覧会の時に、フランス革命100周年の記念として建てられた鉄塔。高さは324m、フランス人高架橋技師のギュスターヴ・エッフェルによって設計された。建設当初は、白い石造りの建物が多い古い街並みに、鉄製の巨大なモニュメントは「街の景観を壊す」とパリ市民から大反対を受けるものの、やがて近代という時代のもっとも美しい創作物のひとつに数えられるまでに。今では“鉄の刺繍”ともよばれ、世界中の人々が訪れるパリのシンボルとなった。

交M6号線BIR-HAKEIM駅から徒歩10分 住Parc du Champs de Mars 7e ☎08 92 70 12 39 時9時30分～23時 ※時期によって異なるため公式サイトで要確認 休なし 料第2展望台まで€18.80、第3展望台まで€29.40、階段は第2展望台まで€11.80 E

撮影Spot!

シャン・ドゥ・マルス公園

Parc du Champ de Mars

MAP付録P18B3

エッフェル塔の足もとに1kmにわたって広がる公園。遮るものがないので撮影には絶好スポット。

2000年に造られた公園内の「平和の壁」越しに撮影

公園の緑を左右にド定番なカットは夜景もぜひ

夜はライトアップ！

展望台をCheck!

第3展望台

地上276m 360度のパノラマビューでパリを一望。北に凱旋門、南東にはモンパルナス・タワーが見える。色や高さが統一された街並みの美しさも、高いところからの眺めならでは。

南東方面の景色。手前にある緑地はシャン・ドゥ・マルス公園

第2展望台

地上115m 16区側のセーヌ河や、イエナ橋の先に広がる庭園、シャイヨー宮が望める。最上階へのエレベーターへは、この階で乗り換え。ここまでは階段でもエレベーターでも上れる。

南西方面の景色。セーヌ河に浮かぶ中州「白鳥の散歩道」がよく見える

第1展望台

地上57m 3つある展望台のうち最も広いフロア。エッフェル塔の歴史を紹介する展示やショップ、レストランなどがある。真下が覗けるガラス床はスリル満点。

足もとの透明板ガラスから階下が見える！

セーヌ河に架かるいくつかの橋も個性さまざま

こちらもCheck!

エッフェル塔内でひと休み

塔内にはレストランやシャンパンバーがあるので、絶景とともにブレイクタイムや美食のひとときを。

(第3展望台)

バー・ア・シャンパーニュ
Bar à Champagne

最上階にある眺望抜群のシャンパンバー。シャンパンはMoët & Chandonの白とロゼを用意。レモネードなど、ノンアルコールドリンクもあり。

時12時30分～22時30分（公式サイトで要確認） 休なし Ⓔ Ⓔ

シャンパンは白とロゼ。グラス€22～

(第2展望台)

ル・ジュール・ヴェルヌ
Le Jules Verne

ブローニュの森にある星付きレストラン「プレ・カトラン」のシェフ、フレデリック・アントン氏が監修するフレンチレストラン。ランチコースは3品 €160～。

時12時～13時30分、19～21時 休なし 予予約は公式サイトで受付 URL www.restaurants-toureiffel.com Ⓔ Ⓔ

ディナーコースは€255～

(第1展望台)

マダム・ブラッセリー
Madame Brasserie

スターシェフ、ティエリー・マルクス氏が監修。イル=ド=フランス圏内でとれるオーガニック食材を中心としたブラッセリー。眺望を楽しみながら食事ができる。ランチは3品€60.40～、ディナー4品€184.40～。

☎01 83 77 77 78 時朝食10～12時、ランチ12時～/13時30分～、ディナー18時30分～/21時～（日曜のブランチは11時30分～15時30分） 休なし 予予約は公式サイトで受付 URL booking.madamebrasserie.com 英 英（ディナー）

おみやげを探す

地上の出入口と第1、第2展望台に、エッフェル塔グッズが揃うショップ「エッフェル塔公式ブティック」がある。"いかにもパリ"なエッフェル塔モチーフのおみやげがたくさん。

パリの道路看板が付いたキーホルダー€7.99

シンプルなデザインのスノードーム€12.90

シャイヨー宮
Palais de Chaillot

MAP 付録P18A1

1937年のパリ万博に際して落成。手のりエッフェルや肩のりエッフェルが撮影できるポイント。

双翼の美しい建築。数種の博物館が入る文化施設

おもしろショットをいろいろ工夫して撮ってみるのも楽しい

手のりエッフェル！

レリーフのほか
将軍558名分の名前も彫刻

その1 パリのシンボルを訪ねる

アーチ内の天井彫刻は花と幾何学模様

凱旋門とは「戦勝のアーチ」という意味

凱旋門

Arc de Triomphe MAP付録P14A2

軍隊の勝利とナポレオンの栄光を称える

シャンゼリゼ大通りの西端、シャルル・ド・ゴール広場の中央に立つ壮大な凱旋門。オーステルリッツの戦いに勝利したことを称えるため、1806年、皇帝ナポレオンの命によって着工されたが、彼の死後15年経った1836年に完成した。ナポレオンが古代ローマを好んだために、古代ローマのティトゥス帝の凱旋門がモデルとなっている。高さ約50m、幅約45m、284段の階段を上る展望台からは、シャンゼリゼ周辺を一望、12本の並木道が放射線状に延びるパリらしい街並みを楽しめる。

入場前のアドバイス

周囲のロータリーは横断できず、2カ所の入口から地下道で入場。地下鉄からは「L'Arc de Triomphe」と書かれた1番出口に出ると目の前が地下道の入口。展望台のチケットも地下のチケット売り場で購入することになる。

交M1・2・6号線CHARLES DE GAULLE-ÉTOILE 駅から徒歩すぐ 住Pl. Charles de Gaulle Étoile 8e ☎01 55 37 73 77 時展望台10～23時（10～3月は～22時30分） 休なし 料€13 PASS OK E

展望台をCheck!

階段のみだが、上る価値大の眺望が広がる。星型に伸びる並木道は上からの眺めならでは。

南側にはエッフェル塔。高所から眺める姿はまた格別

コンコルド広場まで約2kmのシャンゼリゼ大通りも見晴らす

こちらもCheck!

無名戦士の墓

門下には、第一次世界大戦で戦死した無数の無名戦士を弔う墓がある。毎日18時30分から30分間セレモニーが行われ、退役軍人とフランス在郷軍人会によって追悼の火が点される。

追悼炎の点灯と併せて献花も毎日行われる

レリーフをCheck!

門にある10のレリーフはナポレオンの偉業をテーマにした彫刻。4つの深堀りレリーフは勇姿を物語る。

勝利 シャンゼリゼ大通りから見て左側、コクトー作『1810年勝利』

平和 グランダルメ大通りから見て左側、エテクス作『1815年平和』

ノートルダム大聖堂

Cathédrale Notre-Dame de Paris MAP付録P21D3

パリ発祥の地に立つ ゴシック建築の傑作

セーヌ河に浮かぶシテ島は、都市としてのパリが発達した場所。そこに立つノートルダム大聖堂はパリで一番美しい教会との呼び声が高い。聖母マリアを称える目的で1163年に着工、約200年もの歳月をかけて完成したフランスゴシックの傑作。ノートルダムとは「我らが貴婦人」を意味し、優美な姿から「白い貴婦人」との別称ももつ。1422年にはアンリ6世、1804年にはナポレオン・ボナパルトが戴冠式を行った歴史の舞台でもある。2019年、突然の大火災で尖塔や屋根が焼失。再建に向けて修復工事が進んでいる。一般公開は2024年12月再開予定。

交M4号線CITÉ駅から徒歩2分　住6 Parvis Notre-Dame - Place Jean-Paul II 4e　☎01 42 34 56 10

広場には木製の観覧席が備わる

2023年11月現在のノートルダム大聖堂。観覧席から修復中の姿を見ることができる

再建への歩み

世界中に大きな衝撃をもたらしたノートルダム大聖堂の大火災。新型コロナウイルス感染拡大の影響もあり、本格的な再建工事は2021年秋ごろから始まった。

焼けた西側の切妻は解体され、再度組み立てられた
David Bordes © Rebâtir Notre-Dame de Paris

バラ窓とよばれる花びら形のステンドグラスは奇跡的に焼失を免れた

フランス全土から500人以上の職人が集まり、修復作業が行われている
David Bordes © Rebâtir Notre-Dame de Paris

新たな尖塔が取り付けられた。高さは焼失前と同じ96m(2023年12月)
David Bordes © Rebâtir Notre-Dame de Paris

その1 パリのシンボルを訪ねる

博物館も併設し、オペラ座コレクションを公開

西側にあるシャルル・ガルニエ像

古典様式の豪華なロビー。鏡と窓の効果で広がりを演出

オペラ・ガルニエ

Opéra Garnier MAP付録P29C1

世界の観客を魅了する豪華絢爛な大劇場

1800年、ナポレオン3世が建築を命じ、1875年に完成した舞台芸術の殿堂。建築デザインはコンクール形式で、当時無名だった建築家、シャルル・ガルニエが栄冠を手にした。ターコイズ色のドーム、天井にアポロン像やミューズ像が配されたバロック様式と古典様式を取り入れた建物が特徴。『オペラ座の怪人』の舞台として知られ、舞台に向かって左横の「5番ボックス席」が怪人ことファントムの指定席。1989年にオペラ・バスティーユが完成してからは、主にバレエを上演している。

入場前のアドバイス

マチネ(昼公演)がある日は13時以降は場内見学不可。英語のガイドツアーは11時30分～開催(時期により異なる)。所要1時間30分。料€23※詳細は公式サイト URL www.operadeparis.fr/enを確認

交M3·7·8号線OPÉRA駅から徒歩1分 住Pl. de l'Opéra 9e ☎なし 時自由見学は10～17時 休不定休(イベントのある日) 料€15 E

内部をCheck!

金色の豪華な装飾の内装やシャガール作の天井画など見ごたえたっぷり。

劇場内部

劇場の天井に描かれているシャガール作の『夢の花束』は、著名なオペラを題材にしたものだという

オペラ博物館

オペラの舞台装飾の模型や衣装、楽譜などを展示する常設展のほか、期間限定の特別展も開催

中央階段

吹き抜けの高さ30mの中央広間にある大理石でできた大階段。中央から左右に分かれ観客席へ。階段下では光のブーケを持つ2体の彫刻がある

※2024年1月現在、外装工事のため、建物のファサードは見えない。工事終了は2024年末～2025年初旬の予定

こちらもCheck!

ラ・ギャラリー・ドゥ・ロペラ

La Galerie de l'Opéra

正面入口右側にあるショップでは、おみやげにぴったりなオペラグッズを販売。オリジナルのバレエ関連グッズもある。
☎01 53 43 03 97 時10時～18時30分 休なし

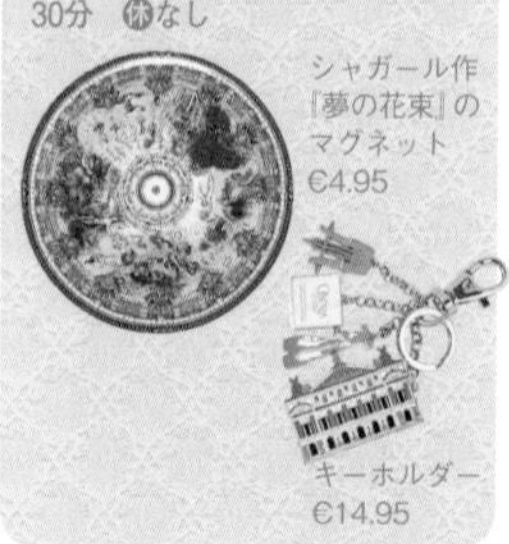
シャガール作『夢の花束』のマグネット €4.95

キーホルダー €14.95

フニキュレールのほかモンマルトルには観光に便利な乗り物が巡回

入場前のアドバイス

サクレ・クール寺院まではケーブルカーのフニキュレール(→P42)でアクセスしよう。また、ドーム頂上の展望台への入口は寺院正面に向かって左(西)側にある階段を下がったところにある。

サクレ・クール寺院

Basilique du Sacré-Cœur MAP 付録P27C2

寺院前の広場は映画『アメリ』や『地下鉄のザジ』に登場

モンマルトルの丘からパリを見守る白亜の寺院

1870年に勃発した普仏戦争とパリ・コミューンで犠牲となった市民を慰霊するため、1875年に建設が計画され、1919年に完成した寺院。パリでは珍しいビザンチン様式を踏襲した3つのドームが特徴的。「サクレ・クール」とは「聖なる心」という意味をもち、モンマルトルの丘の上からパリの街を見守るように立つ。丘の上にあるだけに、ドーム頂上の展望台だけでなく、寺院前の広場や階段もパリの街を見渡すビュースポット。正面に比べて人気の少ない裏からの姿もノスタルジック。

交M2号線ANVERS駅から徒歩9分 住35, Rue du Chavalier de la Barre 18e ☎01 53 41 89 00 時9時30分～19時30分(冬期は10時～17時30分)、ドームは10時30分～20時(3～5月、10月は10～19時、11～3月は10～17時) 休なし 料無料(ドームは€7) E

展望台をCheck!

ドーム頂上には展望台があり、天気がよければ50㎞ほど先までも見渡せる。

約80mの高さから360度の景観。ランドマークも遠望

内部をCheck!

丸天井のモザイクは世界最大級。内部は撮影禁止なので目に焼き付けよう。

天井のモザイク画

キリストの聖なる心と、それを讃える聖母マリアが題材

こちらもCheck!

ジャンヌ・ダルク像

入口両脇には2つの騎馬像が立つ。右側に立つのはフランスの国民的ヒロイン、ジャンヌ・ダルク。

キリスト像

ファサードの上から街を見守るキリストの像は、ジェルジュ・トマによるもので1890年ごろの作。

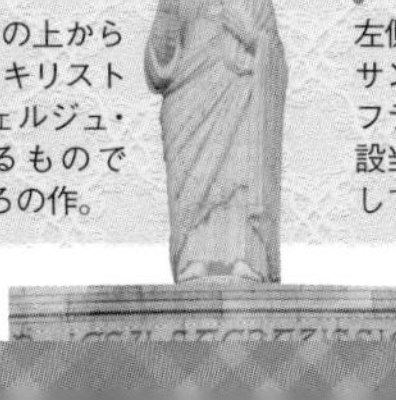

ルイ9世像

左側に立つ騎馬像は、サン・ルイ王。中世フランスの英雄は建設当時に人気が再燃していたという。

かつては財務省だった北棟のリシュリュー翼
© Musée du Louvre

その2 充実のコレクションを誇る 2大美術館で名画鑑賞

パリで必ず行きたい2大美術館、ルーヴルとオルセー。教科書などでだれもが一度は目にしたことのあるであろう傑作が揃って、見ごたえたっぷり。本物を目にする感動のひとときを。

リシュリュー翼とシュリー翼には彫刻芸術が集まる
© Musée du Louvre

ルーヴル美術館

Musée du Louvre MAP付録P20B2

世界最大級のコレクションを誇る世界屈指の美術館

1793年に開館した国立美術館。中世に宮殿として使われていた壮麗な建物に、『モナリザ』や『ミロのヴィーナス』など名だたる絵画や彫刻を所蔵する。リシュリュー翼、シュリー翼、ドゥノン翼の3つの棟がガラスのピラミッドを中心にコの字型に立ち、展示フロアは各半地階から3階まで約7万2000㎡にも及ぶ。古代から19世紀まで、世界最大級の約50万点を超えるコレクションのなかから、随時3万3000点以上を展示している。特にイタリア・フランス絵画が人気。

交M1·7号線PALAIS ROYAL-MUSÉE DU LOUVRE駅から徒歩1分 住Musée du Louvre 1er ☎01 40 20 53 17 時9～18時(金曜は～21時45分) 休火曜 料€22(オンライン購入も同額)、日本語オーディオガイド€6 PASS OK E

見学アドバイス

チケット売り場と入口

メインの入口はガラスのピラミッド。地下にインフォメーションとチケット売り場がある。ほかにチケット売り場がある入口はポルト・デ・リオン入口のみ。そのほかの入口は前売り券やPMP(→P25)が必要。チケットは当日に限り1日有効。PMP保持者も予約が必要。

見学可能エリアの確認

展示スペースの改修工事や移転、貸出など見学できないエリアもあるので、訪ねる前に公式サイト等で必ず確認を。URL www.louvre.fr/en

荷物の預かり

ピラミッドの真下にあるナポレオン・ホールに、無料のロッカーが設置されている。荷物の大きさの制限は55cm×35cm×20cm。暗証番号を自分で設定して預ける。

フロアマップとオーディオガイド

インフォメーションには日本語版フロアマップも用意されている。パスポートの提示でレンタル可能なオーディオガイド€6は、液晶マップ付きでテーマ別見学コースの設定もあるハンディガイド。

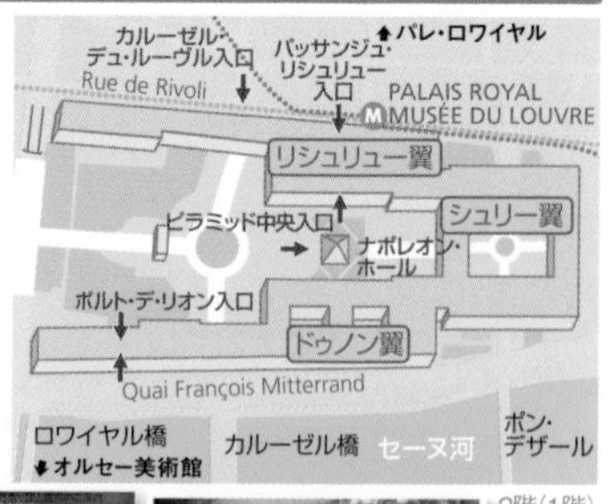

2階(1階)はフランス、イタリア絵画が勢揃い
©Musée du Louvre

おすすめ見学コース

半日コース
（所要4時間）

3階 14～19世紀のヨーロッパ絵画

❶レースを編む女 ➔P36
❷マリー・ドゥ・メディシスのマルセイユ上陸 ➔P36
❸アルカディアの牧人たち
Les Bergers d'Arcadie
フランス画家、プッサンの作品。牧人の理想郷・アルカディアで死について思索する姿を描いている。
❹ダイヤのエースを持ついかさま師 ➔P36
❺トルコの浴場 ➔P36

2階 13～19世紀のヨーロッパ絵画

❻サモトラケのニケ ➔P36
❼ナポレオン1世の戴冠式 ➔P37
❽民衆を導く自由の女神 ➔P37
❾四季シリーズ ➔P37
❿カナの婚礼 ➔P37
⓫モナリザ ➔P36

1階 古代ギリシア、オリエントほか

⓬ミロのヴィーナス ➔P36
⓭ラムセス2世像
Le roi Ramsès II
古代エジプト史上最大の専制君主・ラムセス2世の座像。紀元前13世紀ごろのものとされる。
⓮ハムラビ法典 ➔P37
⓯中世のルーヴル
Louvre Médiéval
12～13世紀に築かれたルーヴル要塞の跡。1983年の美術館の改装工事中に発見された。

回り方アドバイス

迷子になるほど広大なので、あらかじめ見たい作品を決めて展示位置も把握しておこう。また、入場するだけでも時間がかかるので、比較的人の少ない朝一番、開館と同時に訪れよう。歴史の流れを踏まえて鑑賞するなら⓯→❶の順に見学を。

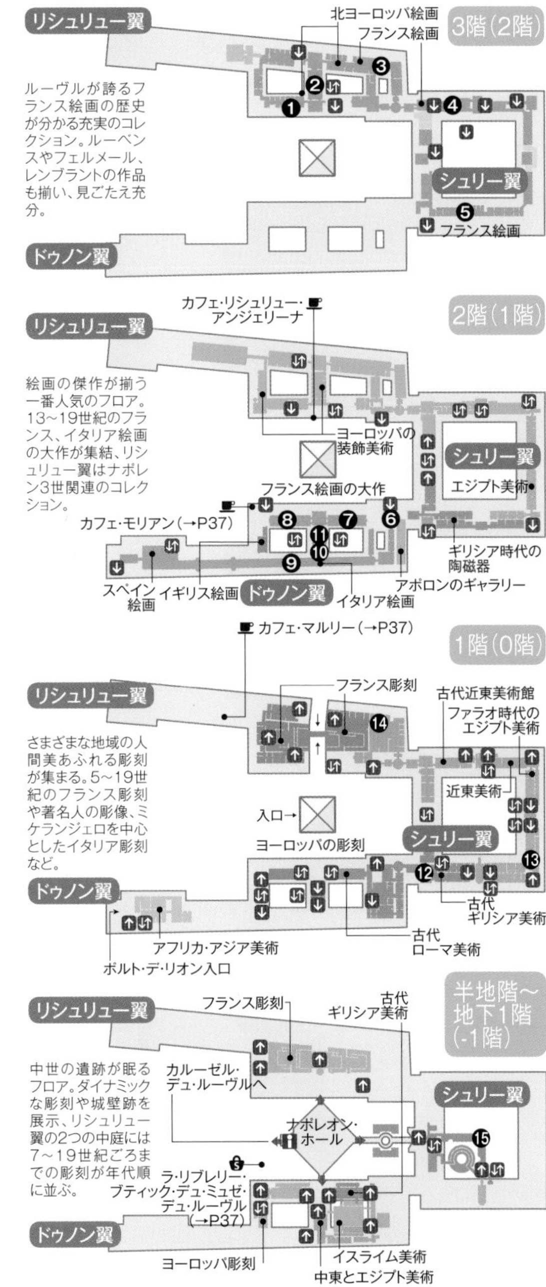

※ ⇅ ↑ ↓ は階段、エスカレーター、エレベーターなどの昇降ポイント。※移転、貸出等が頻繁にあるため、必ず作品が見学できるとは限らない。
※階数の（　）内はフランス式階数

その2 2大美術館で名画鑑賞

ルーヴル美術館の必見作品

『モナリザ』
La Joconde 1503 - 1506年作
レオナルド・ダ・ヴィンチ
Léonard de Vinci
ドゥノン翼2階 ⑪
フランス語で『ジョコンド』とよばれ、その微笑みは完璧といわれる。モデルの女性については諸説あったが2008年にフィレンツェの富豪・ジョコンドの妻として決着した。

©Musée du Louvre

『ミロのヴィーナス』
Vénus de Milo 制作年不明
作者不明 シュリー翼1階 ⑫
1820年にエーゲ海のミロス島で発見された、紀元前2世紀ごろのヘレニズム美術の傑作。体のラインと布が織り成す深い陰影が美しい。

©Musée du Louvre

©Musée du Louvre

『サモトラケのニケ』
La Victoire de Samothrace
制作年不明
作者不明 ドゥノン翼2階 ❻
エーゲ海サモトラケ島で発見されたヘレニズム時代の代表作。ニケとはギリシア神話の勝利の女神のことで紀元前190年ごろのもの。

ダイヤのエースを持ついかさま師
Le Tricheur a l'as de carreau 1635年作
ジョルジュ・ド・ラ・トゥール Georges de La Tour
シュリー翼3階 ❹
フランス古典主義を代表する画家、ラ・トゥールの作品。いま、まさに青年がトランプゲームでだまされる場面。17世紀の道徳における3つの誘惑、賭博・酒・淫蕩が描かれている。
©Musée du Louvre

トルコ風呂
Le bain turc
ジャン=オーギュスト=ドミニク・アングル
Jean-Auguste-Dominique Ingres
シュリー翼3階 ❺
アングルが82歳の時に、トルコ後宮の女性たちが浴場で過ごす様子を描いた作品。ふくよかな女性たちが醸し出す官能美と異国情緒が感じられる。

©Musée du Louvre

©Musée du Louvre

『レースを編む女』
La Dentellière
1669 - 1670年ごろ
ヨハネス・フェルメール
Johannes Vermeer
リシュリュー翼3階 ❶
生涯で30点ほどしか作品を残さなかったフェルメールの絵画のひとつ。縦約24cm×横約21cmと小さいが、正確な遠近法と緻密な構図が見事。

『マリー・ドゥ・メディシスのマルセイユ上陸』
Le Débarquement de la reine à Marseille 1600年作
ピーテル・パウル・ルーベンス
Peter Paul Rubens
リシュリュー翼3階 ❷
連作『マリー・ドゥ・メディシスの生涯』の1枚。メディチ家からフランス王家に嫁いだ女性の一生を描いたもので、屈指の画力を誇るルーベンスの作。

©Musée du Louvre

『ハムラビ法典』

Code de Hammurabi
紀元前1792〜1750年ごろ
作者不明 リシュリュー翼1階⑭
古代バビロニア王朝の石碑。下部に「目には目を、歯には歯を」で有名な法典が刻まれ、上部には王と神が向かい合う場面が刻まれている。

©Musée du Louvre

©Musée du Louvre

『ナポレオン1世の戴冠式』

Sacre de l'empereur Napoléon Ier 1806〜1807年ごろ作
ジャック＝ルイ・ダヴィッド Jacques - Louis David
ドゥノン翼2階⑦
1804年にノートルダム大聖堂で行われた戴冠式を描いた作品。ナポレオンが妻ジョセフィーヌに冠を授けている場面を描写した威厳ある歴史画。

『カナの婚礼』

Les Noces de Cana 1562 - 1563年作
パオロ・ヴェローネ Paolo Véronèse
ドゥノン翼2階⑩
ルーヴル収蔵品のなかで最大サイズの絵画。ヴェネツィア派らしい鮮やかな色彩で、作者が得意とした大人数を描く作風が顕著に現れている。

©Musée du Louvre

『夏』 L'Eté

1573年作
ジュゼッペ・アルチンボルド
Giuseppe Arcimboldo

ドゥノン翼2階⑨
連作『四季』のなかで最も完成度が高いとされている作品。夏野菜や果物で構成され、襟は夏の行事である麦の収穫から着想を得たという。

©Musée du Louvre

※2024年1月現在、展示していない。再展示は未定
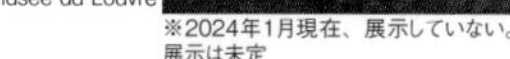

『民衆を導く自由の女神』

Le 28 juillet 1830. La Liberté guidant le peuple
1830年作
ウジェーヌ・ドラクロワ
Eugène Delacroix
ドゥノン翼2階⑧
1830年に起きたフランス7月革命を主題にした、絵画におけるロマン主義の代表作。女性は自由を、乳房は祖国を、と比喩で表現されている。

©Musée du Louvre

こちらもCheck!

（ひと休み）
カフェ・モリアン
Café Mollien
ドゥノン翼1階、モナリザの展示室近くにある。軽食メニューが充実し、7〜8月はガラスのピラミッドが一望できるテラス席もオープンする。
☎01 49 27 99 83 時9時45分〜16時45分（金曜は〜18時30分）休火曜 E E

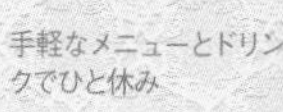

手軽なメニューとドリンクでひと休み

（ひと休み）
カフェ・マルリー
Café Marly
リシュリュー翼の地上階にある、流行の店を手がけるコスト兄弟プロデュースによるカフェレストラン。基本フレンチだがアジアンテイストの料理もある。
☎01 49 26 06 60 時8時〜翌2時（L.O. 24時）休なし E E

壮麗な回廊からピラミッドを眺められる
©Benjamin Loisea

（おみやげ）
ラ・リブレリー・ブティック・デュ・ミュゼ・デュ・ルーヴル
La Librarie-Boutique du Musée du Louvre
ピラミッド下にあり、オリジナルグッズを多数揃えるショップ。チケットなしでも入場可。
☎01 58 65 14 00 時10時〜18時30分 休火曜 E

小サイズのモナリザノート€5.90

その2 2大美術館で名画鑑賞

オルセー美術館

Musée d'Orsay MAP 付録P20A2

20世紀初頭の印象派の殿堂

1900年に造られたオルセー駅舎を改装し、1986年に開館。モネ、ルノアール、ゴッホといった日本人に人気の高い印象派絵画を中心に、1848～1914年のヨーロッパ美術品を所蔵、うち約4000点を展示している。地上階、中階、上階の3層構造で、駅舎時代の大時計はフォトスポットとして人気。

交Ⓜ12号線SOLFÉRINO 駅から徒歩3分 住Esplanade da Valéy Giscard d'Estaing ☎01 40 49 48 06 時9時30分～18時30分(木曜は～21時45分) 休月曜 料現地購入€14、オンライン購入€16、毎月第1日曜無料、日本語オーディオガイド€5 PASS OK E

ガラス張りの天井と吹き抜けの空間、駅舎の面影が残る

パリ万博に合わせて造られたオルセー駅を再生

見学アドバイス

チケット売り場と入口

セーヌ河側の入口にチケット売り場がある。PMP(→P25)なら奥の優先者入口からスムースに入場できる。

荷物の預かり

チケット売り場の右手奥のクロークにて無料で保管してくれる。貴重品やハンドバッグ、大きなスーツケースは預けられない。

フロアマップとオーディオガイド

フロアマップは入って右手のインフォメーションで、日本語オーディオガイド€5は入って左手にて配布。

再入場

一度退場したら再入場はできないので注意。

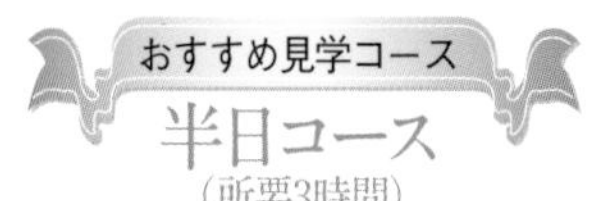

半日コース
(所要3時間)

19世紀から20世紀初頭の西洋美術の流れがより分かりやすく展示されている。年代を追うように、地上階→上階→中階と回るのがおすすめ。地上階には彫刻や印象派以前の絵画があり、上階はルノワールやセザンヌ、マネなど印象派コレクションのほか、ゴーギャンなどポスト印象派の非常に人気の高い作品が集められている。

上階 美術館のハイライトとなる印象派ギャラリー。珠玉の名画コレクションが一堂に会す。

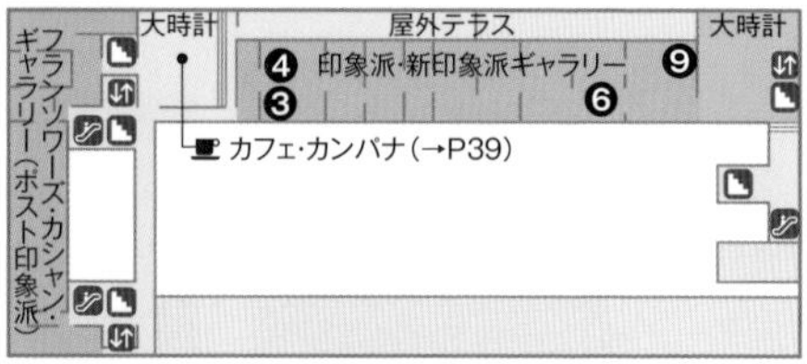

中階 彫刻やアールヌーヴォー作品を展示。

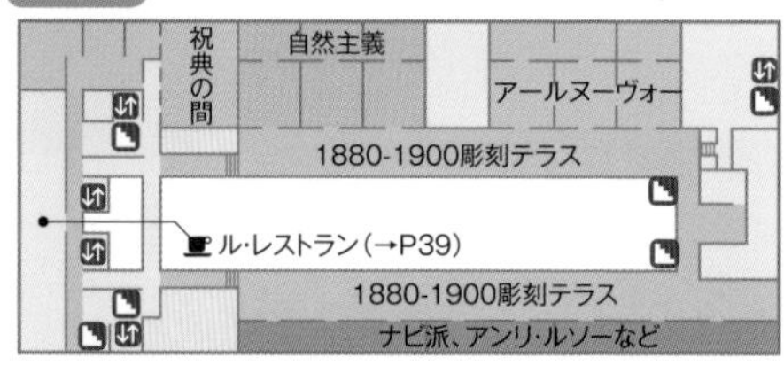

地上階 新古典主義やバルビゾン派から、初期印象派までの美術作品が集結する。

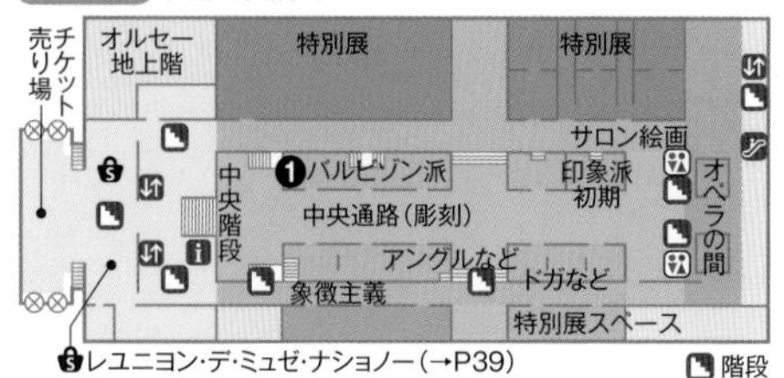

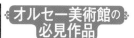

オルセー美術館の必見作品

『草上の昼食』

Le Déjeuner sur l'herbe 1863年作

エドゥアール・マネ
Édouard Manet

上階29室⑨

ティツィアーノ作『ウルビーノのヴィーナス』の構図を元に、女神を娼婦へ置き換えた作品。展示当初は守衛が付くほど非難を浴びた。

『自画像』

Portrait de l'artiste 1889年作

フィンセント・ファン・ゴッホ
Vincent Willem van Gogh

上階36室③

「耳きり」事件後、南仏の精神病院に入院していた時に描かれた。厳しくある種の確信に満ちた表情から、狂気的な内面が如実に感じられる。

『ヴィーナスの誕生』

Naissance de Vénus
1863年作

アレクサンドル・カバネル
Alexandre Cabanel

19世紀フランス・アカデミーで最も成功した画家のひとり、カバネルの代表作。巨匠ボッティチェリも描いた『ヴィーナスの誕生』が主題。

※2024年3月現在他展覧会のため展示していない

『ムーラン・ドゥ・ラ・ギャレット』

Bal du moulin de la Galette 1876年作

ピエール＝オーギュスト・ルノワール
Pierre-Auguste Renoir

上階30室⑥

モンマルトルのダンスホールを舞台にした作品。ダイナミックな筆使いに豊かな色彩、瑞々しい光の描写が、人々をより生き生きと表現している。

まだある!
『落穂拾い』→P94 地上階4室①
『オヴェールの教会』→P93 上階36室④
『首つりの家』→P92
※2024年3月現在、展示していない

『舞台のバレエ稽古』

Répétition d'un ballet sur la scène
1874年作

エドガー・ドガ Edgar Degas

1874年の第1回印象派展への出品作と推測される作品。ドガが数多く手がけた主題である「踊り子」を描いた代表作のひとつ。

※2024年3月現在他展覧会のため展示していない

『リンゴとオレンジ』

Pommes et oranges 1899年作

ポール・セザンヌ Paul Cézanne

セザンヌを代表する静物画。果物やタペストリーなどを上から横からと多角的な視点で捉えている。重厚ながら明瞭な色彩使いが印象的な作品。

※2024年3月現在他展覧会のため展示していない

こちらもCheck!

ひと休み

ル・レストラン
Le Restaurant

中階にあるフレンチレストラン。豪華な調度品に囲まれ食事を楽しめる。ランチは予約不可で2皿€24.50～。

☎01 45 49 47 03 時ランチ11時45分～14時35分、サロン・ド・テ15時～、ディナー19時～21時30分（木曜は11時45分～14時30分、19時～21時30分）休月曜

1900年築の駅併設ホテルのレストランを改装

ひと休み

カフェ・カンパナ
Café Campana

印象派ギャラリーに隣接する大時計裏のカフェを、ブラジル人アーティストのカンパナ兄弟がリニューアル。セルフサービスで食事も可能。

☎01 45 49 47 03 時10時30分～16時45分（木曜は～20時45分）休月曜

ゴールドを基調にした斬新な空間

おみやげ

レユニヨン・デ・ミュゼ・ナショノー
Réunion des Musées Nationaux

エントランスホールにあるミュージアムショップ。活躍中のデザイナーによるセンスのよいグッズが揃う。

☎01 40 49 48 06 時9時30分～18時30分（木曜は～21時15分）休月曜

モネの絵がプリントされたバッグ€24.95

世界遺産

エッフェル塔前のイエナ橋からサン・ルイ島に架かるシュリー橋までの約8kmのセーヌ河畔は、その美しい景観が世界遺産に登録されている。

船上から名所見学

その3 世界遺産のセーヌ河クルーズ

世界遺産

セーヌ河を中心に発展したパリ。両岸には歴史的建造物が点在し、周辺一帯は世界遺産に登録されている。行き交う観光船は本数も多く、短時間で名所をひとめぐりできるのも魅力。

ALMA-MARCEAU
TROCADÉRO
●シャイヨー宮
アルマ橋
セーヌ河
イエナ橋
A エッフェル塔
RER CHAMP DE MARS TOUR EIFFEL
ビル・アケム橋
白鳥の散歩道
BIR-HAKEIM
グルネル橋
自由の女神像

船乗り場
バドビュス
バトー・ムーシュ
バトー・パリジャン
ヴデット・デュ・ポン・ヌフ

A エッフェル塔

La Tour Eiffel MAP 付録P18A2

セーヌ河背後にそびえ立つ壮麗なエッフェル塔。見上げるような船上からのショットは期待大。キラキラ輝く夜のイルミネーションもきれい。→P28

B アレクサンドル3世橋

Pont Alexandre III MAP 付録P19D1

ロシア皇帝アレクサンドル3世から友好の証として寄贈された、パリで一番美しいといわれているアーチ橋。石柱の女神像と彫刻にも注目。

C ブルボン宮

Palais Bourbon MAP 付録P19D1

元ブルボン公爵夫人の宮殿。古代神殿風の豪華な外観でコリント様式の円柱はナポレオン時代のもの。現在は国会議事堂となっている。

D オルセー美術館

Musée d'Orsay MAP 付録P20A2

セーヌ河をはさんでルーヴル美術館の対岸に位置。かつて駅舎だったころの名残をとどめる2つの大時計が目印。最上部には女神の彫刻も。→P38

水上バス

バトビュス Batobus

乗り場 付録P18A2ほか

エッフェル塔前など9カ所の発着所がある乗り降り自由の水上バス。移動手段としての利用が多いが、気軽にクルーズ気分も味わえる。

☎01 76 64 79 12 時10～19時（季節、曜日により異なる）。20～25分おきに運航 休なし 料フリーパス1日有効 €23、連続した2日有効€27 E

観光船

バトー・ムーシュ Bateaux Mouches

乗り場 付録P18B1

2階建ての観光船。アルマ橋のたもとから乗船し、エッフェル塔やルーヴル美術館などみどころをめぐりながらセーヌ河を一周する。

交M9号線ALMA-MARCEAU 駅から徒歩2分 ☎01 42 25 96 10 時10時～22時30分（季節により異なる）。30～45分おきに運航 休なし 料€15 E

E ルーヴル美術館

Musée du Louvre MAP 付録P20B2

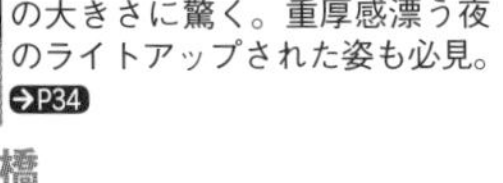

ロワイヤル橋からポン・デザール橋にかけて約1kmも続く美術館の大きさに驚く。重厚感漂う夜のライトアップされた姿も必見。➔P34

H ノートルダム大聖堂

Cathédrale Notre-Dame de Paris MAP 付録P21D3

大火災で尖塔や屋根が崩落した、フランスゴシック建築の最高傑作といわれる大聖堂。再建中の姿を船上から眺めよう。➔P31

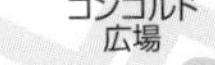

B アレクサンドル3世橋
コンコルド広場
チュイルリー公園
E ルーヴル美術館
コンコルド橋
ソルフェリーノ橋
ロワイヤル橋
カルーゼル橋
ポン・デザール橋
PONT NEUF
ポン・ヌフ
パリ市庁舎 G
C ブルボン宮
オルセー美術館 D
コンシェルジュリー F
シテ島
ノートルダム大聖堂 H
I サン・ルイ島
アラブ世界研究所 J
シュリー橋

バトビュスの乗船場

F コンシェルジュリー

Conciergerie MAP 付録P21C3

14世紀にフィリップ4世が建てた城。フランス革命時に革命家や貴族が収容されマリー・アントワネットも断頭台へ向かうまで投獄されていた。

交M4号線CITÉ 駅から徒歩2分　住2, Bd. du Palais 1er　☎01 53 40 60 80　時9時30分～18時　休なし　料€11.50 ※PMP(→P25)使用可 E

G パリ市庁舎

Hôtel de Ville MAP 付録P21D3

1871年にパリコミューンで焼失、現在の新ルネッサンス様式の建物は1882年に復元されたもの。側面を鑑賞できるのはクルーズならでは。
交M1・11号線HÔTEL DE VILLE駅から徒歩すぐ　住Pl. de l' Hôtel de Ville 4e　☎なし

J アラブ世界研究所

Institut du Monde Arabe MAP 付録P22A4

西洋とアラブ諸国の文化交流の場として建設された、フランス人建築家、ジャン・ヌーヴェル氏による建物。全面に配された採光窓が特徴。➔P57

I サン・ルイ島

Île St-Louis MAP 付録P22A4

シテ島と橋でつながるサン・ルイ島は、17世紀の佇まいを残す静かな街。高級住宅や貴族の館が立ち並び、クラシックな街並みが見られる。

観光船

バトー・パリジャン Bateaux Parisiens

乗り場 付録P18A2

ガラス張りルーフで、どの席からも抜群の景色を楽しめる。エッフェル塔前から発着し、サン・ルイ島とイエナ橋で折り返す。日本語ガイドあり。
交M6・9号線TROCADÉRO駅から徒歩8分　☎01 76 64 14 45　時10時～22時30分(季節、曜日により異なる)。30～60分おきに運航　休なし　料€16 E

観光船

ヴデット・デュ・ポン・ヌフ Vedettes du Pont-Neuf

乗り場 付録P21C2

シテ島発着で、乗り場はポン・ヌフ橋の中央階段下。サン・ルイ島とエッフェル塔で折り返す。ノートルダム大聖堂の観光がてらにおすすめ。
交M7号線PONT NEUF駅から徒歩2分　☎01 76 64 14 45　時10時30分～22時30分(冬期は10時45分～21時15分)。30～45分おきに運航　休なし　料€14(オンライン購入は€13) E

モンマルトルへは地下鉄ABBESSES駅が最寄り。ギマール作の入口も必見

その4 芸術家に愛された街 モンマルトルで名画の舞台めぐり

風車小屋が点在する農地の丘に、19～20世紀にかけて芸術家たちが集まったモンマルトル。多くの芸術家が愛した牧歌的な風景が今も残る街を、名画の世界を垣間見ながら散策しよう。

街歩きのPOINT

坂が多いモンマルトルは移動が大変！　巡回する乗り物を上手に利用しよう。

フニキュレール
MAP 付録P27C3
サクレ・クール寺院へのアクセスに便利な、急勾配を上るケーブルカー。時6時～24時45分、約3分間隔、所要1分30秒　料€2.15※メトロのきっぷ使用可

プティ・トラン
観光スポットを仏・英語のガイド付きで回る路面電車。乗り場は2カ所。時10～18時(季節により異なる)、30～45分間隔、所要40分　料一周€10

モンマルトラン
プティ・トランとほぼ同じルート。乗り場は2カ所。仏･英･スペイン語ガイド付き。時10～18時(冬期は～17時)、30～45分間隔(冬期は60分)、所要30～40分　料往復€10

1 サクレ・クール寺院
Basilique du Sacré-Cœur MAP 付録P27C2
→P33

3つのドームを備えたエキゾチックなたたずまい

2 サン･ピエール教会
Église-St-Pierre de Montmartre
MAP 付録P27C2

ユトリロが好んで描いた教会
サクレ・クール寺院に隣接する、12世紀建造のモンマルトル女子修道院の一部。ルイ6世の治世に建設され、現在の教会は1900年代に修復されたもの。1923年に歴史的建造物に指定された。
交M12号線ABBESSES駅から徒歩8分　住2, Rue du Mont Cenis 18e　☎02 50 26 59 33　時10～18時(季節により異なる)　休月曜　料無料

名画の舞台

サクレ・クール寺院から歩いてすぐのところにある

3 テルトル広場
Place du Tertre MAP 付録P27C3

芸術の街を象徴する名物広場
19世紀半ばまでは静かな広場だったが、今ではモンマルトルの画家を偲ぶ観光客で賑わう。カフェやみやげ店に囲まれた広場では画家たちが自作や似顔絵を描いて売っている。
交M12号線ABBESSES駅から徒歩7分

テルトル広場界隈もユトリロの絵の舞台

18° Arr.
PLACE DU TERTRE

名画の舞台

似顔絵を描いてもらうなら値段の交渉を

4 モンマルトル博物館
Musée de Montmartre MAP 付録P27C2

17世紀に活躍した画家のアトリエ
著名な画家たちが住んでいた住宅にモンマルトルに関する資料や画家たちの作品を展示。新館もあり。
交M12号線LAMARCK-CAULAINCOURT駅から徒歩5分　住12, Rue Cortot 18e　☎01 49 25 89 39　時10～18時　休なし　料€15　E

ルノワールやデュフィも住んでいた

モデルルート

1 サクレ・クール寺院
↓徒歩2分
2 サン・ピエール教会
↓徒歩2分
3 テルトル広場
↓徒歩4分
4 モンマルトル博物館
↓徒歩6分
5 ル・ムーラン・ドゥ・ラ・ギャレット
↓徒歩4分
6 アトリエ洗濯船
↓徒歩10分
7 ムーラン・ルージュ

6 アトリエ洗濯船

Le Bateau-Lavoir MAP 付録P26B3

若き芸術家たちが励んだアトリエ

無名時代のピカソ、マティスらが住み、活動の拠点としていたアトリエ。1970年の火事で焼失したが、当時の資料を展示した記念碑が建物外から見学できる。内部は見学不可。

交M12号線ABBESSES駅から徒歩3分 住13, Pl. Emile Goudeau 18e

セーヌ河に浮ぶ洗濯船に似ていることが名前の由来

5 ル・ムーラン・ドゥ・ラ・ギャレット

Le Moulin de la Galette MAP 付録P26B2

名画の舞台

風車が残る伝説の店で創作料理を

多くの芸術家に描かれた伝説のダンスホール。現在は、星付きレストラン出身のシェフ、グレゴリー・ミヨ氏が腕を振るう。スパイスを巧みに使ったモダン創作フレンチが好評。

交M12号線ABBESSES駅から徒歩7分 住83, Rue Lepic 18e ☎01 46 06 84 77 時8時～翌2時（食事は12時～22時30分） 休なし E E ※季節によっては要予約

ルノワールの名作『ムーラン・ドゥ・ラ・ギャレット』（→P39）の舞台として有名

ランチは2皿€33、3皿€42（昼夜共通）

7 ムーラン・ルージュ

Moulin Rouge MAP 付録P26A3

フレンチ・カンカン発祥の店

女性ダンサーが脚を振り上げるダンス、フレンチ・カンカンが生まれた、1889年創業の老舗ナイトクラブ。音楽、衣装、照明、すべてが見事。

交M2号線BLANCHE駅から徒歩1分 住82, Bd. de Clichy 18e ☎01 53 09 82 82 時ディナーショー19時～、ドリンクショー21時～、23時～ 休なし 料ディナーショー€225～、ドリンクショー€88～ ※料金は日により異なる場合あり E

代名詞ともいえるフレンチ・カンカン

名画の舞台

画家のロートレックが描いた踊り子のポスターでも有名

✤ こちらもCheck! ✤

ひと休みスポット | 歴史あるビストロや映画の舞台となったカフェのほか、モンマルトルに安くておいしいビストロも増えつつある。

ル・コンシュラ

Le Consulat

MAP 付録P26B2

有名画家が通った老舗ビストロ

テルトル広場の先、昔ながらの雰囲気を残す店はロートレックやゴッホ、マネらが通ったことでも知られる。アラカルトのみで1皿€19～。

交M12号線ABBESSES駅から徒歩7分 住18, Rue Norvins18e ☎01 46 06 50 63 時11～22時（日によって異なる） 休なし、11～1月の夜は不定休 E E

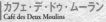

カフェ・デ・ドゥ・ムーラン

Café des Deux Moulins

MAP 付録P26A3

映画の舞台になったカフェ

2001年公開の大ヒット映画『アメリ』で、主人公が働いていたカフェ。カラフルでレトロな内装はそのまま。クリーム・ブリュレ€11（→P15）。

交M2号線BLANCHE駅から徒歩3分 住15, Rue Lepic 18e ☎01 42 54 90 50 時7時～翌2時（土・日曜は9時～） 休なし

幅100m、全長2kmほど、凱旋門からコンコルド広場までの道

その5 凱旋門から延びるメインストリート シャンゼリゼ大通りを散策

ハイブランドのブティックやカフェが軒を連ね、観光客でいつも賑わう大通り。マロニエの並木道は、初夏の新緑、秋の紅葉、冬のイルミネーションと季節によって異なる表情も楽しみ。

シャンゼリゼ大通り ミニ講座

MAP 付録P14B2～15D4

歴史

17世紀に造園師ル・ノートルが並木道を造り、シャンゼリゼと命名。19世紀のパリ大改造計画で整備され、戦時には滑走路になるよう設計されたとも。

「シャンゼリゼ」とは?

フランス語で「Champs(シャン)」は畑。「Élysée (エリゼ)」はギリシア・ローマ神話で「楽園」という意味。ギリシア神話の「極楽浄土」からきたという説もある。

歩き方のPOINT

東側は遊歩道、西側はブティックが立ち並ぶ。ウインドーショッピングしながら歩くなら1時間は見ておこう。イルミネーションは11月下旬～1月上旬。

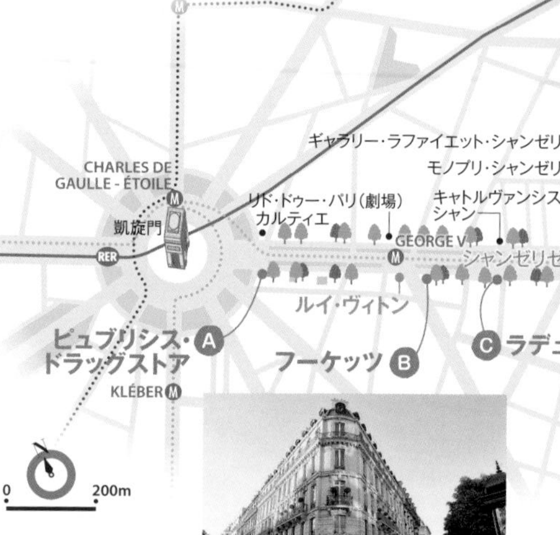

カカオ72%のチョコレート各€6.50

A ピュブリシス・ドラッグストア

Publicis Drugstore MAP 付録P14B3

凱旋門前のおしゃれなコンビニ

広告代理店ピュブリシスに併設する複合施設。レストラン、カフェ、ドラッグストアなどが入る。映画館も併設している。

交M1・2・6号線CHARLES DE GAULLE-ÉTOILE駅から徒歩すぐ 住133, Av. des Champs-Élysées 8e ☎01 44 43 75 07 時施設により異なる 休なし E

エピスリー(食材店)なども入る

B フーケッツ

Fouquet's MAP 付録P14B3

入口前に訪れた映画スターのネームプレートが

シャンゼリゼを象徴するカフェ

1889年創業、歴史的建造物にも指定されているカフェ。古くから映画人に愛され、1960年代にはゴダールなど巨匠が通った。フランスのオスカーであるセザール賞のパーティも毎年開催される。

交M1号線GEORGE V駅から徒歩すぐ 住99, Av. des Champs-Elysées 8e ☎01 40 69 60 50 時7時30分～翌1時(レストランは12時～22時30分) 休なし E E

ミルフィーユ€18、カフェ・オレ€12

グッズも扱う。エッフェル塔とマカロンのキーホルダー€44

C ラデュレ

Ladurée MAP 付録P14B3

パリ流マカロン発祥の名店

1862年創業の老舗サロン。ブーランジュリーから高級パティスリー、サロン・ド・テへと発展。2枚の生地にガナッシュクリームをはさんだ、元祖パリ式マカロン1個€2.50(→P14)を考案した店。2023年12月、リニューアルオープン。

交M1号線GEORGE V駅から徒歩3分 住75, Av. des Champs-Élysées 8e ☎01 40 75 08 75 時8時～21時30分(食事は～22時) 休なし E E

かわいいショーウインドーも要チェック!

クリスマスのイルミネーションは毎年替わる

美しい公園の中にあるマリニー劇場

MADELEINE
CONCORDE
マリニー劇場
一対の『マルリーの馬』
FRANKLIN D. ROOSEVELT
CHAMPS - ÉLYSÉES - CLEMENCEAU
チュイルリー公園
F コンコルド広場
E プティ・パレ美術館
D グラン・パレ
モンテーニュ大通り
セーヌ河
ディオール

D グラン・パレ

Grand Palais MAP 付録P15C4

ガラスドームのギャラリー

1900年のパリ万国博覧会のメイン会場として建造された。産業と文化の黄金時代に建てられたベルエポックの象徴。現在は企画展などが開催されるギャラリーとなっている。

交M1・13号線CHAMPS-ÉLYSÉES-CLEMENCEAU駅から徒歩2分 住3, Av.du Général Eisenhower 8e ※修復工事のため休館。再開は2025年予定

ひときわ目を引く鉄筋構造の丸屋根は高さ43m

E プティ・パレ美術館

Petit Palais MAP 付録P15D4

中庭に面したカフェが心地よい

パリ万国博覧会の際に建てられ、現在はパリ市立美術館になっている。常設展ではセザンヌやモネなどの作品のほか、18世紀の装飾品コレクションを無料で楽しめる。

常設展はゆったりと鑑賞できる穴場美術館

交M1・13号線CHAMPS-ÉLYSÉES-CLEMENCEAU駅から徒歩2分 住Av. Winston Churchill 8e ☎01 53 43 40 00 時10～18時(企画展のみ金・土曜は～20時) 休月曜 料常設展は無料(企画展は€12～15) E

F コンコルド広場

Pl. de la Concorde MAP 付録P15D4

パリの歴史を見守ってきた広場

1775年にルイ15世の騎馬像を置くため造られた広場。フランス革命後に革命広場と名を変え、その後、和合を意味するコンコルドという名になった。革命中はギロチンが設置されていた。

エジプトから寄贈されたオベリスクも立つ

交M1・8・12号線CONCORDE駅から徒歩すぐ 住Pl. de la Concorde 8e

こちらもCheck!

有名ブランドの本店

ルイ・ヴィトン

Louis Vuitton

MAP 付録 P14B3

アール・デコ建築と大きなウインドー、シャンゼリゼのランドマーク的存在。広大な店内にはすべてのラインが揃う。

交M1号線GEORGE V 駅から徒歩すぐ 住101, Av. des Champs-Élysées 8e ☎01 53 57 52 00 時10～20時(日曜は11～19時) 休なし E

セリーヌ

Céline

MAP 付録 P15C4

ブランドショップが集まるパリ随一のゴージャスなモンテーニュ通りにある。通りには高級店が立ち並ぶ。

交M1・9号線FRANKLIN D. ROOSEVELT駅から徒歩2分 住53 Av. Montaigne 8e ☎01 40 70 07 03 時10～20時(日曜は11～19時) 休なし E

ディオール

Dior

MAP 付録 P15C4

パリを代表する老舗メゾンの本店は、創始者ムッシュー・ディオールが1946年に開いた由緒正しいアドレス。

交M1・9号線FRANKLIN D. ROOSEVELT駅から徒歩3分 住30 Av. Montaigne 8e ☎01 57 96 19 47 時10～20時(日曜は11～19時) 休なし E

その6 パリで見つけたとっておき 絶品ショコラ食べ比べ

自ら「世界一」と太鼓判を押すほど、ショコラ大国のフランス。パリで話題のショコラトリーから、とっておきのこだわりショコラを集めました。どれにする？　ぜんぶ食べちゃう？

タブレット A
Tablettes €8～15
香りをキープするためにジッパー式にこだわった板チョコ。約50種類ほど揃う

マリー＝アントワネットのピストル C
Pistoles de Marie-Antoinette €25／12個入り
薬が苦くて飲めないという王妃に「チョコに薬を包み込む」ことを提案し誕生したチョコ

コフレ・ロシェ・プラリネ B
Coffret Petits Rochers Pralinés
€34／24個入り
プラリネ入りのひと口サイズのロシェは甘さが絶妙。ダークとミルクの詰め合わせ。2個入りは€5

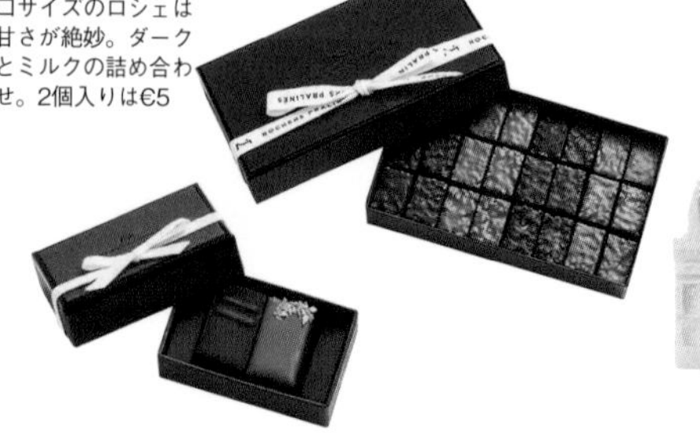

ショコラ D
Chocolats 各€5.90
ロシュー氏得意のチョコ細工はパリ名所、動物、天使シリーズなど食べるのがもったいないほど

A サン・ジェルマン・デ・プレ
ル・ショコラ・アラン・デュカス・マニュファクチュール・ア・パリ
Le Chocolat Alain Ducasse Manufacture à Paris
MAP 付録P31C2
アラン・デュカスのショコラ工房
フランス料理界の巨匠が開いて話題に。カカオ豆の焙煎からチョコレートを製造する工房兼ブティックの2号店。
交 M4号線ST-GERMAIN-DES-PRÉS駅から徒歩3分 住26,Rue St-Benoit 6e ☎01 45 48 87 89 時10時30分～20時 休なし E

B シャンゼリゼ
ラ・メゾン・デュ・ショコラ
La Maison du Chocolat
MAP 付録P14B3
世界中に知られるショコラの名門
チョコレート専門店がまだ稀であった1977年に創業。今では世界各地に支店をもつ名店で、"ガナッシュの魔術師"といわれた創業者こだわりのショコラ。
交 M1・9号線FRANKLIN D.ROOSEVELT駅から徒歩5分 住52, Rue François 1er ☎01 47 23 38 25 時10～19時 休日曜 E

C サン・ジェルマン・デ・プレ
ドゥボーヴ・エ・ガレ
Debauve & Gallais
MAP 付録P30B1
高級ショコラティエの先駆者
創業1800年、ルイ16世紀の薬剤師であったドゥボーヴ氏が開いたパリ最古のショコラトリー。歴代王室御用達店で、建物は歴史的建造物に指定。
交 M4号線ST-GERMAIN-DES-PRÉS駅から徒歩5分 住30,Rue des St-Pères 7e ☎01 45 48 54 67 時9時30分～19時30分(土曜は10時30分～) 休日曜

D サン・ジェルマン・デ・プレ
ジャン＝シャルル・ロシュー
Jean-Charles Rochoux
MAP 付録P30B4
驚くほど繊細なショコラ細工に感動
星付きレストランのパティシエだったロシュー氏がオープンした店。動物や彫像、建造物など細密なチョコレート細工が店内に並ぶ。ボンボンショコラも人気。
交 M12号線RENNES駅から徒歩2分 住16,Rue d'Assas 6e ☎01 42 84 29 45 時10時30分～19時(月曜は12時30分～) 休日曜、8月の月曜 E

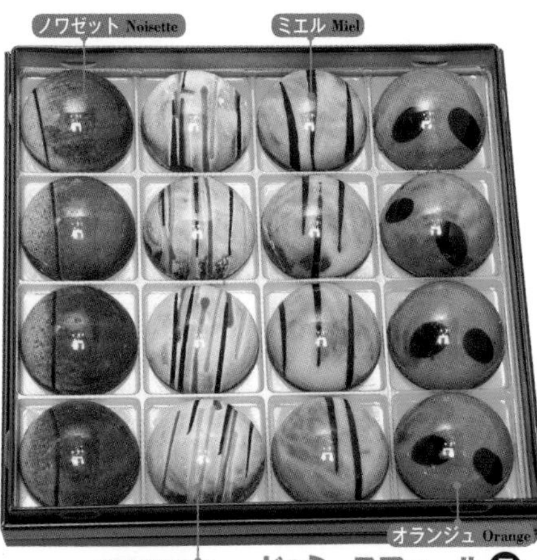

ドゥミ・スフェール E

demi-Sphères €48／16個入り

ロジェ氏の代表作は独創的な素材の組合せ。外はパリッ、中はトロリとした食感。フレーバーは季節によって異なる

ボンボン・ショコラの詰合せ G

Coffret de Bonbons Chocolats

€12.60／9個入り

スパイスや果実とチョコレートの絶妙なマリアージュ

ピラミッド・トロピック F

La Pyramide des Tropiques

€19.90／10枚入り

プラリュ氏自らがカカオの生産地10カ国をセレクト。右はミニ€5.90/10枚入り

エクラン・ガナッシュ&プラリネ H

Écrin Ganaches & Pralinés €14／9個入り

カカオと混じるさまざまな素材の持ち味が生かされたガナッシュとプラリネ

E オペラ

パトリック・ロジェ

Patrick Roger

MAP 付録P28A2

五感を刺激するカカオの魔術師

30歳の若さでMOF（国家最優秀職人）の称号を獲得したチョコレートの奇才ロジェ氏の店。展示された巨大なチョコの動物に代表されるアート性の高さも特筆。

交Ⓜ8・12・14号線MADELEINE駅から徒歩2分 住3, Pl. de la Madeleine 8e ☎01 42 65 24 47 時11～19時 休なし E

F マレ

フランソワ・プラリュ

François Pralus

MAP 付録P21D2

「ピラミッド」がベストセラー

世界で初めて自家カカオ農園を所有したショコラティエ。生産地別にカカオの味見ができる「ピラミッド」のほか、「ラ・プラリュリーヌ」も人気。

交Ⓜ11号線RAMBUTEAU駅から徒歩すぐ 住35, Rue Rambuteau 4e ☎01 57 40 84 55 時9時30分～19時30分 休なし E

G カルチェ・ラタン

フランク・ケストナー

Frank Kestener

MAP 付録P25C1

ロレーヌ地方の天才が若きころパリに進出

ロレーヌ地方でチョコレート作りを学んだケストナー氏。2004年に27歳でMOF、その後世界チャンピオンを獲得、2010年オープンのパリ1号店。

交Ⓜ10号線CLUNY-LA SORBONNE駅から徒歩5分 住7, Rue Gay-Lussac 5e ☎01 43 26 40 91 時10時～19時30分（日曜は10～19時） 休なし E

H マレ

ジャック・ジュナン

Jacques Genin

MAP 付録P22B1

洗練された宝石のようなショコラ

ホテル&レストラン御用達の最高級ショコラトリー。2008年、北マレに店を構えて以来、パリを訪れるショコラ・ファン必須の店となった。サロン・ド・テ併設。

交Ⓜ8号線FILLES DU CALVAIRE駅から徒歩5分 住133, Rue de Turenne 3e ☎01 45 77 29 01 時11～19時（土曜は～19時30分） 休月曜 E

その7 老舗からネオ・ビストロまで 人気ビストロでごはん♪

お手頃価格で食事ができるフランス版大衆食堂、ビストロ。ここ数年ブームが続き、おいしいビストロがひしめくパリで、美食をカジュアルに楽しめる人気店を新顔から王道まで厳選紹介。

※グルメガイド→付録P32

ネオ・ビストロって？
グラン・メゾン（一流レストラン）で修行したシェフが腕を振るう店。有名店級の味を気軽に楽しめるとあって、近年パリで大人気。ビストロとガストロノミー（美食）をあわせた"ビストロノミー"という造語も誕生した。

ラザール

Lazare MAP 付録P16A2

究極のクラシック・ブラッスリー

サン・ラザール駅のショッピングセンターにあるブラッスリー。オテル・ブリストルの3つ星シェフ、エリック・フレションがオーナーで、全メニューを考案している。クラシックなビストロメニューにこだわり、現代風にアレンジ。

menu

1. Œufs de poule mimosa, thon et truffe noire €12
2. Poitrine de cochon grillée,purée à la graine de moutarde €19

合計 €31
※❷は日替り料理の一品
※メニューは定期的に変わります

❶前菜ウッフ・ミモザはゆで卵をマグロや蟹と和えた一品 ❷メインの豚肉のグリルはカブを添えて

交Ⓜ3・12・13・14号線ST-LAZARE駅から徒歩すぐ 住Parvis de la Gare Saint Lazare, Rue Intérieure 8e ☎01 44 90 80 80 時7時30分～22時（土・日曜は11時45分～） 休なし 料昼€40～、夜€40～ Ⓔ

店内でサーブされるパンやジャムも手作り

女性建築家が手がけるシックな内装も評判

ネオ・ビストロ シャトレ・レ・アル

ラ・レガラード・サントノレ

La Régalade Saint-Honoré MAP 付録P21C2

スターシェフの人気店

スターシェフ、ブルーノ・ドゥセ氏がオーナーも務める、ビストロブームの草分け的ビストロ。シンプルな伝統料理を基本に展開する皿は味付けが軽く、そしてボリュームも満点。メニューは昼夜共通のプリフィクス。

オーナーシェフのブルーノ・ドゥセ氏

食材のおいしさを引き出すこだわりの料理を堪能してください

交Ⓜ1号線LOUVRE-RIVOLI駅から徒歩2分 住106, Rue Saint-Honoré 1er ☎01 42 21 92 40 時12時15分～14時、19時15分～22時（土曜のランチは～14時30分、ディナーは～22時30分） 休日・月曜 料昼夜€55 ⒺⒺ ※要予約

パリ観光の合間にぴったりな立地

名ビストロにふさわしい、モダンな雰囲気の店内

menu

1. Poitrine de cochon duu Cantal confie
2. Le Fameu riz cuit au lait de La Régalade, caramel laitier

合計 €55
※メニューは定期的に変わります

❶カリッと焼いた豚の胸肉 レンズ豆と野菜添え ❷レガラード名物のデザート、ライスプディング キャラメルソース

老舗 バスティーユ

ビストロ・ポール・ベール

Bistrot Paul Bert MAP 付録P23D4

食のプロが通う大御所ビストロ

パリー番のビストロ激戦区、ポール・ベール通りにあり、クラシックかつボリューミーなビストロ料理の店。内装も料理も昔ながらのよさを残し、良質な素材使いと味に定評がある。星付き店のシェフなどプロの常連客も多い。

交M8号線FAIDHERBE-CHALIGNY駅から徒歩3分 住18, Rue Paul Bert 11e ☎01 43 72 24 01 時12～14時、19時30分～23時 休日・月曜 料昼€22～、夜€41～ E E ※要予約

肩肘張らずに絶品料理が楽しめる人気店

おすすめの料理を黒板でチェック

この店に来て約25年。いいスタッフに恵まれてうれしいよ

シェフのティエリー・ローランさん

1. Côte de cochon fermier €29
2. Crème caramel à l'ancienne €9

※上記は単品の場合の料金

合計 €38

※メニューは定期的に変わります

❶豚リブのロースト、セップ茸と白インゲンの付合せ ❷クラシックなクレーム・キャラメル

❶南西ワイン「マディラン」で煮た卵 ❷鴨の胸肉のロースト チェリー風味(参考料理) ❸カスタード・クリームにメレンゲを浮かせたデザート

老舗 エッフェル塔周辺

ラ・フォンテーヌ・ドゥ・マルス

La Fontaine de Mars MAP 付録P18B2

老舗ビストロで フレンチの神髄を

1908年の創業以来、1世紀にも渡って愛され続けるビストロ。その秘訣は、心地よい空間と気持ちのよいサービス、そしてこの店が守り続けてきた伝統料理にある。クラシックで、安定感ある名店。

交M8号線ÉCOLE MILITAIRE 駅から徒歩6分 住129, Rue St-Dominique 7e ☎01 47 05 46 44 時12～15時、19～23時(土・日曜は12時～15時30分、19～23時) 休なし 料昼€60～、夜€60～※参考価格 E E ※要予約

みなさんの来店を、笑顔で迎えます！

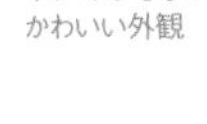

赤と白のストライプのひさしがかわいい外観

menu

1. Œuf au Madiran €13
2. Fillet de canette rôti au kumquat €28
3. Ile flottante €11

合計 €52

シェフのピエール・ソーグランさん

木目調の温かみある内装で居心地のいい店内

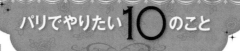

文豪系カフェ

1940～1960年代、カフェ文化の流行はサン・ジェルマン界隈。人気を博した2大カフェには哲学者や作家がこぞって通った。

その8 芸術家や文豪たちに愛された 老舗カフェでくつろぐ

テラス席にギャルソンの姿、街のあちこちで目にするカフェはパリの文化。なかでも著名人や時代のセレブが愛してやまなかった歴史あるカフェは、パリで一度は訪れたいスポット。

創業当時からの人気メニュー

パンの上にビールで溶かしたチーズをのせて焼く香ばしいウェルシュ・ラルビット€20

サン・ジェルマン・デ・プレ

カフェ・ドゥ・フロール

Café de Flore MAP 付録P30B2

哲学者たちが通いつめた名門

創業1887年。サルトルやボーヴォワールが議論の場として使い、彼らが執筆したことで有名な2階席は文化人の書斎兼サロンとなった。詩人のアポリネールをはじめ文学者も集い、現在はモード関係者や映画人が数多く通う。

交M4号線 ST-GERMAIN-DES-PRÉS駅から徒歩1分 住172, Bd. St-Germain 6e ☎01 45 48 55 26 時7時30分～翌1時30分 休なし E

賑やかなテラス席。右奥のテーブルは長年の常連客やセレブ用の特等席

フロール特製エスプレッソ€4.90。添えられたチョコで甘さを調節して

現在の常連は、カトリーヌ・ドヌーヴなどです。カール・ラガーフェルドも通っていました。

ギャルソンのエリックさん

広々としたテラス席。店内にはヘミングウェイゆかりの席も残されている

サン・ジェルマン・デ・プレ

レ・ドゥ・マゴ

Les deux Magots MAP 付録P31C2

文豪が集った老舗中の老舗

1885年、サン・ジェルマン・デ・プレ教会前に創業。アンドレ・ブルトンなどのシュールレアリストたちが通い、戦後は実存主義やジャズブームの拠点になるなど20世紀の重要な文化運動の舞台となった。現在もドゥ・マゴ賞という文学賞を主宰。

交M4号線 ST-GERMAIN-DES-PRÉS駅から徒歩すぐ 住6, Pl. St-Germain-des-Prés 6e ☎01 45 48 55 25 時7時30分～翌1時 休なし E E

サルトルやボーヴォワール、ボリス・ヴィアン、ピカソ、ルイ・アラゴンなどが常連でした。

ギャルソンのトマさん

元は中国などからの輸入品を扱う店で、2つの中国人像（フランス語でレ・ドゥ・マゴ）が今も店内を見守る

コーヒーとミルクが別々に出されるカフェ・クレーム€6.50

芸術家系カフェ

1910〜1920年代に芸術家たちが集まったことを契機にモンパルナスがパリのカフェの中心地に。多くのカフェが賑わった。

天井が高く開放感あふれる店内は往時の雰囲気そのままに

ヴァローナ社のチョコを使ったショコラショー€5.50。ロゴ入りカップがエレガント

モンパルナス

ラ・クーポール

La Coupole MAP 付録P24A2

ベルエポックの面影が今も残る

1927年創業当時のアール・デコ装飾を残し、華やかだった黄金時代(ベルエポック)のパリを彷彿とさせる由緒ある店。柱の装飾画や写真が歴史を物語る。エコール・ド・パリの画家、藤田嗣治をはじめジャン・コクトーやマン・レイが常連だった。フォアグラのテリーヌ€19.50。

交M4号線VAVIN駅から徒歩すぐ 住102, Bd. du Montparnasse 14e ☎01 43 20 14 20 時8〜24時 休なし 日E

壁にはかつての常連たちのポートレートが飾られている

創業当時からの人気メニュー

ミッテラン元大統領も好物だった羊のカレー€27.50

モンパルナス大通りの老舗カフェ代表格。赤い庇が目印

モンパルナス

ラ・ロトンド

La Rotonde MAP 付録P24B2

伝説の芸術家たちの交流の場

1903年創業。1910年ごろにピカソをはじめとする画家たちがモンマルトルから拠点を移したことで、モンパルナスにカフェ文化が花開き、隆盛を極めた。その筆頭格のこの店はダンサーや音楽家も集い、芸術家の出会いの場となった。アール・デコの豪華な内装も見事。

交M4号線VAVIN駅から徒歩すぐ 住105, Bd. du Montparnasse 6e ☎01 43 26 48 26 時7時30分〜24時 休なし 日E

リシャール社のエスプレッソ€3.50。アーモンド入りのチョコが付く

ピカソはじめマティス、ダリ、ドガ、モディリアーニなど名だたる芸術家が通いました。

ギャルソンのミカエルさん

常連だったモディリアーニの画(コピー)が数多く飾られている

その9 パリのエスプリをお持ち帰り♪ フランスらしい雑貨を探す

ラブリーなキッチンウエア、フランスならではの香りのアイテム、実用性とファッション性を兼ね備えた文房具など、持っているだけで気分が上がる、フレンチテイストの雑貨をラインナップ。

プレート A
€37.50
トランプのようなハート柄がかわいいプラスチックプレート

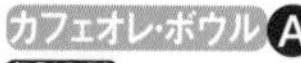

カフェオレ・ボウル A
各€18.90
シリアルやグラノーラ用にも使えるカラフルなセラミックボール

トレイ A
4つで€36
グラスコースターにも使える小物入れ皿。LOVEの4つセット

キッチン&インテリア

クッション B
各€110
パリをモチーフにしたクッション。裏面はベロア

グラス B
各€39
吹きガラスに手描きイラストを施したグラス。Moiはわたし、Toiはあなた

マグカップ B
各€45
エナメル加工された磁器に手描きイラストが施されたカップ

A マレ フルックス
Fleux'

MAP 付録P21D2

おしゃれパリジェンヌも通う

日々が楽しくなるカラフルな雑貨、インテリア小物、アクセサリーなど、おしゃれアイテムを揃える。同じ通りに5店舗展開している。

交 M11号線REMBUTEAU駅から徒歩4分 住39,40,43,52 Rue Sainte-Croix de la Bretonnerie 4e ☎01 53 00 93 30 時11時～20時30分(木曜は10時45分～、土曜は10～21時、日曜は10時～) 休なし E

B サン・ジェルマン・デ・プレ マラン・モンタギュ
Marin Montagut

MAP 付録P24B1

ブロカント風のパリグッズ

アーティストのマラン・モンタギュによるコンセプトショップ。昔ながらのアトリエ風店内には手作りの温もりあるオリジナル雑貨がずらり。

交 M4号線SAINT-SULPICE駅から徒歩5分 住48, Rue Madame 6e ☎09 81 22 53 44 時11～19時 休日曜 E

C マレ パピエ・ティーグル
Papier Tigre

MAP 付録P22B1

再生紙使用のスタイリッシュな文具

トラのロゴでおなじみのパリ発ステーショナリーブランド。1号店となるこのショップには定番から期間限定品まですべての商品が揃う。

交 M8号線FILLES DU CALVAIRE駅から徒歩すぐ 住5, Rue des Filles du Calvaire 3e ☎01 48 04 00 21 時11時30分～19時30分(土曜は11～20時、日曜は13時30分～19時) 休月曜 E

ステーショナリー

ボールペン C
各€6
パリらしい配色のボールペン。書き心地もGood！

文具キット C
€37.50
ポーチにノート、ボールペン、鉛筆をセット。すべてオリジナル

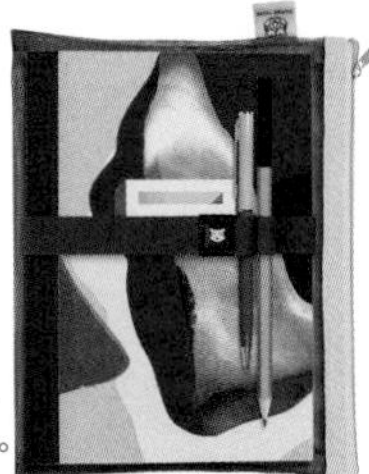

レターセット D
1セット€2.80～
発色がきれいな封筒、便せん、シールがワンセットに

蝋印 €21 D
シールワックス €3.30 D
手紙の封印以外にもアイデア次第でいろいろ使えそう

メッシュ・ポーチ 各€8 C
タイガー柄のロゴマークやメッシュのカラーリングがおしゃれ！

フレグランス

ピローミスト E
€9.90
睡眠タイムに南仏ラベンダーの優しい香りに包まれて

ボディーローション E
€14.90
カメリアの優雅な香りが包んでくれる

ハンドクリーム E
€5.90
コクリコ（ひなげし）の香りは日本人に人気がある

ルームスプレー F
€56
数回スプレーするだけで、エレガントな香りが素早く広がる。5種類あり

フレグランス・キャンドル F
€58
レモンの葉を擦ったときのような香りがはじけるヴェルヴェーヌ

D シャトレ・レ・アール

レクリトワール
L'Ecritoire

MAP 付録P21D2

幅広いアイテムが揃う文房具店

万年筆やインクなどクラシックなアイテムから、ポップなスタンプや切手シール、エッフェル塔グッズまで、バラエティに富んだ品揃え。

交M11号線RAMBUTEAU駅から徒歩3分 住26, Pass. Molière 4e ☎01 42 78 01 18 時11～19時（日曜は15時30分～18時30分）休なし E

E オペラ

デュランス
Durance

MAP 付録P28B2

南仏生まれの自然派コスメ

南仏の植物を多用した優しい香りが人気。プロヴァンス地方に広大な敷地を所有し、自社の畑とアトリエを構え、ラベンダーも有機栽培。

交M8・12・14号線MADELEINE駅から徒歩2分 住24, Rue Vignon 9e ☎01 47 42 04 10 時10時30分～14時30分、15～19時 休日曜 E

F カルチェ・ラタン

ディプティック
Diptyque

MAP 付録P21D4

フレグランス・キャンドルで有名

1961年にパリのクリエイターが立ち上げたフレグランスのブランド。スタイリッシュなロゴとデザインでセレブ御用達としても知られる。

交M10号線MAUBERT-MUTUALITÉ駅から徒歩3分 住34, Bd. St-Germain5e ☎01 43 26 77 44 時10～19時 休日曜 E

その10 おしゃれアイテム揃ってます!
スーパーでおみやげを買う

パリでおみやげを探すなら、地元の生活に根ざしたスーパーマーケットやドラッグストアもおすすめ。良質な商品が多く、日本にはないオーガニックアイテムにも出合えます!

お化け型のモンスター・マンチのチップス塩味€1.19。フレーバーは数種 B

南仏カマルグ産の塩€3.59。最高品質の塩の花(結晶)で、まろやかでうまみがある A

おみやげにぴったりなエッフェル塔パッケージのミルクチョコレート€5.49 A

大定番「ボンヌ・ママン」。チョコレートキャラメルのタルト€2.85 B

フランス北西部のアンジューで100年以上続く養蜂農家のハチミツ。€5.49 A

大人気のエシレバター100g€2.69。宿泊先に冷凍庫があれば冷凍してスーツケースへ A

モンブランの元祖「アンジェリーナ」のマロンクリーム€4.39 A

サクサク生地のなかにヌテラ(ヘーゼルナッツペースト)がたっぷり。€2.49 B

A オペラ

モノプリ
Monoprix

MAP 付録P29C3

良品低価格の王道スーパー

食品にコスメ、生活雑貨に衣類まで、あらゆるパリみやげが手に入る。オリジナル商品はパッケージも人気で狙い目。オペラ大通りの店舗は場所柄観光客が多く入りやすい雰囲気。

交Ⓜ7・14号線PYRAMIDES駅から徒歩すぐ 住23, Av. de l'Opéra 1er ☎01 42 61 78 08 時8～22時(日曜は9時30分～21時) 休なし E

B サン・ジェルマン・デ・プレ

カルフール・マーケット
Carrefour Market

MAP 付録P31D2

手軽に利用できる都市型ストア

フランス最大手のチェーン店。サン・ジェルマン地区の中心という立地なうえ、遅くまで営業しているので、帰国前の急なおみやげ追加に便利。庶民派プライスもうれしい。

交Ⓜ10号線MABILLON駅から徒歩2分 住79 ,Rue de Seine 6e ☎01 43 25 65 03 時8時30分～23時(日曜は9～13時、13時15分～19時30分) 休なし E

雑貨

エッフェル塔とフラワープリントのランチョンマット€3.50。ビニール素材 A

モノプリオリジナルのエコバッグ€1.80～。色や柄は多種で限定柄もあり A

2枚入りのスポンジ€1.59はモノプリオリジナル。水玉模様がかわいい A

キッチンタオル€5.99。柄はさまざまで、鍋敷きやキッチングローブもあり A

カラフルな紙ナプキン€3.99でテーブル周りを楽しく A

コスメ

"魔法のクリーム"といわれる、「エジプシャン・マジック」の全身用クリーム€25.90 D

アプリコットとマンゴーのフルーティーなボディーソープ€5.90 D

ウッディな香りに癒やされる「クナイプ」のバスオイル€8.98 C

椿、アルガンオイル配合の「ニュクス」の万能保湿オイル€12.78 C

ビタミンC豊富なエッセンシャルオイル配合のフェイスマスク€7.90 D

「ビオテルマ」のミニサイズのハンドクリーム€2.49はバラマキみやげに C

敏感肌にも使える「ラロッシュ・ポゼ」のアイメイクリムーバー€12.49 C

C サン・ジェルマン・デ・プレ

シティファルマ

Citypharma

MAP 付録P31C3

左岸の激安ドラッグストア

在パリ日本人に"パリのマツキヨ"と大人気の店。朝から人が押し寄せ、一日中混雑する。ニュクス、コーダリーなどナチュラル系コスメが充実するうえ、破格なのが魅力。

交M4号線 ST-GERMAIN DES PRÉS駅から徒歩すぐ 住26, Rue du Four 6e ☎01 46 33 20 81 時8時30分～21時(土曜は9時～、日曜は12～20時) 休なし E

D マレ

マドモワゼル・ビオ

Mademoiselle Bio

MAP 付録P22A2

BIOコスメのセレクトショップ

BIOとは化粧品の場合、化学成分フリー(あるいは極少量)のもの。クラシックなプロダクトからパリジェンヌに支持されるニューブランドまで揃える。丁寧な接客と膨大な商品数で人気。

交M1・11号線 HÔTEL DE VILLE 駅から徒歩4分 住28, Rue des Archives 4e ☎01 42 78 30 86 時10時～19時30分(日曜は11時～) 休なし E

⬇『睡蓮』は8枚の連作。2部屋に展示

ルーヴル周辺

オランジュリー美術館

Musée de l'Orangerie MAP 付録P28A4

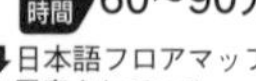

見学時間 60～90分

印象派やパリ派の名作を展示

温室を改装して作った美術館。モネが描いた連作『睡蓮』8点を展示するため1927年にオープン。

⬇日本語フロアマップも用意されている

交M1･8･12号線CONCORDE駅から徒歩3分 住Jardin des Tuileries 1er ☎01 44 50 43 00 時9～18時 休火曜 料€12.50（毎月第1日曜無料。要予約）、日本語オーディオガイド€5 PASS OK E

ルーヴル周辺

パリ装飾美術館

Musée des Arts Décoratifs MAP 付録P20B1

見学時間 60～90分

充実の室内装飾コレクション

中世から現代までの西欧の家具や食器を年代別に展示。7階の60～70年代フロアにある椅子のコレクションが秀逸。

交M1・7号線PALAIS ROYAL-MUSÉE DU LOUVRE駅から徒歩2分 住107, Rue de Rivoli 1er ☎01 44 55 57 50 時11～18時（木曜は～21時） 休月曜 料常設展€14 PASS OK E

シャンゼリゼ

ジャックマール･アンドレ美術館

Musée Jacquemart-André MAP 付録P15C2

見学時間 60分

華麗な邸宅に並ぶ芸術作品

第2帝政時代にアンドレ夫妻が造らせた豪邸のコレクション。イタリア・ルネッサンス美術と18世紀フランスの絵画が充実。

交M9・13号線MIROMESNIL駅から徒歩5分 住158, Bd.Haussmann 8e ☎01 45 62 11 59 ※2024年1月現在改装工事のため休館。再オープンは2024年9月予定

シャトレ・レ・アル

ポンピドゥー･センター

Centre Pompidou MAP 付録P21D2

見学時間 60～90分

世界に誇るモダンアートの殿堂

1977年オープンの美術館、映画館、図書館などが入った複合芸術施設。4、5階は国立近代美術館でピカソやマティスなど20世紀作品を展示する。

交M11号線RAMBUTEAU 駅から徒歩1分 住Pl. Georges Pompidou 4e ☎01 44 78 12 33 時11～21時（木曜は～23時。施設により異なる） 休火曜 料展望スペース€5 ●国立近代美術館：時11～21時 休火曜 料€15（施設や展示により異なる）、毎月第1日曜無料 PASS OK E

⬆最上階6階は眺望抜群のフレンチレストラン
⬅工場のような外観で異彩を放つ建物

マレ

ピカソ美術館

Musée Picasso Paris MAP 付録P22A2

見学時間 60～90分

収蔵点数は5000点余り

17世紀に建てられた豪華な建物内に、ピカソの遺族が70年代にフランスに寄贈した膨大なコレクションが並ぶ。

交M8号線ST-SÉBASTIEN-FROISSART駅から徒歩7分 住5, Rue de Thorigny 3e ☎01 85 56 00 36 時10時30分～18時（土･日曜、7･8月の一部は9時30分～） 休月曜 料€14 PASS OK

カルチェ・ラタン

クリュニー中世美術館

Musée de Cluny MAP 付録P21C4

見学時間 60分

ローマ遺跡から中世美術まで

3世紀ごろの遺跡を利用して、中世時代のインテリア用品などを展示。『貴婦人と一角獣』のタペストリーは必見。

交M10号線CLUNY-LA SORBONNE駅から徒歩すぐ 住28, Rue du Sommerad 5e ☎01 53 73 78 00 時9時30分～18時15分 休火曜 料€12（オンライン購入は€13）、毎月第1日曜無料 PASS OK E

世界遺産 必見 眺望抜群

カルチェ・ラタン

アラブ世界研究所

Institut du Monde Arabe MAP 付録P22A4

見学時間 60分

西洋とアラブ諸国の交流の場

アラベスク文様で覆われた壮麗な建物。常設博物館のほかコンサートなども開催。

交Ⓜ7・10号線JUSSIEU駅から徒歩5分　住1, Rue des Fossés St-Bernard 5e　☎01 40 51 38 38　時10～18時（土・日曜は～19時）　休月曜、イスラム教の祝日　料入館無料。常設展は入場€8　PASS OK

エッフェル塔周辺

ロダン美術館

Musée Rodin MAP 付録P19D3

見学時間 60分

ロダンの名作と見事な庭園

©Musée Rodin/Alexis Berg

1908年からロダンが暮らした邸宅が1919年に美術館となり、屋内外に名作を展示。

交Ⓜ13号線VARENNE駅から徒歩すぐ　住77, Rue de Varenne 7e　☎01 44 18 61 10　時10時～18時30分　休月曜　料€14(オンライン購入は€15)　PASS OK　E

パッシー

パリ市立近代美術館

Musée d'Art Moderne de la Ville de Paris MAP 付録P18B1

見学時間 60分

20世紀のモダンアートが充実

Photographe : Christophe Fouin

マティス『ダンス』、デュフィ『電気の妖精』、ドローネ『リズムNo.1』など20世紀を代表する作品が約8000点。

交Ⓜ9号線ALMA-MARCEAU駅から徒歩5分　住11, Av. du Président Wilson 16e　☎01 53 67 40 00　時10～18時（木曜は～21時30分）　休月曜　料無料（特別展は有料）

パッシー

マルモッタン・モネ美術館

Musée Marmottan Monet MAP 付録P12A3

見学時間 60分

ファン必見の穴場美術館

©Christian Baraja

↑代表作『印象ー日の出』

モネの作品収蔵数世界一の美術館。『睡蓮』の連作や印象派という名称の語源となった『印象-日の出』は必見。

交Ⓜ9号線LA MUETTE駅から徒歩10分　住2, Rue Louis Boilly 16e　☎01 44 96 50 33　時10～18時（木曜は～21時）　休月曜　料€14(オンライン購入は€14.50)　E

モンマルトル

ダリ美術館

Dali Paris MAP 付録P27C3

見学時間 30分

シュルレアリスムの世界

サルヴァドール・ダリのギャラリー。代表作のやわらかい時計の立体作品やリトグラフなど300点以上が展示される。

交Ⓜ12号線ABBESSES駅から徒歩5分　住11, Rue Poulbot 18e　☎01 42 64 40 10　時10～18時　休なし　料€14

カルチェ・ラタン

パリ植物園

Le Jardin des Plantes de Paris MAP 付録P25D2

見学時間 60～90分

博物館や動物園がある緑地公園

1635年に王立薬草園として整備され、現在は公園となっている。敷地内に国立自然史博物館や動物園などがある。

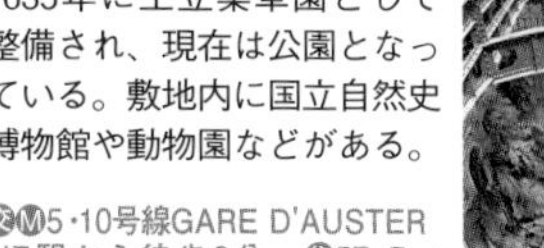

交Ⓜ5・10号線GARE D'AUSTERLIZ駅から徒歩2分　住57, Rue Cuvier 5e　☎01 40 79 56 01　時8時～17時30分（季節により異なる）　休なし　料植物園は入場無料。施設により異なる

カルチェ・ラタン

パンテオン

Panthéon MAP 付録P25C1

見学時間 60分

フランスの偉人たちが眠る

ルイ15世の病気回復を祝い教会として1790年に完成。のち偉人埋葬の神殿となった。

交Ⓜ10号線CARDINAL LEMOINE駅から徒歩4分　住Pl. du Panthéon 5e　☎01 44 32 18 00　時10時～18時30分（10～3月は～18時）　休なし　料€13　PASS OK　E

モンパルナス

モンパルナス・タワー

Tour Montparnasse MAP 付録P24A2

見学時間 30分

左岸のランドマーク

高さ210m、59階建ての高層ビル。最上階にはレストラン、展望台がある。

交Ⓜ4・6・12・13号線MONTPARNASSE-BIENVENÜE駅から徒歩1分　住33, Av. du Maine 15e　時9時30分～22時30分（曜日、季節により異なる）　休なし　料展望台€19（土・日曜は€20）

info オランジュリー美術館（→P56）、クリュニー中世美術館（→P56）、オルセー美術館（→P38）は毎月第1日曜は無料となる。美術館目当てなら旅のスケジュールの参考に。

オペラ

マドレーヌ寺院

見学時間 30分

Église de la Madeleine MAP 付録P28B2

ギリシア神殿を彷彿

1842年完成のキリスト教寺院。『最後の審判』の彫刻やコリント様式の列柱など、まるでギリシア神殿を思わせる姿。

交M8・12・14号線MADELEINE駅から徒歩すぐ 住1, Pl. de la Madeleine 8e ☎01 44 51 69 00 時9時30分～19時（ミサの時間は見学不可） 休なし

サン・ジェルマン・デ・プレ

サン・ジェルマン・デ・プレ教会

見学時間 30分

Église St-Germain-des-Prés MAP 付録P31C2

デカルトが眠るパリ最古の教会

聖遺物を納めるため542年に創建された修道院付属教会。576年にパリ司教の聖ジェルマンが埋葬され現在の名称に。

交M4 号 線 ST-GERMAIN-DES-PRÉS駅から徒歩すぐ 住3, Pl. St-Germain-des-Prés 6e ☎01 55 42 81 10 時9時30分～20時（火曜は7時30分～、土曜は8時30分～） 休なし E

サン・ジェルマン・デ・プレ

奇跡のメダイ教会

見学時間 30分

La Chapelle Notre Dame de la Médaille Miraculeuse MAP 付録P20A4

幸運をもたらす奇跡のメダル

聖母マリアのお告げでメダルを配ったところ伝染病が収束したというエピソードをもつ教会。メダル1枚€0.50～。

交M10・12号線SÉVRES-BABYLONE駅から徒歩2分 住140, Rue du Bac 7e ☎01 49 54 78 88 時7時45分～13時、14時30分～19時（火曜は通しで開館） 休なし E

サン・ジェルマン・デ・プレ

サン・シュルピス教会

見学時間 30分

Église St-Sulpice MAP 付録P31C4

パリで2番目に大きい教会

18世紀の建立。幅57m、奥行き119m、高さ33mのノートルダム大聖堂に次ぐ規模を誇る新古典主義の教会。世界最大級のパイプオルガンも有名。

交M4号線ST-SULPICE駅から徒歩3分 住Pl.Saint Suplice 6e ☎01 46 33 21 78 時8時～19時45分 休なし E

シテ島

サント・シャペル

見学時間 30分

Ste-Chapelle MAP 付録P21C3

圧巻のステンドグラス

1248年に完成した後期ゴシック建築の傑作。1134にもおよぶ聖書の場面が描かれた巨大なステンドグラスは必見。

交M4号線CITÉ 駅から徒歩2分 住10, Bd. du Palais 1er ☎01 53 40 60 80 時9～19時（10～3月は～17時） 休なし 料€13 PASS OK E

バスティーユ

オペラ・バスティーユ

見学時間 60分

Opéra Bastille MAP 付録P22B4

ハイテクを駆使した劇場

フランス革命200周年を祝し、1989年に落成したオペラ劇場。地上8階、地下6階。

交M1・5・8号線BASTILLE駅から徒歩すぐ 住Pl. de la Bastille 12e ☎08 92 89 90 90 料€5～195※演目により異なる ※見学はガイドツアーのみ☎01 40 01 19 70（オンライン予約可） 料€17 E

シャンゼリゼ

リド・ドゥー・パリ

見学時間 120分

Lido 2 Paris MAP 付録P14B3

伝説のキャバレーが変身！

パリ一番と評判のナイトクラブが2022年12月から音楽を中心としたスペクタル形式のミュージカルショーへ新たに生まれ変わった。

交M1号線GEORGE V駅から徒歩すぐ 住116, Av. des Champs-Elysées 8 e ☎01 40 76 56 10 時演目により異なる 休なし 料€35～130

シャンゼリゼ

クレイジー・ホース

見学時間 120分

Crazy Horse MAP 付録P14B4

女性が見ても美しさに感銘

1951年創業。官能的なトップレスダンスで有名。

交M9 号 線 ALMA MARCEAU 駅から徒歩2分 住12, Av.George V 8e ☎01 47 23 32 32 時20時～、22時30分～（土曜は19時～、23時45分～）※日によって異なるので公式サイトで確認 休なし 料ディナー付き€180～、シャンパン付き€90～、ドリンクなし€75

 世界遺産 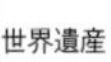 必見   眺望抜群

パリ北部

クリニャンクールののみの市

Marché aux Puces de Clignancourt MAP 付録P13C1 見学時間 90～120分

世界最大規模のアンティーク市

土～月曜開催。100年以上の歴史をもち、露店がひしめくアーケードや複数のマルシェが集まって市を形成している。雑貨から高級ブランド、家具、古着、美術品までスタンドの数は約2000軒。

交M4号線PORTE DE CLIGNANCOURT駅から徒歩5分 住Rue des Rosiers 93400 Saint Ouen 時土曜9～18時、日曜10～19時、月曜11～17時(季節や店舗により異なる) 休火～金曜 ※クレジットカード不可(店舗により異なる)

⬆雑貨が充実するマルシェ・ヴェルネゾン ⬅マルシェ・ドーフィーヌは建物も美しい

パリ南部

ヴァンヴののみの市

Marché aux Puces de Vanves MAP 付録P12B4 見学時間 60～90分

地元パリジャンに一番人気

土・日曜開催。朝早くから露店が並び雑貨系が豊富。他ののみの市と比べて値段が良心的。

交M13号線PORTE DE VANVES駅から徒歩5分 交Av. Marc Sangnier 14e 時土・日曜の7～13時ごろ(店舗により異なる) 休月～金曜 ※クレジットカード不可(店舗により異なる)

バスティーユ

マルシェ・バスティーユ

Marché Bastille MAP 付録P22B3 見学時間 60分

規模も活気もパリ最大級

木・日曜開催。大通り沿いで値段が比較的リーズナブル。その場で味わえる食材や飲食スタンドも充実。

交M1・5・8号線BASTILLE 駅から徒歩すぐ 住Bd. Richard Lenoir, 11e 時木曜7時～13時30分、日曜7時～14時30分、店舗により異なる 休月～水・金・土曜※クレジットカード不可(店舗により異なる)

マレ

マルシェ・デ・ザンファン・ルージュ

Marché des Enfants Rouges MAP 付録P22A1 見学時間 30分

パリ最古のマルシェ

火～日曜開催。飲食店が充実。各国の食材や惣菜が並び、市場内に飲食スペースがあり、モロッコ、レバノンなどの各国料理も味わえる。

交M8号線FILLES DU CALVAIRE駅から徒歩5分 住39, Rue de Bretagne 3e 時8時30分～20時30分(木曜は～21時30分、日曜は～17時)※季節や店舗により異なる 休なし ※クレジットカード不可

オペラ

ギャラリー・ヴィヴィエンヌ

Galerie Vivienne MAP 付録P29D3 見学時間 30分

装飾の美しさは随一

1823年オープン。ガラス張りのドーム天井や足元のタイルのモザイクが美しいパッサージュ。モード系の店や雑貨店、ギャラリー、ワインカーヴなど30店舗以上が並ぶ。

交M7・14号線PYRAMIDES駅から徒歩6分 住4, Rue des Petits-Champs 2e ☎時休店舗により異なる※英語が伝わりやすい

オペラ

パッサージュ・ジュフロア

Passage Jouffroy MAP 付録P17C3 見学時間 30分

庶民的な個性派パッサージュ

19世紀半ばに鉄とガラスだけで造られたパッサージュの典型ともいえるアーケード。インテリア雑貨、アート専門書店などのほか蝋人形館もある。

交M8・9号線GRANDS BOULEVARDS駅から徒歩すぐ 住10-12, Bd. Montmartre 9e ☎時休店舗により異なる ※英語が伝わりやすい

オペラ

パッサージュ・デ・パノラマ

Passage des Panoramas MAP 付録P17C3 見学時間 30分

歴史的なパリ最古アーケード

1799年から始まり、パリで最初にガス灯がつけられた場所。古切手や版画などを扱う専門店が軒を連ねる。細い路地は当時の面影のまま。

交M8・9号線GRANDS BOULEVARDS駅から徒歩すぐ 住11, Bd. Montmartre 2e ☎時休店舗により異なる ※英語が伝わりやすい

info パッサージュとは19世紀のエレガントなたたずまいがそのまま残るアーケード街。ガラス天井やモザイクなどノスタルジックな雰囲気を楽しめる。入口は意外と目立ちにくいので見逃さないように。マルシェは市場のこと。

⬇ボリューム満点。昼€19～、夜€38～

オペラ

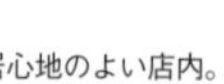

カイユボット

Caillebotte MAP 付録P17C2

人気ビストロ待望の2号店

⬇居心地のよい店内。シェフは気鋭の若手

予約の取れない人気店「パントルッシュ」が開いた2号店。ビストロ価格で本格ガストロノミー(美食)が楽しめる。

交M12号線NOTRE-DAME-DE-LORETTE駅から徒歩3分 住8 Rue Hippolyte Lebas 9e ☎01 53 20 88 70 時12時30分～14時、19時30分～21時30分 休日曜

サン・マルタン運河

ル・シャトーブリアン

Le Chateaubriand MAP 付録P13C2

"世界ベストレストラン"常連

一見シンプルながらも、想像を超えて味覚を多いに刺激する料理。営業は夜だけで10品のおまかせコース€75のみ。

交M11号線GONCOURT駅から徒歩すぐ 住129, Av. Parmentier 11e ☎01 43 57 45 95 時19～23時(土曜は12時30分～14時) 休日～火曜

エッフェル塔周辺

ラ・カンティーヌ・デュ・トロケ・デュプレクス

La Cantine du Troquet Dupleix MAP 付録P18A4

故郷を敬うシェフのバスク料理

「カンティーヌ(食堂)」の名の通りカジュアルな雰囲気で、おいしいバスク料理を堪能できる。昼夜アラカルトのみ。

交M6号線DUPLEIX駅から徒歩すぐ 住53, Bd. de Grenelle 15e ☎01 45 75 98 00 時8時～22時45分(ランチ12～15時、ディナー19時～22時45分、日曜は9時～) 休なし ※予約不可

モンパルナス

ル・ドーム

Le Dome MAP 付録P24B2

パリ派の画家御用達カフェ

シャガールや藤田嗣治などパリ派の画家が一堂に会したカフェで、ヘミングウェイなどアメリカ文学者たちも通った。スペシャリテは白味魚のポワレ€36～など、魚介料理。

交M4号線VAVIN駅から徒歩すぐ 住108, Bd. du Montparnasse 14e ☎01 43 35 25 81 時8時～22時30分 休なし

オペラ

シャルティエ

Chartier MAP 付録P17C3

歴史あるブラッスリー

1896年から続く大御所店。天井から下がる電球など広い店内は19世紀のまま。前菜€3前後～、メイン€11前後～。

交M8・9号GRANDS BOULEVARDS駅から徒歩2分 住7, Rue du Faubourg Montmartre 9e ☎01 47 70 86 29 時11時30分～24時 休なし

and more

シャンゼリゼ

エピキュール
Epicure

MAP 付録P15D3 天才と名高いシェフが独創的フレンチを提案。交M9・13号線MIROMESNIL駅から徒歩3分 住Hôtel Bristol,112, Rue du Faubourg Saint-Honoré 8e ☎01 53 43 43 40 時12時～13時30分、19時30分～21時30分 休なし ★★★

ルーヴル周辺

ル・ムーリス・アラン・デュカス
Le Meurice Alain Ducasse

MAP 付録P28B4 アラン・デュカス氏統括の2つ星店。交M1号線TUILERIES駅から徒歩すぐ 住Hôtel Meurice, 228, Rue de Rivoli 1er ☎01 58 00 21 19 時19時～21時30分 休土・日曜、11月1日 ★★

エッフェル塔周辺

アルページュ
Arpège

MAP 付録P19D3 世界的に有名なアラン・パッサール氏がオーナーシェフ。交M13号線VARENNE駅から徒歩3分 住84, Rue de Varenne 7e ☎01 47 05 09 06 時12時～14時30分、19時30分～22時30分 休土・日曜 ★★★

シャトレ・レ・アル

レストラン・ケイ
Restaurant Kei

MAP 付録P21C1 2017年に星を獲得した日本人シェフの実力派。交M1号線LOUVRE-RIVOLI駅から徒歩5分 住5, Rue Coq Héron 1er ☎01 42 33 14 74 時12時30分～13時、19時45分～20時45分 休火・水曜昼、日・月曜 ★★★

 要予約  ドレスコード  日本語メニュー 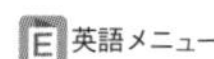 英語メニュー  日本語スタッフ  英語スタッフ

オペラ

フレンチー・バー・ア・ヴァン

Frenchie Bar à Vins MAP付録P17D4

行列のできる美食ワインバー

予約困難なビストロ「フレンチー」の姉妹店。ビストロ正面にあるこちらは予約不可のワインバーで、開店前から長い行列ができる。メニューは仕入れにより毎日変わる。

交M3号線SENTIER駅から徒歩すぐ 住6, Rue du Nil 2e ☎なし 時18時30分～23時 休なし

マレ

オ・ブルギニョン・デュ・マレ

Au Bourguignon du Marais MAP付録P22A3

ブルゴーニュ名物に舌鼓

名物はエスカルゴ€12(→P17)と牛肉の赤ワイン煮込みブフ・ブルギニョン€25。予約がベター。ブルゴーニュのワインも多数揃える。

交M1号線ST-PAUL駅から徒歩2分 住52, François Miron 4e ☎01 48 87 15 40 時12時～23時30分 休なし

サン・ジェルマン・デ・プレ

ル・コントワール・ドゥ・ラ・テール

Le Comptoir de la Terre MAP付録P31D3

豊富なメニューと安さが魅力

ビストロブームを仕掛けた有名シェフが開いた、立ち飲みバー。気軽につまめる100種以上のオードヴル€6～やグラスワイン€7～はリーズナブルながら味も◎。

交M4・10号線ODÉON駅から徒歩すぐ 住3, Carrefour de'l Odéon 6e ☎なし 時12～23時 休なし

オペラ

シェ・ミッシェル

Chez Michel MAP付録P17D1

ブルターニュ直送の新鮮魚介

産直のシーフードメニューが揃う。舌平目のムニエル(→P17)が人気。昼、夜3品€48。

交M4・5号線GARE DU NORD駅から徒歩4分 住10, Rue de Belzunce 10e ☎01 44 53 06 20 時11時45分～13時30分、19時～21時30分 休土・日曜、8月の3週間

モンパルナス

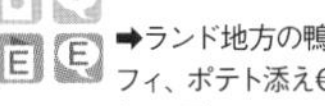

ル・セレクト

Le Select MAP付録P24B2

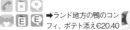

米国人作家が愛したカフェ

ヘミングウェイやフィッツジェラルドなど著名なアメリカ人作家が愛用した1923年創業のカフェ。屋根に「American Bar」と記されているのはそのころの名残。今も映画関係者ら有名人に愛されている。田舎風パテは€10.60。

交M4号線VAVIN駅から徒歩すぐ 住99,Bd. du Montparnasse 6e ☎01 45 48 38 24 時7時～翌2時(金～土曜は～翌3時) 休なし

➡ランド地方の鴨のコンフィ、ポテト添え€20.40(→P17)
⬇緑色の屋根が目印

オペラ

カフェ・ドゥ・ラ・ペ

Café de la Paix MAP付録P29C2

1862年創業の老舗カフェ

目の前のオペラ・ガルニエ同様、シャルル・ガルニエの設計によるもの。2004年の大改装で当時の様子に近づく形に生まれ変わった。クロック・ムッシュー€24(→P16)。

交M3・7・8号線OPÉRA駅から徒歩すぐ 住5, Pl. de l' Opera 9e ☎01 40 07 36 36 時8時～23時30分 休なし

マレ

ブレッツ・カフェ

Breizh Café MAP付録P22A2

パリ随一と評判のクレープ店

厳選素材とオリジナリティあふれるメニューで評判。デザート系から食事系まで€10前後～。人気店なので予約を。

交M8号線ST-SÉBASTIEN FROISSART駅から徒歩8分 住109, Rue Vielle du Temple 3e ☎01 42 72 13 77 時10～23時 休なし

info 木～土曜のディナーとなると、人気店は1週間前でも予約が取れないパリ。予約は早めに。ただフランス人は結構遅い時間からの食事が普通なので、2回転営業の店なら19時スタートの席は直前予約ができる可能性もあり。

パッシー

カレット

Carette MAP 付録P18A1

老舗パティスリーのサロン

1927年創業当時の趣を残す店内で伝統スイーツを。シュー生地にプラリネを挟んだパリ・カレット€6.50(→P15)。

交M6・9号線TROCADÉRO駅から徒歩すぐ 住4, Pl. du Trocadéro et du 11 Novembre 16e ☎01 47 27 98 85 時7時～23時30分(土・日曜は7時30分～23時) 休なし

シャンゼリゼ

ダロワイヨ

Dalloyau MAP 付録P15C3

美食の歴史を物語る名作菓子

王家の料理人一族を発祥とする創業300余年の由緒正しき老舗。看板商品のオペラ€7.50(→P15)は不朽の名作。

交M9号ST-PHILIPPE-DU-ROULE駅から徒歩5分 住101, Rue du Faubourg Saint-Honoré 8e ☎01 42 99 90 08 時9～20時(日曜は～16時30分) 休なし

サン・ジェルマン・デ・プレ

パティスリー・サダハル・アオキ

Pâtisserie Sadaharu Aoki MAP 付録P24B1

和素材を織り交ぜたフランス菓子

日本人パティシエの有名店。抹茶やユズなど和素材を使ったデザイン性の高いお菓子で評判を集める。濃厚な抹茶クリームのバンブー€7.50。

交M12号線RENNES駅から徒歩3分 住35, Rue de Vaugirard 6e ☎01 45 44 48 90 時11～18時 休月曜

シャンゼリゼ

ラ・パティスリー・シリル・リニャック

La Pâtisserie Cyril Lignac MAP 付録P14B4

スターシェフのパティスリー

人気の星付きシェフ、シリル・リニャックがプロデュース。デザインも味も洗練されたスイーツが並ぶ。タルト・シトロン€7(→P15)。

交M9号線IÉNA駅から徒歩5分 住2, Rue de Chaillot 16e ☎01 55 87 21 40 時7～20時(月曜は～19時) 休なし

ルーヴル周辺

アンジェリーナ

Angelina MAP 付録P28B4

ココ・シャネルも愛したサロン

1903年に創業。スペシャリテの元祖モンブラン€10(→P15)は永遠の看板商品。ミルフィーユ€10.50も人気。

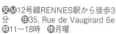

交M1号線TUILERIES駅から徒歩3分 住226, Rue de Rivoli 1er ☎01 42 60 82 00 時8～19時(金曜は～19時30分、土・日曜は8時30分～19時30分) 休なし

オペラ

セバスチャン・ゴダール

Sébastien Gaudard MAP 付録P17C1

スタイリッシュな伝統菓子

一流店で経歴を重ねた気鋭のパティシエの店。パリ・ブレスト€6.10(→P14)など、昔ながらの伝統菓子を造る。

交M12号線NOTRE-DAME-DE-LORETTE駅から徒歩5分 住22, Rue des Martyrs 9e ☎01 71 18 24 70 時10～20時(土曜は9時～、日曜は9～19時) 休なし

シャトレ・レ・アル

ストレール

Stohrer MAP 付録P21D1

パリ最古参のパティスリー

1730年創業。ピュイダムールやババ・オ・ラム€5.60(→P15)など伝統菓子の老舗。歴史的建造物指定の内装も必見。

交M4号線ÉTIENNE MARCEL駅から徒歩3分 住51, Rue Montorgueil 2e ☎01 42 33 38 20 時8時～20時30分(日曜は～20時) 休なし

マレ

レクレール・ドゥ・ジェニ

L'Éclair de Génie MAP 付録P22A3

天才的エクレアに感嘆

元フォションのシェフ、クリストフ・アダムが2012年末に開いたエクレア専門店。季節ごとにフレーバーは変わり、1個€6.50～8(→P14)。

交M1号線ST-PAUL駅から徒歩2分 住14, Rue Pavée 4e ☎01 42 77 86 37 時11～19時 休なし

 要予約  ドレスコード  日本語メニュー E 英語メニュー 日本語スタッフ E 英語スタッフ

サン・ジェルマン・デ・プレ

ピエール・エルメ

Pierre Hermé MAP付録P31C3

カリスマ・パティシエ直営店

フランスを代表するパティスリー。斬新な新作は常に注目の的。イスパハン€10(→P14)は代表作のひとつ。

交M4号線ST-SULPICE駅から徒歩2分 住72, Rue Bonaparte 6e ☎01 45 12 24 02 時11～19時(金・土曜は10～20時、日曜は10～19時) 休なし

サン・ジェルマン・デ・プレ

ユーゴ・エ・ヴィクトール

Hugo & Victor MAP付録P30A3

モダンな進化系スイーツ

一流ホテルや星付きレストランでシェフ・パティシエを務めたユーグ・プジェ氏による店。ミルフィーユ・バニラ€8(→P14)

交M10・12号線SÈVRES-BABYLONE駅から徒歩2分 住40, Bd. Raspail 7e ☎01 44 39 97 73 時10～19時(金曜は～20時、土曜は9時30分～20時) 休なし

シャンゼリゼ

キャトルヴァンシス・シャン

86 Champs MAP付録P14B3

注目のコラボショップ

スイーツのピエール・エルメとコスメのロクシタンのコラボ店。ショップ、カフェ・レストラン、バーからなる。

交M1号線GEOEGE V駅から徒歩2分 住86, Av. des Champs-Élysées 8e ☎01 70 38 77 38 時10時30分～22時(金・土曜は10～23時、日曜は10時～) 休なし

サン・ジェルマン・デ・プレ

ボワシエ

Boissier MAP付録P30A2

マロングラッセ発祥の店

1827年創業のショコラ店。グラサージュとよばれる砂糖がけの技術でマロングラッセを作り始めた。5個入り€26。

交M12号線RUE DU BAC駅から徒歩2分 住77, Rue du Bac 7e ☎01 43 20 41 89 時11時～13時30分、14時～18時30分 休日曜

エッフェル塔周辺

ア・ラ・メール・ドゥ・ファミーユ

A La Mère de Famille MAP付録P19C3

パリ最古のショコラトリー

1761年の創業から愛され続け、現在市内に10店舗を構える名店。ショコラはじめ何百種類ものお菓子が揃う。

交M8号線ÉCOLE MILITAIRE駅から徒歩3分 住35, Rue Cler 7e ☎01 45 55 29 74 時9時30分～20時(日曜は～19時30分) 休なし

モンマルトル

ボリス・リュメ・カフェ・パティスリー

Boris Lumé café pâtisserie MAP付録P26A3

かわいい食べ歩きタルト

フランス人パティシエと、日本人パン職人夫婦のパティスリー。タルト€5.60～やパリ・ブレスト€5.90は食べ歩きに適した形が特徴。

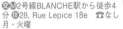

交M2号線BLANCHE駅から徒歩4分 住28, Rue Lepice 18e ☎なし 時8時30分～18時 休月・火曜

サン・ジェルマン・デ・プレ

ポワラーヌ

Poilâne MAP付録P30B3

創業当時からの製法で作る

ゲランドの海塩と天然酵母を使い、石臼で挽いた小麦を手作業でこね、窯で焼き上げる老舗ブーランジュリー。クロワッサン€1.40。

交M10・12号線SEVRE BABYLONE駅から徒歩5分 住8, Rue du Cherche-Midi 6e ☎01 45 48 42 59 時7時15分～20時 休日曜

オペラ

ローズ・ベーカリー

Rose Bakery MAP付録P17C1

行列のできるヘルシーカフェ

料理ができたそばから売れていく人気のデリカフェ。キッシュ€7.90(→P16)。ロマン主義美術館(MAP付録P16 B1)にサロン・ド・テあり。

交M12号線ST-GEORGE駅から徒歩3分 住46, Rue des Martyrs 9e ☎01 42 82 12 80 時9時30分～18時30分(テイクアウトは～20時30分) 休なし

info パティスリーの名店が揃うパリ。定番お菓子の食べ比べも楽しい。エクレアならレクレール・ドゥ・ジェニ(→P62)、ミルフィーユならユーゴ・エ・ヴィクトール(→P63)やセバスチャン・ゴダール(→P62)へ。

パリ

Shopping

ショッピングスポット

⬇建物は歴史的建造物に指定されている

オペラ

プランタン・オスマン

Printemps Haussmann MAP 付録P28B1

1865年創業の老舗デパート

婦人服の「プランタン・ファム」、メンズとレストラン&エピスリーの「プランタン・デュ・グー&オム」、コスメなどの「ボーテ・メゾン」の3館。

⬇街を一望できるプランタン・デュ・グー&オムのレストラン

交M3・9号線HAVRE-CAUMARTIN駅から徒歩すぐ 住64, Bd. Haussmann 9e ☎01 71 25 26 01 時10～20時(日曜は11時～) 休一部の休日

オペラ

ギャラリー・ラファイエット・パリ・オスマン

Galeries Lafayette Paris Haussmann MAP 付録P29C1

ヨーロッパ最大級のデパート

1893年創業。本館、メンズ館、メゾン&グルメ館で構成される。高級ブランドから雑貨、グルメまで豊富な品揃えでオリジナル商品も人気。メゾン&グルメ館の地下1階と地上階の2フロアは食品フロア「ル・グルメ」、2階はレストランフロア。

交M7・9号線CHAUSÉE D'ANTIN-LA FAYETTE駅から徒歩1分 住40, Bd. Haussmann 9e ☎01 42 82 34 56 時10時～20時30分(日曜は11～20時) 休一部の休日

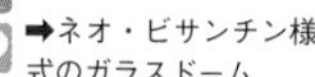

➡ネオ・ビサンチン様式のガラスドーム

⬇世界最大級の靴売場。約150ブランドが出店

サン・ジェルマン・デ・プレ

ル・ボン・マルシェ・リヴ・ゴーシュ

Le Bon Marché Rive Gauche MAP 付録P30A3

パリで一番シックなデパート

1852年に創業した世界最古のデパート。センスがよく、洗練された品揃えでパリの人々に愛され続けている。別館のラ・グランド・エピスリーにはおみやげに最適な食品が豊富に揃う。

交M10・12号線SÈVRES-BABYLONE駅から徒歩すぐ 住24, Rue de Sèvres 7e ☎01 44 39 80 00 時10時～19時45分(日曜は11時～)、別館は8時30分～21時(日曜は10～20時) 休なし

⬆本館3階には2000㎡もの靴売り場がある

⬅天井まで吹き抜けの本館1階化粧品売り場

マレ

ル・ベー・アッシュ・ヴェー・マレ

Le BHV Marais MAP 付録P21D2

DIY用品と生活雑貨の専門店

日曜大工用品と電化製品などの生活雑貨を中心に、ファッションからコスメまで揃うホームセンターよりのデパート。

交M1・11号線HÔTEL DE VILLE駅から徒歩すぐ 住52, Rue de Rivoli 4e ☎09 77 40 14 00 時10～20時(日曜は11～19時) 休なし

マレ

メルシー

Merci MAP 付録P22B2

社会貢献型セレクトショップ

マダガスカルの貧しい子どもや女性たちに売上げの一部を還元する新スタイルのコンセプトショップ。雑貨や家具などハイセンスな商品セレクト。

交M8号線ST-SÉBASTIEN-FROISSART駅から徒歩すぐ 住111, Bd. Beaumarchais 3e ☎01 42 77 00 33 時10時30分～19時30分(金・土曜は～20時、日曜は11時～) 休なし

日本語スタッフ　E 英語スタッフ

マレ

フレンチ・トロッターズ

French Trotters MAP 付録P22B1

パリジェンヌのお気に入り

クララシとキャロルの若いカップルが、日常着がおしゃれになるカジュアル・ブランドをセレクト。

交M8号線FILLES DU CALVAIRE駅から徒歩3分　住128, Rue Vieille du Temple 3e　☎01 44 61 00 14　時11時30分～19時30分(日曜は14～19時)　休月曜

サン・ジェルマン・デ・プレ

メゾン・エス・バイ アレクサンドラ・ソジュフェール

Maison AS by Alexandra Sojfer MAP 付録P30A1

貴婦人気分のパラソル

稀少な木材や高級素材を使用し、一生もののゴージャスな雨傘や日傘をパリ近郊のアトリエで手作り。洋服やファッション小物も多数あり。

交M12号線RUE DU BAC駅から徒歩2分　住218, Bd. St-Germain 7e　☎01 42 22 17 02　時10～19時　休日曜

ルーヴル周辺

メゾン・ファーブル

Maison Fabre MAP 付録P29D4

着け心地極上の革手袋

1924年創立、南仏の工房で伝統の革製手袋を生産する老舗メゾン。定番人気の「サシャSacha」€150。

交M1・7号線PALAIS ROYAL-MUSÉE DU LOUVRE駅から徒歩3分　住128-129, Galerie de Valois-Jardins du Palais Royal 1er　☎01 42 60 75 88　時11～19時　休日曜

オペラ

レペット

Repetto MAP 付録P29C2

永遠の定番バレエシューズ

1947年創業のダンスシューズの老舗。憧れのバレエシューズ€195～は日本でも大人気。革と紐の色を選べるセミオーダー€335～も可能。

交M3・7・8号線OPÉRA駅から徒歩すぐ　住22, Rue de la Paix 2e　☎01 44 71 83 12　時10～19時(日曜は11～18時)　休なし

マレ

ボントン

Bonton MAP 付録P22B2

キッズ専門セレクトショップ

シンプルなデザインとニュアンスカラーの色合いがパリらしい子ども服。800㎡もの広い店内には大人も欲しくなるインテリア雑貨も揃う。

交M8号線ST-SÉBASTIEN-FROISSART駅から徒歩すぐ　住5, Bd. des Filles du Calvaire 3e　☎01 42 72 34 69　時10～19時　休日曜

サン・ジェルマン・デ・プレ

ラ・スリーズ・シュー・ル・シャポー

La Cerise sur le Chapeau MAP 付録P30A4

エスプリあふれるオーダー帽子

クラシックなフェルト帽やパナマ帽を豊富な色数で展開。フェルト部分とリボンの配色を組み合わせ自由でオーダーでき、早ければ1日で完成。海外発送も可。€185前後～。

交M10・12号線SÉVRES-BABYLONE駅から徒歩4分　住46, Rue Cherche-Midi 6e　☎07 87 33 52 02　時11～19時　休日・月曜

サン・ジェルマン・デ・プレ

セザンヌ

Sézane MAP 付録P20A4

パリジェンヌを虜にする

クリエイターのモルガンヌ・セザロリーが手がける。トレンドを押さえつつも、独自の大人ガーリースタイルが話題。手頃価格も人気の秘訣。

交M10・14号線SÈVRES-BABYLONE駅から徒歩3分　住122, Rue du Bac 7e　☎なし　時11～20時(土曜は10時～)　休日・月曜

サン・ジェルマン・デ・プレ

メゾン・キツネ

Maison Kitsuné Paris MAP 付録P30B4

タイムレスなスタイル

フランス人のジルダ・ロアエック氏と日本人の黒木理也氏がパリで設立。ニュークラシックをテーマにベーシックなアイテムをデザイン。

交M4号線SAINT-SULPICE駅から徒歩すぐ　住38, Rue Madame 6e　☎01 53 71 76 62　時11～19時　休日・月曜

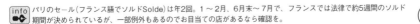

info パリのセール(フランス語でソルドSolde)は年2回。1～2月、6月末～7月で、フランスでは法律で約5週間のソルド期間が決められているが、一部例外もあるのでお目当ての店があるなら確認を。

ルーヴル周辺

フラゴナール

Fragonard MAP 付録P20B2

雑貨も充実しているフレグランスブランド

香水の町、南仏グラース生まれの香水ブランド。カジュアルな香水からフレグランス、スキンケアコスメのほか、雑貨や衣類など生活を彩るアイテムが揃う。かわいいパリ名所グッズも充実しているのでおみやげ探しにもおすすめ。

交M1・7号線PALAIS ROYAL-MUSÉE DU LOUVRE駅から徒歩すぐ　住カルーゼル・デュ・ルーヴル内　☎01 42 96 96 96　時10～19時(日曜は11時～)　休なし

⬇手になじむ卵型の石けん€12

⬆ルーヴル美術館へ続く地下街の中にある

マレ

モナスティカ・スルス・ヴィヴ

Monastica Sources Vives MAP 付録P22A3

修道院のハンドメイド

フランス全土の修道院で手作りされたアロマオイルや自然派石けんを主に扱う。アルガンオイルの丸型ソープ€10.50～。

交M7号線PONT MARIE駅から徒歩3分　住10, Rue des Barres 4e　☎01 43 48 93 64　時9時30分～19時(金曜は～19時30分、土曜は10時～19時30分、日曜は12時15分～13時)　休月曜

サン・ジェルマン・デ・プレ

シール・トゥルドン

Cire Trudon MAP 付録P31C3

パリ最古のキャンドル専門店

1643年創業、王室御用達のキャンドル専門店。100%天然植物成分なので身体にも安心。アロマキャンドル€39～、ルームフレグランス€165～。

交M4・10号線ODÉON駅から徒歩4分　住78, Rue de Seine 6e　☎01 43 26 46 50　時10時30分～19時30分(月曜は11～19時)　休日曜

バスティーユ

レ・フルール

Les Fleurs MAP 付録P23C4

かわいいアイテムが満載

陶器製の犬の指輪€65など、花や動物などをモチーフにしたグッズやカラフルな文具がバラエティ豊かに揃う。店内は、見ているだけで楽しくなる雰囲気。

交M8号線LEDRU-ROLLIN駅から徒歩4分　住6, Passage Josset 11e　☎なし　時11時30分～19時30分　休日曜

シャンゼリゼ

キャロン

Caron MAP 付録P15C4

フレグランスの老舗メゾン

1904年にエルネスト・ダルトロフ氏によりパリで創業。以来、発表された香りは60種類以上。バラの天然香料をブレンドしたデリール・ドゥ・ローズ€265。

交M1・9号線FRANKLIN D.ROOSEVELT駅から徒歩3分　住23, Rue François 8e　☎01 47 23 40 82　時10時30分～19時(日曜は11時～)　休なし

サン・ジェルマン・デ・プレ

グタール・パリ

Goutal Paris MAP 付録P31C3

上質の原料と洗練された香り

フランスのピアニスト、アニック・グタール氏が1981年に創業。定番人気「オー・ダドリアン」€135(150mℓ)、人気トワレ「プチット・シェリ」のボディソープ€45(250mℓ)。

交M4号線ST-SULPICE駅から徒歩3分　住12, Pl. St-Sulpice 6e　☎01 46 33 03 15　時10～19時　休日曜

マレ

メロディ・グラフィック

Mélodies Graphiques MAP 付録P22A3

歴史を感じる文房具

西洋カリグラフィの専門家が営む。ハンドメイドのレターセットや万年筆のペン先、インクなど、昔懐かしいアイテムが揃う。

交M7号線PONT MARIE駅から徒歩3分　住10, Rue du Pont Louis-Philippe 4e　☎01 42 74 57 68　時11～19時(月曜は15～18時)　休日曜、7月か8月の数日間

日本語スタッフ　英語スタッフ

オペラ

ジアン

Gien MAP付録P28B1

圧巻の絵皿コレクション

1821年、ロワール地方で誕生した磁器ブランド。パリの名所が地図とともに描かれた4枚セットの皿は€114。

交M8・12・14号線MADELEINE駅から徒歩3分 住18, Rue de l'Arcade 8e ☎01 42 66 52 32 時10時30分～19時 休日・月曜

サントノレ

アスティエ・ドゥ・ヴィラット

Astier de Villatte MAP付録P29C4

パリの工房で焼く陶器

人気のAdélaidシリーズの皿€48など、1996年に白いセラミックの食器を販売して以来、おしゃれなパリジェンヌの間で憧れの食器ブランドに。

交M7・14号線PYRAMIDES駅から徒歩5分 住173, Rue St-Honoré 1er ☎01 42 60 74 13 時11～19時 休日曜

シャトル・レ・アル

ア・シモン

A.Simon MAP付録P21C1

ル・クルーゼの商品が豊富

有名レストラン御用達の調理器具専門店。業務用の本格的料理道具から、おみやげにしたい小さなキッチン雑貨まで品数が豊富。

交M4号線ÉTIENNE MARCEL駅から徒歩5分 住48-52, Rue Montmartre 2e ☎01 42 33 71 65 時9～19時(土曜は10時～) 休日曜

カルチェ・ラタン

ローラン・デュポワ

Laurent Dubois MAP付録P21D4

フロマージュの名店

国家最優秀職人(MOF)の称号をもつチーズ熟成師、ローラン・デュポワ氏の店。ノルマンディ産のカマンベール、ペイ・ドージュ€6.80。

交M10号線MAUBERT-MUTUALITÉ駅から徒歩1分 住47, Ter Bd. St-Germain 5e ☎01 43 54 50 93 時8～20時(日曜は～13時) 休月曜

オペラ

フォション

Fauchon MAP付録P28A2

最高品質の食材を集めたフードブティック

1886年創業の高級食品を販売する老舗。世界各地から最高品質の食材をセレクト。紅茶、ジャムといった定番商品のほか、ケーキや惣菜など美食グルメを多数扱う。マカロン12個€34やプラリネチョコレート8個€18はおみやげに人気。

交M8・12・14号線MADELEINE駅から徒歩2分 住11, Pl. de la Madeleine 8e ☎07 78 16 15 40 時10時～18時30分 休日曜

➡「パリの午後」をイメージしたブレンドティー€16.70

⬇イチゴとバラのコンフィチュール€9.40

⬆フォションホテルに隣接する

オペラ

マイユ

Maille MAP付録P28B2

260年の歴史を誇るマスタード

ブルゴーニュ地方ディジョン発の調味料ブランド(→P18)。その場で瓶詰めするのは直営店ならでは。粒入りシャルドネマスタード125g€27。

交M8・12・14号線MADELEINE駅から徒歩すぐ 住6, Pl. de la Madeleine 8e ☎01 40 15 06 00 時10～19時 休日曜

マレ

ラ・シャンブル・オ・コンフィチュール

La Chambre aux Confitures MAP付録P22A2

旬を凝縮したコンフィチュール

「毎日食べるものだから本物のジャムを作りたい」とオーナーのリザさん。季節限定など約100種が並ぶ。

交M11号線RAMBUTEAU駅から徒歩10分 住60, Rue Vieille du Temple 3e ☎01 79 25 53 58 時11～14時、14時30分～19時30分(土曜は10時～19時30分、日曜は10～19時、月曜は14時30分～19時30分) 休なし

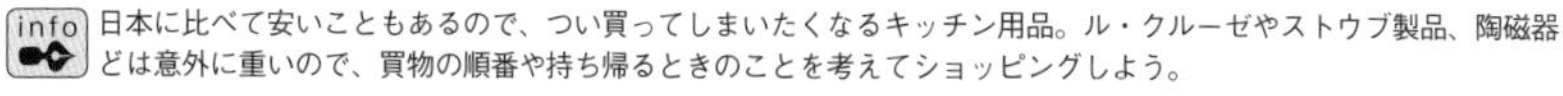
info 日本に比べて安いこともあるので、つい買ってしまいたくなるキッチン用品。ル・クルーゼやストウブ製品、陶磁器などは意外に重いので、買物の順番や持ち帰るときのことを考えてショッピングしよう。

⬇50㎡あるスーペリアデラックスルーム

シャンゼリゼ

ペニンシュラ·パリ

The Peninsula Paris MAP付録P14A3

ヨーロッパ最初のペニンシュラ

19世紀に貴族の館だった歴史的かつ豪華な建物を、6年の歳月をかけ修復。最上階は眺望抜群のフレンチレストラン。凱旋門から至近の好立地もうれしい。

⬇ユネスコ本部や外務省の会議場だった場所

交Ⓜ6号線KLÉBER駅から徒歩すぐ 住19, Av. Kléber 16e ☎01 58 12 28 88 料スーペリアルーム€935～ 200室

and more

オペラ
ソフィテル·ル·スクリーブ·パリ·オペラ
Sofitel Le Scribe Paris Opéra

MAP付録P29C2 買物や観光に便利な立地。レストランやティールームもあり。交Ⓜ3・7・8号線OPÉRA駅から徒歩2分 住1, Rue Scribe 9e ☎01 44 71 24 24 料€328～ 240室

ルーヴル周辺
ル·ムーリス·パリ
Le Meurice Paris

MAP付録P28B4 1835年創業、王族に愛されたホテル。客室は優雅ながら機能性が高い。交Ⓜ1号線TUILERIES駅から徒歩すぐ 住228, Rue de Rivoli 1er ☎01 44 58 10 10 料€1775～ 160室

シャンゼリゼ
ル·ブリストル·パリ
Hôtel Le Bristol Paris

MAP付録P15D3 5つ星の上をいくパラスホテルらしい豪奢な館内。交Ⓜ9·13号線MIROMESNIL駅から徒歩3分 住112, Rue du Faubourg St-Honoré 8e ☎01 53 43 43 00 料€1881～ 188室

シャンゼリゼ
ル·ロワイヤル·モンソー·ラッフルズ·パリ
Le Royal Monceau Raffles Paris

MAP付録P14B2 華やかなデザインが魅力のラグジュアリーホテル。交Ⓜ1·2·6号線CHARLES DE GAULLE-ÉTOILE駅から徒歩5分 住37, Av. Hoche 8e ☎01 42 99 88 00 料€1200～ 149室

シャンゼリゼ
クリヨン·ア·ローズウッド
Hôtel de Crillon, A Rosewood Hotel

MAP付録P28A3 コンコルド広場近くに立つ18世紀の宮殿を活用したホテル。交Ⓜ1号線CONCORDE駅から徒歩すぐ 住10, Place de la Concorde 8e ☎01 44 71 15 00 料€2070～ 124室

シャンゼリゼ
フォーシーズンズ·ジョルジュ·サンク·パリ
Four Seasons Hôtel George V Paris

MAP付録P14B4 1928年築の伝統ある宮殿様式造のパラスホテル。交Ⓜ1号線GEORGE V駅から徒歩5分 住31, Av. George V 8e ☎01 49 52 70 00 料€2195～ 244室

シャンゼリゼ
プラザ·アテネ·パリ
Hôtel Plaza Athénée Paris

MAP付録P15C4 飲食店やスパなど内部の施設も話題。交Ⓜ9号線ALMA-MARCEAU駅から徒歩4分 住25, Av. Montaigne 8e ☎01 53 67 66 65 料€2050～ 208室

サントノレ
マンダリン オリエンタル パリ
Mandarin Oriental Paris

MAP付録P28B3 世界的チェーンホテル。館内施設も充実。交Ⓜ1·8·12号線CONCORDE駅から徒歩7分 住251, Rue St-Honoré 1er ☎01 70 98 78 88 料€1488～ 138室

エッフェル塔周辺
ノボテル·パリ·サントル·トゥール·エッフェル
Hôtel Novotel Paris Centre Tour Eiffel

MAP付録P12B3 セーヌ河とエッフェル塔が見渡せて眺望抜群。交Ⓜ10号線CHARLES MICHELS駅から徒歩8分 住61, Quai de Grenelle 15e ☎01 40 58 20 00 料€171～ 764室

パッシー
シャングリ·ラ パリ
Shangri-La Hôtel Paris

MAP付録P18A1 19世紀に王族が所有していたお屋敷をリノベーションし、ホテルとして使用。交Ⓜ9号線IÉNA駅から徒歩2分 住10, Av. d'Iéna 16e ☎01 53 67 19 98 料€1716～ 101室

Petit Hotel

マレ
ファブリック
Hôtel Fabric

MAP付録P23C1 旧織物工場を改装。アーティスティックな空間。交Ⓜ9号線ST-AMBROISE駅から徒歩3分 住31, Rue de la Folie Méricourt 11e ☎01 43 57 27 00 料€192～ 33室

オペラ
シャヴァネル
Hôtel Chavanel

MAP付録P28B1 スタイリッシュなプチホテル。朝食ブュッフェ€20が人気。交Ⓜ8・12・14号線MADELEINE駅から徒歩3分 住22, Rue Tronchet 8e ☎01 47 42 26 14 料€162～ 27室

 日本語スタッフ  英語スタッフ  レストラン プール ※宿泊料金は目安です

Lala Citta France

Area2

パリ近郊

Île-de-France&Normandie&Loire

パリから日帰りで訪れることができる
イル・ド・フランス周辺。
ひと足のばして歴史舞台へタイムスリップ！

パリからひと足のばして

パリ近郊 エリアNAVI

世界遺産のモン・サン・ミッシェル修道院、ヴェルサイユ宮殿、ロワールの古城など、パリ近郊には見ごたえのあるモニュメントが満載。電車やバス、または現地ツアーを利用して、パリから日帰り旅行に出かけてみよう。

① モン・サン・ミッシェル
Mont Saint-Michel

パリ北西部にある孤島。大天使ミカエルの命で8世紀に聖堂建築を開始。付属の修道院は10〜13世紀の建築様式が混在するゴシック建築の名作。本土から島へは橋で渡る。

MAP 付録P2A2 ⊗パリから約360km。車で約4時間。鉄道とバスで約3時間10分。

街の規模	総面積約4㎢、人口約30人の区域に約30の商店がある。
必見スポット	•モン・サン・ミッシェル修道院…P74
名産品	•バターたっぷりのビスケット「ガレット」 •ブルターニュの岩塩「ゲランドの塩」

ブルターニュ出身のベカシーヌ。国民的人気漫画の主人公

日帰りバスツアーでも断トツ人気

② ロワール
La Loire

美しい古城が点在するロワール河沿いは、世界遺産に登録されている

フランス中部の地方で、国内最長のロワール河を擁する。沿岸に中世の城が点在し、河と古城が織りなす美しい景観を鑑賞できる。

MAP 付録P2B2 ⊗パリからトゥールまで約240km。車で約3時間。鉄道で約1時間15分。

街の規模	総面積約4780㎢、人口約77万人。
必見スポット	•シャンボール城…P83 •シュノンソー城…P84
名産品	•豚肉を加工したリエット •ロワールワイ

③ ヴェルサイユ
Versailles

ルイ14世が富と権力の象徴として建てた宮殿。パリから近く、鉄道でのアクセスも簡単なため、年間700万人が訪れる一大観光地となっている。豪華な庭園や離宮もみどころ。

MAP 付録P2B2 交パリから約20km。車で約45分。鉄道で約30分。

街の規模	総面積約26㎢、人口約8万4000人。
必見スポット	•ヴェルサイユ宮殿…P78 •マリー・アントワネットの離宮…P79
名産品	•マリー・アントワネットグッズ •「王の菜園」で収穫した果物のジャム

見事なフランス式庭園の先にヴェルサイユ宮殿がたたずむ

©Christian Millet

④ シャルトル
Chartres

フランスの穀倉地帯にある古都。ステンドグラスが見事な世界遺産のノートルダム大聖堂や、ユール川付近の中世の街並みは必見。

MAP 付録P2B2 交パリから約90km。車で約1時間15分。鉄道で約60分。

街の規模	総面積約17㎢、人口約4万人。
必見スポット	•ノートルダム大聖堂…P89 •ユール川と旧市街の街並…P89
名産品	•ステンドグラスのオブジェ

大聖堂の2本の尖塔は建築様式が異なる

⑤ シャンティイ
Chantilly

ルネサンス様式の華麗なシャンティイ城がランドマーク。みどころは城主の絵画コレクションを公開するコンデ美術館。傑作が揃う。

MAP 付録P2B2 交パリから約50km。車で約60分。鉄道で25〜45分。

街の規模	総面積約16㎢、人口約1万600人。
必見スポット	•シャンティイ城…P87
名産品	•ホイップクリーム「クレーム・シャンティイ」

シャンティイ城内のコンデ美術館。ラファエロなどの名作を所蔵

シャンティイ城で誕生したホイップクリームも名物

⑥ フォンテーヌブロー
Fontainebleau

フランス歴代の王からナポレオン3世まで、権力者に愛された城で有名。12〜18世紀の見事な建築と王族が狩を楽しんだ庭園がみどころ。

MAP 付録P2B2 交パリから約70km。車で約60分。鉄道で約40分。

フォンテーヌブロー城の舞踏会の広間。華やかな祝宴が行われた

街の規模	総面積約172㎢、人口約1万6000人。
必見スポット	•フォンテーヌブロー城…P86
名産品	•ナポレオングッズ

パリからひと足のばして

海に浮かぶ神秘の世界遺産

モン・サン・ミッシェル

Mont Saint-Michel

MAP 付録P2A2

オムレツが名物の「ラ・メール・プラール」の看板

城壁上の遊歩道から湾や対岸を一望できる

聖なる巡礼地から要塞、牢獄と数奇な運命をたどった

パリから約360km、ノルマンディとブルターニュ地方の狭間に浮かぶ幻想的な島。オベール司教の夢に大天使ミカエルが現れ、聖堂建築を告知したのは708年。10世紀にはベネディクト会の修道院を建築、13世紀初頭に教会北側の居住部分「ラ・メルヴェイユ」が完成、現在の姿となった。14世紀の英仏百年戦争の間には不落の要塞として国を守り、18世紀の仏革命後には王党派1万2000人を収監する牢獄となった。19世紀終わり頃から修復が始まり、1979年、世界遺産に登録された。

修道院の頂上に立つ聖ミカエル像のレプリカ

アクセス

●自力で行く！ 所要約4時間

パリのモンパルナスMONTPARNASSE駅からTGVでレンヌRENNES駅まで1時間30分～2時間。レンヌ駅北口SORTIE NORDを出て右のバスターミナルGARE ROUTIEREからKEOLIS ARMOR社のバスに乗車。レンヌから約1時間10分、料金はTGVとバスで片道€35～100。URL www.omio.jpで時刻表の検索やチケットの購入が可能。

●現地発着ツアーで行く！→P142

歩き方アドバイス

KEOLIS ARMOR社のバス下車後、島行きの無料シャトルバス「ル・パッスール」に乗り、終点で下車。大通り門から参道の坂道を進むと修道院の入口へ到着。修道院見学後は城壁上の遊歩道Chemin des Rempartsに進み、海を眺めながら散歩するのがおすすめ。

観光案内所 対岸エリアから島へのシャトルバス始発停留所そばと、島の入口近くに観光案内所がある。営業時間は変わりやすいので下記サイトで確認を。☎02 33 60 14 30 時 9時30分～19時（季節により異なる） 休 なし URL www.ot-montsaintmichel.com/ MAP P73

大潮の塩分を含む湿地帯の草で育った子羊

ブティック・ラ・メール・プラールのサブレ

モン・サン・ミッシェルの名物料理プレ・サレ

モン・サン・ミッシェルでするべきコト Best 3

列柱廊の中庭は僧の憩いの場であった

船底のような丸型天井が美しい食堂

1

各時代のスタイルが混在する建築芸術

修道院の内部を見学する

数世紀に渡り増改築を重ねた修道院はロマネスク様式やゴシック様式など、さまざまな様式が混在する。特に教会北側の列柱廊、食堂、迎賓の間、騎士の間などのゴシック様式は驚異を意味する「ラ・メルヴェイユ」とよばれ、建築の傑作とされている。

2

スフレのように軽くサクサクなオムレツ

巡礼者の体と心を癒した名物グルメ

伝統のオムレツを味わう

19世紀に宿を営んだプラールおばさんが、疲れ果てた巡礼者のために、栄養のあるものを作りたい、と考えだしたオムレツ。玉子をよく泡立ててボリュームを出し、たっぷりのバターを溶かした銅鍋で焼き上げる。熱々のできたてを味わいたい。

3

雄大なる島の全景をじっくり鑑賞

対岸から世界遺産を望む

朝日から夕暮れ、夜のライトアップまで時間により表情を変えるモン・サン・ミッシェル。ぜひとも対岸のホテルに泊まり、さまざまな情景を楽しみたい。観賞のベストスポットは、シャトルバス停留所「河口ダム広場」そばの展望バルコニー。

河口ダム上の展望バルコニーで記念撮影

Column

島への行き方

湾の美景を取り戻す工事に伴い、2014年に新しい橋が完成。本土の観光案内所横からシャトルバス、または徒歩で橋を渡ろう。

ル・パッスール

68人乗りのシャトルバス。島まで約12分。無料。5～10分間隔で、7時30分～23時の運行(季節により異なる)。

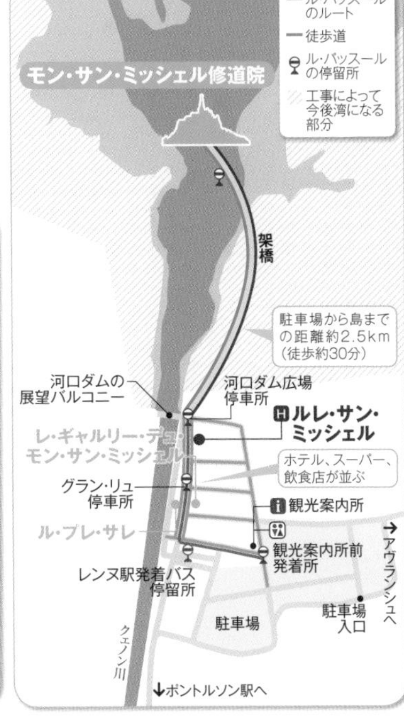

info 夏は日没後も修道院に入場ができる。光と音楽で演出された幻想的な空間を訪れてみよう。
時7月上旬～8月下旬の19時30分～24時(入場は閉館1時間前まで) 休日曜 料€15.99

モン・サン・ミッシェル

早わかり

①修道院
歴史に応じ姿を変えた修道院。さまざまな様式が混在する建築芸術は必見。

②城壁 Ramparts
15世紀に造られた島の周辺を取り囲む堅牢な城壁。上部の巡視路を歩ける場所もある。

③グランド・リュ Grande Rue
全長200mの参道。両側にみやげもの店、ホテル、レストランがぎっしりと並ぶ。

④王の門 Porte du Roi
街の入口。濠や跳ね橋、堕格子で守られ、両側の塔の上には警備兵の巡回通路がある。

⑤大通り門 Porte du Boulevard
ラヴァンセ門と王の門の間にある。15世紀に王の門の警備を強化するため造られた。

⑥ガブリエルの塔 Tour de Gabrielle
入口の西側にそびえる円形の門。16世紀に国王代理官のガブリエル・デュプイが設置。

←入口(ラヴァンセ門)

モン・サン・ミッシェル修道院

Abbaye du Mont-Saint-Michel MAP P73

世界遺産

「西洋の驚異」と評される偉大な建築

708年、司教オベールの夢に大天使ミカエルが現れ、聖堂建築を告知。司教は夢を信じず、3度目の出現で天使が司教の頭に指を差したとされる。修道院はロマネスクとゴシック様式が見られる建築で、13世紀に完成したゴシックの最高芸術とされる、教会北部の居住部分、ラ・メルヴェイユ(＝驚異)は必見。

交島の入口から徒歩8分 ☎02 33 89 80 00 時9時30分～18時(5～8月は9～19時、入場は閉館1時間前まで) 休なし 料€13 日本語オーディオガイド€3

↑オベール司教の額に穴をあける聖ミカエル

島の入口から坂道を上ると頂上にある修道院に到着

「ラ・メルヴェイユ」最上部にある中庭。奥の建物は食堂

海抜80mの位置にある西のテラス

所要60分で回れる!

修道院内の見学ルート

1 哨兵の門
Salle des Gardes

修道院の入口にある2つの塔が見守る門。訪問者はここで厳しくチェックされた。階段先には警備兵の部屋があり、現在はここがチケット売り場。

2 大階段
Grand Degré

聖堂へつながる唯一の通路。高い壁に挟まれた通路上部の2つの橋から、敵を攻撃することができた。90段の階段を上ると南の展望台がある。

3 西のテラス
Terrasse de l'Ouest

教会正面にあるテラス。海抜80mの高さにあり、絶好の眺めを楽しめる。床の石畳には、教会建設に携わった中世の職人のサインが刻まれている。

4 修道院付属の教会
Église Abbatiable

11世紀に完成し、何度か崩壊し修復された。本堂の北側は12世紀のロマネスク様式。内陣と後陣は後期ゴシックの見事なフランボワイヤン様式になっている。

5 列柱廊
Cloître

ラ・メルヴェイユの最上階にある僧の憩いと瞑想の場。円柱をわずかにずらすことで変化のある視覚効果が生まれ、周囲を歩くと柱が無限に続くような錯覚を得る。

6 食堂
Réfectoire

船底のような丸型天井の食堂。59の小窓から美しい光が差し込むが、入口から見ると側面の窓が見えず、ダイナミックな印象を受ける。

←14世紀に建てられた門

↓長い階段をゆっくり上がろう

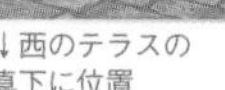

↓北にはトンプレーヌ小島が見える

↓祭壇は聖地エルサレムの方向に向いている

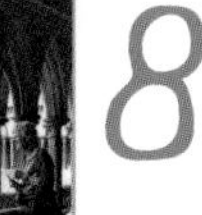

↓西のテラスの真下に位置

→列柱上の白亜の彫刻は美しく彩色されていた

→僧たちが食事をした簡素な部屋

↓2列の身廊を持つゴシック最盛期の建築

7 迎賓の間
Salle des Hôtes

修道院長が身分のある訪問者を迎えた場所。大きな2つの暖炉ではイノシシや鹿が焼かれた。中世における、最も優雅な建築のひとつとされる。

8 聖エティエンヌ礼拝堂
Chapelle St-Etienne

死者のために造られたチャペル。祭壇の下にはAZ=「永遠」をあらわすアルファベットが書かれ、死者の壁画も一部残る。19世紀にはハンセン氏病患者を収容。

9 騎士の間
Salle des Chevaliers

僧侶が写本や彩色を行っていた仕事部屋。天井まで届く大きな暖炉が設置されていた。

↓ここで見学終了。先にショップがある

島内の食べる・買う・泊まる

必訪スポット

オーベルジュ・サン・ピエール

Auberge Saint-Pierre MAP P73

地方の名物をラインナップ

塩分を含んだ湿地帯の草を食べ育った子羊(プレ・サレ)、ムール貝やロブスターなど新鮮なシーフード、オムレツ、クレープなど、地方の名産料理を網羅する。昼夜共通のコース3皿€26.80。

交島の入口から徒歩5分　☎02 33 60 14 03
時11時30分～21時　休なし

スペシャリティは仔羊のロースト€32

ふわふわのオムレツを前菜に€18

ラ・シレーヌ

La Sirène MAP P73

行列のできるクレープ店

行列のできる、人気のクレープ専門店。地元でとれた新鮮な食材を使った皿は具だくさんで食べごたえあり。そば粉の食事クレープ「ガレット」は20種類、スイーツ系も充実。

交島の入口から徒歩3分　☎02 33 60 08 60　時11時45分～16時(7・8月は～21時)　休金曜、12・1月(7・8月は無休)

玉子とハム、チーズ、トマトなど6種類の具が入った「Fermière」€8.90

ブティック・ラ・メール・プラール

Boutique La Mère Poulard MAP P73

名産のガレットが並ぶ

オムレツの老舗店、ラ・メール・プラールの系列店。名産の焼き菓子「ガレット」各種、この地方名物の塩バターキャラメルやリンゴのお酒カルヴァドスなど、オリジナル商品を揃えている。

交島の入口から徒歩3分　☎02 33 89 02 03　時9時30分～17時45分(夏期は～18時30分)　休なし

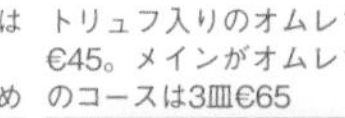

缶入りのサブレ€10(右)
箱入りのガレット€9.50(左)

塩バターキャラメル€6

グランドリュの入口すぐ近く

ラ・メール・プラール

La Mère Poulard MAP P73

ふんわりオムレツ発祥の地

19世紀に巡礼者のための宿屋を開いたプラール夫人が、旅の疲れを癒すためにと考案した栄養たっぷりのオムレツを供する。玉子をよく泡立て、スフレのように軽いオムレツ€38。

交島の入口から徒歩すぐ　☎02 33 89 68 68　時11時30分～14時30分、14時30分～16時30分(オムレツとデザートのみ)、18時30分～21時　休なし

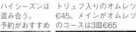

ハイシーズンは混み合う。予約がおすすめ

トリュフ入りのオムレツ€45。メインがオムレツのコースは3皿€65

ル・シュヴァル・ブラン

Le Cheval Blanc MAP P73

手頃なみやげが見つかる

グランドリュから階段を上った、城壁沿いにあるギフトショップ。Tシャツ、文房具、キーホルダー、ぬいぐるみなど手頃なみやげが種類豊富に揃う。店外はサン・マロ湾の眺望がいい。

交島の入口から徒歩5分　☎なし
時9時30分～17時30分(冬期は～18時30分)　休なし

マグネット3個€10(
デザインいろいろ

マリンカラーのカフェ・オレボウル€6.50

城沿い散策の合間に立ち寄れる

レ・リュタン

Les Lutins MAP P73

ノルマンディ名物のボーダー専門店

ボーダーグッズ専門店。代表的ブランドは1889年創設、ロゴにモン・サン・ミッシェルのモチーフを入れるセント・ジェームス。工場が至近で、パリより早く新コレクションを入荷。

交島の入口から徒歩3分　☎02 33 60 21 17　時9時30分～18時30分(7・8月は10～19時)　休1月

白×黒の定着長袖Tシャツ€79

ボーダーのビーチサンダル€15

大通り門からすぐ

対岸にある
必訪スポット

席数が多く
サービスも早い

ル・プレ・サレ
Le Pré Salé MAP P73

プレ・サレの子羊がイチオシ

郷土の食材を生かし洗練された料理を作る。店名にもなっているプレ・サレの子羊が特におすすめで、腿、あばら肉など7種から選べる。生ガキやムール貝など海鮮もおいしい。コースは3品€43。

交島外の i から徒歩7分　☎02 33 60 24 17　時19時～21時30分　休なし E

プレ・サレ子羊のロースト、ニンニク添え€24は肉がやわらかくジューシー

シードル用のカップ「ボレ」€4.90～

レ・ギャルリー・デュ・モン・サン・ミッシェル
Les Galeries du Mont Saint Michel MAP P73

おみやげが買えるスーパー

おみやげ用の記念品や名産菓子、食材、調味料、酒類など多彩。名物のカマンベールチーズやパン、ワインを買ってホテルで楽しんでも◎。

交島外の i から徒歩7分　☎02 33 60 25 16　時9時～19時30分（4月～7月中旬は8～20時、7月中旬～8月は8～22時）　休なし

ノルマンディ名産のお酒、ポモー（左）€3～、カルヴァドス（右）入りチョコ€4.60～

2023年2月に店名が新しくなった

ホテル

※宿泊料金は目安

島内にあるホテル

オーベルジュ・サン・ピエール
Auberge Saint-Pierre MAP P73

5世代続く家族経営の宿で、国の文化財に指定。グラン・リュに面した本館と別館がある。

交島の入口から徒歩５分　☎02 33 60 14 03　料オーベルジュ・ルーム€220～　23室 E
URL www.auberge-saint-pierre.fr/

レ・テラス・プラール
Les Terrasses Poulard MAP P73

島内の数棟の建物からなる。坂上の棟にある客室の眺めは最高で、サン・マロ湾を一望。

交島の入口から徒歩3分　☎02 33 89 02 02　料アンシャンジュ・ルーム€290～　29室 E
URL www.lemontsaintmichel.info/

ラ・メール・プラール
La Mère Poulard MAP P73

1888年創業の老舗ホテル。ロマンティックな装飾が女性に評判。セレブも多数宿泊した。

交島の入口から徒歩すぐ　☎02 33 89 68 68　料オーベルジュ・ルーム€190～　27室 E
URL lamerepoulard.com/

対岸にあるホテル

ルレ・サン・ミッシェル
Relais Saint-Michel MAP P73

全客室から島を眺められる

モン・サン・ミッシェルで唯一の4つ星ホテル。内装はモダンで、全客室から島の全景が眺められる設計。ノルマンディとブルターニュのスペシャリティを供する併設のレストランで、夕陽を眺めながらの食事もおすすめ。

交島外の i から徒歩9分　☎02 33 89 32 00　料サン・ミッシェルルーム€190～　39室 E
URL www.lemontsaintmichel.info/

スイートルーム201号室。窓の外に島を望む

↑レストランのコースは3皿€45

←レストラン外のテラス。島を眺めながらお茶やアペリティフを楽しみたい

パリからひと足のばして

ルイ王朝の美の極致

ヴェルサイユ宮殿

Château de Versailles

MAP 付録P2B2

↑愛の女神の天井画↓アントワネット妃の肖像

宮殿内でもっとも贅をつくした空間、鏡の回廊

↓ルイ14世がこだわり抜いて完成させた庭園

←プティ・トリアノンの庭にある愛の殿堂

→3人の王妃が出産した王妃の間

17世紀後半に太陽王ルイ14世が富と権力の象徴として宮殿建設を発令、当時の一流の芸術家たちが建築に携わった。1661年の工事開始から1710年の王室礼拝堂完成まで約50年の歳月をかけ、のちにルイ15世が手を加えて現在の姿に。1682年から革命勃発の1789年まで絶対王政の中心地であり、華やかな宮廷文化が開花。2007年の鏡の回廊の修復や正面ファサードの改修により往時の輝きを取り戻した。

交RER C 5 線 VERSAILLES- CHÂTEAU-RIVE-GAUCHE駅から徒歩10分 ☎01 30 83 78 00 時9時～18時30分(11～3月は～17時30分)※入場は閉館30分前まで 休月曜 料パレスチケット(宮殿内、庭園、特別展示)€21、パスポート(敷地内全施設)€24(3～10月は€32)、11～3月の第1日曜は入場無料、オーディオガイド€5

PASS OK E 

ヴェルサイユの歴史

もとはルイ13世が建てた狩猟の館。1661年にルイ14世が宮殿建設を命じた。大理石の内庭前がルイ13世時代の建物で、ここを中心に3棟を増築。設計は建築家ル・ヴォーとドルベイ。流行の最先端だったバロック・ロマンのヴィラ様式を採用。王室付画家のル・ブランが室内装飾、造園家はル・ノートル。

アクセス

RERのC5線でパリ市内のSAINT-MICHEL-NOTRE-DAME駅やINVALIDES駅からVERSAILLES-CHÂTEAU-RIVE-GAUCHE行きに乗車し30分。終点駅で下車。運行は約15分おき。片道€4.05。駅の出口から右に出て直進すると大きな交差点がある。左に曲がりパリ大通りAv.de Parisを直進すると正面に宮殿が見える。駅から徒歩約10分。

入場前のアドバイス

●チケットは事前購入を推奨

チケット売り場は混雑していて、宮殿入場も並ぶ。公式サイトURL www.chateauversailles.frでオンライン購入、PMP(→P25)を利用するのも手(要予約)。事前購入・予約は時間指定となっている。

●見学ツールをチェック！

日本語オーディオガイドは、各部屋の番号を押すと解説が流れる。公式アプリ「Palace of Versailles」には無料の日本語オーディオガイドもある。事前にダウンロードすることも可能なので、Wi-Fiに接続せずとも使える。

info 毎年、4月～10月下旬の土・日曜(平日開催もあり)は、庭園内の噴水が宮廷音楽とともに噴き上げる大噴水ショーが行われる。料金€10.50

ヴェルサイユ宮殿 早わかり

グラン・トリアノン Grand Trianon MAP P79A1

バラ色の大理石の館

ルイ14世が親しい者と過ごした離宮。1687年にマンサールの設計でバラ色の大理石を用いた館に改築、「大理石のトリアノン」ともよばれる。革命後はナポレオンやルイ・フィリップ王が館の主となった。

時12時～18時30分（11～3月は～17時30分）※入場は閉館30分前まで 休月曜 料€12（マリー・アントワネットの離宮と共通） E

ラングドック地方産の大理石を付け柱に使用

マリー・アントワネットの離宮

Domaine de Marie-Antoinette MAP P79A1

静かな暮らしを夢見た王妃憩いの場

ルイ16世の王妃マリー・アントワネットの別邸。庭園に村里を建造し、素朴な田園生活を楽しんだ。館内には当時の調度品を展示。王妃がオペラを演じた劇場や、愛人と逢瀬を重ねた神殿「愛の殿堂」もある。

時12時～18時30分（11～3月は～17時30分）※入場は閉館30分前まで 休月曜 料€12（グラン・トリアノンと共通） E

©Christian Milet

宮殿 Château MAP P79B2

Column

敷地内の移動

100万㎡ある広大な敷地を徒歩で回るには時間が必要。プティ・トラン（ミニトレイン）など園内の乗り物を利用して、効率よく周遊しよう。

●プティ・トラン
5kmのコースを40～50分で周遊。一周€8.50で、半券の提示で乗り降り自由。音声ガイド付き。

●レンタサイクル
30分€8～1日€23まで利用時間を選択。貸出時にパスポートなど身分証明書を預ける。

●ミニカー
4人まで乗車可能で1時間€42。運転者は24歳以上が条件。貸出時に運転免許証を預ける。

庭園 Jardins MAP P79A～B2

ルイ14世が愛した傑作庭園

天才造園家ル・ノートルが手がけ、のちにフランス式庭園のモデルとなった傑作。ルイ14世が最も気に入っていた場所といわれる。100万㎡の敷地内には左右対称の散歩道を設け、宮殿から水平方向に視線を誘う眺望が広がる。

時8時～20時30分（11～3月は～18時）休なし 料無料（噴水ショー開催日は€10.50、庭園音楽祭開催日は€10）

噴水『アポロンの泉水』。ブロンズ彫刻群も必見

この順でまわる!

宮殿内の見学ルート

祭壇上部の絵にはキリストの復活が描かれる

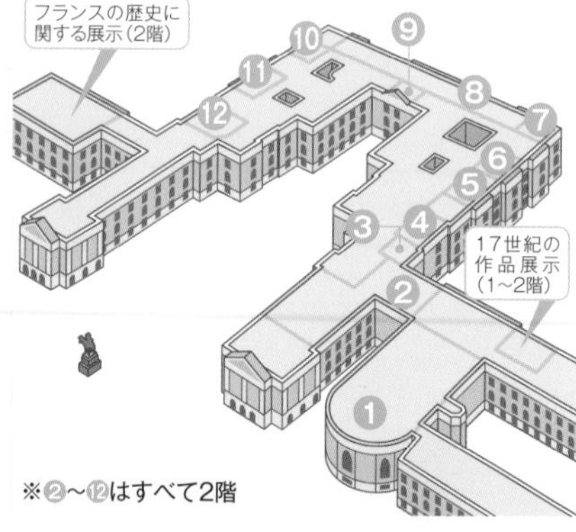

※②～⑫はすべて2階

1 王室礼拝堂
Chapelle Royale

1689年にマンサールが設計し、1710年に完成。毎朝10時にミサが行われ、王族は上階の特別席に参列した。1770年5月10日には15歳のルイ16世と14歳のマリー・アントワネットが婚礼の式を挙げた。

2 ヘラクレスの間
Salon d'Hercule

ルイ14世の治世の一番最後に作られた部屋。絵画『シモン家の宴』はヴェネチアのセルヴィテス修道院の食堂にあったもの。ルモワンヌによる天井のフレスコ画『ヘラクレスの栄光』は142人の人物が描かれた傑作。

↓ヴェネチア総督がルイ14世へ贈った「シモン家の宴」

←扉の向こうの小部屋に王の収集物があった

3 豊穣の間
Salon de l'Abondance

飲み物や軽食を楽しんだ部屋。奥にルイ14世の宝物コレクションがあり、賓客に金銀細工の壺や宝石を見せ楽しんだという。天井画も宝物収集がテーマ。後にルイ16世の娯楽の間になった。

↑ル・ブランが内装、彫刻や絵画を手がけた豪華な間

4 ヴィーナスの間
Salon de Vénus

1670年代に作られた、バロック様式の色濃い空間。太陽王とよばれたルイ14世を讃え、太陽の装飾、神話や英雄の天井画が描かれる。中央に金星にして愛の女神、ヴィーナスの絵を見ることができる。

↑雄鶏がひく戦車とメルクリウスが天井画に

←暖炉上の絵はルイ14世が好んだ「竪琴を奏でるダヴィデ」

5 マルスの間
Salon de Mars

天井中央部に戦いを司る火星神・マルスの絵が2枚飾られる。儀式のある期間は衛兵の間として使われたが、後に夜会のレセプションや音楽とダンスを楽しむ部屋に変わり、「舞踏会の間」とよばれた。

6 メルクリウスの間
Salon de Mercure

もとは儀式用の寝室で豪華な銀製品の細工で飾られたが、戦争の財政支援のためにルイ14世が細工を造幣局へ送ってしまった。ルイ14世が逝去した1715年、遺体がここに1週間安置された。裏部屋に続く隠し扉がある。

7 戦争の間
Salon de la Guerre

マンサールとルブランが手がけた大理石とブロンズの間。軍事勝利がテーマで、ルブランが神話と戦いをテーマに描いた天井画や、コワズボックス作のレリーフ『敵を踏みしだく馬上のルイ14世』が素晴らしい。

↓独・西・蘭に勝利する王のレリーフは必見

8 鏡の回廊 *Galerie des Glaces*

1866年に完成した長さ73mの回廊。ルイ14世治世18年の偉業を描いた、30枚の天井画はルブラン作。窓と対をなす壁には357枚の鏡がはめ込まれる豪華さだ。王太子の婚礼舞踏会、ヴェルサイユ条約が締結された場所。

←アントワネット妃の婚礼仮装舞踏会を開催

9 王の寝室 *Chambre du Roi*

1701年に宮殿の中心に置かれ、王たちが朝の引見と就寝前の接見式を行った場所。カラッチオ作『洗礼者ヨハネ』をはじめ傑作が置かれた。バルコニーから「大理石の内庭」を見られる。

↑ルイ14世のお気に入りの名画を飾った

↓朝は身づくろいをしながら謁見を行った

10 王妃の寝室 *Chambre de la Reine*

3人の王妃が利用し、19人の王の子がここで誕生。出産は一般公開された。現在ある家具や装飾は、マリー・アントワネット時代のもので1980年に復元。オリジナルは革命後に競売にかけられ散逸。

←ルイ14世は毎晩、公式晩餐を催した

11 大膳式の間 *Salon du Grand Couvert*

王と王妃が公式の食事をした部屋。人々の参加が許されていたが、テーブルにつけたのは王族のみだった。壁には『マリー・アントワネットとその子どもたち』など著名な肖像画を飾る。

12 戴冠の間 *Salle du Sacre*

19世紀に全面改装され、ナポレオンの武勲に関する絵画を集めた。ダヴィッドが1808年から1822年にかけ描いた『ナポレオン1世とジョゼフィーヌの戴冠式』が飾られる。

←この絵の初版はルーヴル美術館で見ることができる

宮殿内の

グルメ＆ショッピングSPOT

18世紀の王妃の居室をサロン・ド・テの一室に改装

アンジェリーナ Angelina MAP P79B2

王妃のサロンで優雅にティータイム

パリの老舗が宮殿の南翼に出店。数部屋からなる店内はルイ15世の妃、マリー・レクザンスカの居室にも客席を設け、食事やスイーツを楽しめる。サンドイッチなどの軽食を食べられるスナックコーナーも併設。

住宮殿建物内 ☎01 39 20 08 32 時10時～17時30分（週末は～18時30分、11～3月は9時30分～17時） 休月曜 E E

バニラたっぷりのミルフイユ€10.50

モンブラン€10は創業時から人気

ラ・フロッティーユ La Flottille MAP P79A2

水路のすぐそばにある

王が宴を催した美しい館

ルイ14世が宴を開いた庭園の館を1895年レストランに改装。緑に囲まれたテラス席が心地よく、小鳥のさえずりを聞きながらゆっくり時間を過ごせる。料理は伝統フレンチ。ハンバーガーやオムレツ、パスタも人気。

交宮殿から徒歩10分 ☎01 39 51 41 58 時8～20時（11～3月は～17時30分） 休なし E E

自家製ハンバーガー€16.50

店内は広く品揃えが豊富

ラ・ブティック・デ・ジャルダン La Boutique des Jardins MAP P79A2

アントワネット妃のグッズが豊富

マリー・アントワネットや宮殿をテーマにしたみやげやギフト商品、ガーデニンググッズなどを販売する庭園内のショップ。「王の菜園」で作るジャムや蜂蜜、バラやミントのシロップは宮殿内の店と菜園の限定販売。

交宮殿から徒歩10分 ☎なし 時10時30分～18時（7・8月は～18時30分、11～3月は～17時） 休月曜

チョコレート €8（参考商品）

バラの香りの石鹸 €7.80（参考商品）

パリからひと足のばして

渓谷沿いの歴史的遺産

ロワール

La Loire

MAP 付録P2B2

ショーモン・シュル・ロワール城の英国式庭園

橋の上にかかるシュノンソー城の回廊

シャンボール城のルイ14世の肖像画

ブロワ城の王の寝室。ギーズ公暗殺の場所

←アンボワーズ城に眠るダ・ヴィンチの胸像

シャンボール城はフランス・イタリアルネサンス様式の傑作

フランス中西部にあるロワール地方。全長1012km、国内で最も長いロワール河に沿っていくつもの街が栄え、中世には豪華な城が次々と建てられた。ルネサンス様式のシャンボール城やシュノンソー城は威光を放っていた王政時代の象徴で、庭園芸術もみどころ。古城の立つ小高い丘、豊かな緑が茂る河流域の景色は美しく、「フランスの庭」と称される風光明媚な土地。河の流域は世界遺産に登録される。豊かな食材とロワールワインの産地で、食事がおいしいことでも有名。

観光案内所 トゥールTOURS駅前広場の正面にある。
住78/82, Rue Bernard Palissy ☎02 47 70 37 37 時9時～12時30分、13時30分～18時（日曜は9時～12時30分、季節により異なる） 休なし URL www.tours-tourisme. fr/

アクセス

パリのモンパルナスMONTPARNASSE駅からTGVでトゥールTOURS駅まで約1時間15分。直行列車でない場合はサン・ピエール・デ・コールST-PIERRE-DES-COPRS駅でTERに乗り換えて約5分。

起点の街トゥール

古城観光のスタート地点、トゥールは1461年にルイ11世がフランスの首都とし、織物業で繁栄した街。15世紀の木組みの家が並ぶ旧市街、13世紀のステンドグラスを擁するサン・ガシアン大聖堂は必ず訪れたい。

回り方アドバイス

トゥールからシュノンソー、アンボワーズ、ショーモン、ブロワ、アゼー・ル・リドーは列車で行ける。4月中旬～8月はブロワからシャンボールとシュヴェルニーを巡回するバスが出る。料金は1回€3。パリからはマイバスフランスがバスツアーを実施（→P83）。トゥール駅からレンタカー（→付録P3）を利用すれば、効率よく回ることができる。トゥール駅正面の観光案内所前発着の日帰りミニバスツアーも便利（要予約）。詳しくはTouraine Evasion URL www.tourevasion.com/（日本語あり）

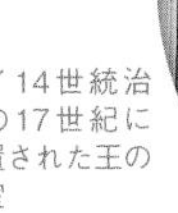

シャンボール城3階大広間の天井にある火トカゲ、サラマンダーの彫刻

効率よく♪

ツアーでお城めぐり

ルイ14世統治下の17世紀に設置された王の寝室

中央の主塔を囲み4隅に大きな塔があるシャンボール城

アンリ2世とルイ14世が現在の姿に整えた

↓屋上テラスからさまざまな様式の塔を鑑賞

シャンボール城 Château de Chambord MAP P82B1

ロワール最大の規模を誇る城

1519年にフランソワ1世の命で建造を開始、139年をかけてルイ14世の時代に完成したロワール最大級の城。426の部屋と282の暖炉、77の階段からなる。フランソワ1世が即位直後に遠征したミラノで、ルネサンス文化に感銘を受け、斬新なイタリア様式を取り入れた狩猟の館として建てられた。桁外れの大きさと、バランスのよい優美な姿は見事で、世界遺産に登録されている。

交TOURS駅からORLEANS行きの電車で約40分、BLOIS駅下車。シャンボール行きバス€16に乗り換え約40分、バス停シャンボール下車、徒歩3分。またはBLOIS CHAMBORD駅下車、タクシーで30分 ☎02 54 50 40 00 時9～18時(11～3月は～17時) 休なし 料€16 世界遺産
※入場は閉館の30分前まで E

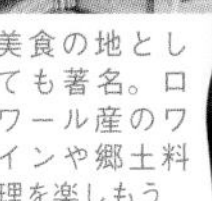

美食の地としても著名。ロワール産のワインや郷土料理を楽しもう

＼このツアーに参加！／

『ロワール地方の古城めぐり』

催行日：金曜
時間：12時間
料金：€280
●ツアー申込先
マイバスフランス→P142
MAP 付録P29C4

ツアールート

- Start 7:20 パリマイバスフランス出発
- ↓ バスで3時間
- 11:00 シュノンソー城見学
- ↓ バスで35分
- 12:30 レストランでランチ
- ワインテイスティング
- ↓ バスで1時間
- 15:00 シャンボール城を見学
- ↓ バスで3時間
- Goal 19:20 パリマイバスフランスで解散

パリ市とほぼ同じ大きさの庭園は狩猟鳥獣保護区

ルイ14世の王妃の寝室。大きなタペストリーを飾る

ここがポイント！

16世紀最高の建築技術を採用

二重らせん階段

城の中心部分にある二重の螺旋階段は、他方の階段を通る人とすれ違わずに昇降できる革新的な技巧を採用。設計にはフランソワ1世が1516年ごろにイタリアから招いたレオナルド・ダ・ヴィンチのアイデアが取り入れられた。フランス・ルネサンスの傑作といわれる彫刻も必見。

info シャンボール城では7月上旬～中旬の夜、音楽祭を開催しコンサートやダンスを上演。料€20～(目安)。 詳細とチケット購入は URL www.chambord.org/fr/

「5人の王妃の間」の壁にはルーベンス作『東方の三博士の訪問』が飾られる

領地の入口に立つ看板が目印

シュノンソー城

Château de Chenonceau MAP P82B1

6人の女性城主が君臨

ロワール河の支流、シェール川をまたぐように立つ優美な城。16世紀初頭の王の財政出納官の妻、カトリーヌ・ブリソネ、アンリ2世の愛人ディアーヌ・ド・ポワティエ、アンリ2世の妻で、王の没後にディアーヌを追い出したカトリーヌ・ド・メディシスなど6人の女性城主が君臨。別名は「貴婦人たちの城」。

交TOURS駅からCHENONCEAU行きの電車で約25分、終点下車、徒歩5分 ☎08 20 20 90 90 時9～18時（冬期は9時30分～16時30分）※時期により異なる 休なし 料€17 E

シェール川にかかる橋の上に回廊を建てたのはカトリーヌ・ド・メディシス

→ディアーヌの肖像画

美しい回廊は全長60m。夜には豪華な宴が開かれた

庭園はふたつあり、それぞれカトリーヌ、ディアーヌと命名

ここがポイント！

女性城主の部屋

肖像画はカトリーヌ・ド・メディシス

ディアーヌ・ド・ポワティエの間のみどころは彫刻家グージョン作の美しい暖炉と格子天井。アンリ2世の頭文字Hとカトリーヌ・ド・メディシスの頭文字Cを配したデザインが見事。

ランチはここで

MAP P82B1

ラ・カーヴ・オ・フエ La Cave aux Fouées

焼き立てパンとリエットが美味

12世紀の採石場跡にある大型レストラン。石釜で焼く古代のパン「フエ」が食べ放題でリエットをはさむと格別！ 飲み物つき4皿コースで€29.50。

交アンボワーズ城から徒歩で約20分、タクシーで約7分 住476, Quai des Violettes ☎02 47 30 56 80 時12時～13時30分、19時～20時30分 休不定休 E E

ロワール河を見下ろすようにそびえ立つ

庭園の礼拝堂内にあるダ・ヴィンチの墓

アンボワーズ城

Château d'Amboise MAP P82B1

イタリア・ルネサンスの華麗な城

シャルル7世の統治下に着工し、シャルル8世が画家や建築家をイタリアから招き完成させた城。1516年フランソワ1世に呼び寄せられたレオナルド・ダ・ヴィンチは、水路や都市計画、建築の教育に人生を捧げた。仏革命後の火事や石採取のための取り壊しで、ミニームの塔、王宮の一部のみ残る。

交TOURS駅からORLEANS行きの電車で約20分、AMBOISE駅下車、徒歩20分 ☎02 47 57 00 98 時9～18時（7～8月は～19時、冬期は～12時30分、14時～16時30分）※時期により異なる 休なし 料€15.50 E

ここがポイント！

ミニームの塔

塔の内部にはらせん状の斜路があり、街から馬や馬車のまま上がることができた。ロワール河から40m上部にある屋上は絶景！

塔の屋上からロワールの景色を堪能しよう

こちらもCheck!

クロ・リュセ Clos Lucé MAP P82B1

ダ・ヴィンチが晩年を過ごした地

フランソワ1世が1516年にダ・ヴィンチに与えた館。1519年5月にこの地で死去。館内にはダ・ヴィンチの発想メモから再現した飛行機の模型などを展示。

交TOURS駅からORLEANS行きの電車で約20分、AMBOISE駅下車、徒歩25分 ☎02 47 57 00 73 時9～19時（7・8月は～20時、11・12月は～18時、1月は10～18時） 休なし 料€18 ※入場は閉館の1時間前まで E

←接見や祝宴が行われた会議の間。柱に刻まれたユリの彫刻はフランスの王章

→フランス最後の王、ルイ＝フィリップ1世

まだまだある
必見の古城

国王の居室。16世紀、ギーズ公が暗殺された

↑13～16世紀に建てられた異なる建築様式4棟を一度に見ることができる←13世紀初頭に建てられた三部会室。アンリ3世時代に聖職者、貴族、第三身分を集め会議を行った

ブロワ城 Château Royal de Blois MAP P82B1

フランス城館建築の集大成

1498年、シャルル12世の即位から約100年間、フランス王家の第一の城として栄華を極めた。歴代の王の手が加えられ、ゴシック、後期ゴシック、ルネサンス、古典、と様式が異なる4棟が中庭を囲み、フランスの城建築の集大成と称される。

交TOURS駅からORLEANS行きの電車で約40分、BLOIS駅下車、徒歩10分 ☎02 54 90 33 33 時11～3月は10～17時、4～6月、9～11月は9時～18時30分、7～8月は9～19時 休なし 料€14
※入場は閉館の30分前まで E

ここがポイント!

イタリアの影響がみられるフランソワ1世の階段は後期ルネサンス様式の傑作

シュヴェルニー城 Château de Cheverny MAP P82B1

17世紀から続くプライベートシャトー

シュヴェルニー伯爵アンリ・ド・ユローが1604年から約30年の歳月をかけて建造。左右対称でバランスのとれた姿はロワールの城館の中でも屈指の美しさ。現在まで同族が管理し、装飾の細部まで保存。

交TOURS駅からORLEANS行きの電車で約40分、BLOIS駅下車、車で15分 ☎02 54 79 96 29 時9時15分～18時(7・8月は～18時30分、冬期は10～17時) 休なし 料€14 E

©Digikode-JNThierry
第2次世界大戦中は戦火を逃れるため『モナリザ』を保管

ここがポイント!

©Valoire
王の寝室にある天蓋つきベッドは1550年に作られたもの。アンリ4世も使用した

ユッセ城 Château d'Ussé MAP P82A1

『眠れる森の美女』の舞台

シャルル・ペローの童話『眠れる森の美女』のモデルと伝えられる美しい城。豪華な家具調度品を揃える城内は、マネキンで童話のシーンを再現。ロワール河の支流、アンドラ川のほとりに立つ。

交TOURS駅から約40km、車で約50分 ☎02 47 95 54 05 時10～18時(4～9月は～19時) 休11月中旬～2月中旬 料€14※入場は閉館の1時間前まで E

ここがポイント!

©Château d'Ussé
豪華な家具調度品を展示。『眠れる森の美女』のワンシーンを再現する部屋もある

©Château d'Ussé
→森に囲まれた白亜の城は童話の舞台にぴったり

アゼー・ル・リドー城 Château d'Azey-le-Rideau MAP P82A1

文豪バルザックが絶賛した傑作

16世紀初頭、アンドル川沿いに建造。規模は小さいが初期ルネサンス様式の傑作で、文豪バルザックが小説『谷間の百合』でその美しさを称賛。1階は19世紀の城主、ビヤンクール公爵の生活を当時の装飾で再現。

ここがポイント!

©P. Berthé - CMN
歴代公爵の肖像画を飾るビヤンクールの間。19世紀初頭の家具を集める

交TOURS駅からORLEANS行きの電車で約40分、BLOIS駅下車、徒歩10分 ☎02 47 45 42 04 時9時30分～18時(7・8月は～19時、10～3月は10時～17時15分) 休なし 料€11.50※入場は閉館の1時間前まで E

©P. Berthé - CMN
「アンドル川にはめこまれたダイアモンド」とバルザックが称した

ショーモン・シュル・ロワール城 Domaine de Chaumont-sur-Lorie MAP P82B1

アンリ2世をめぐる女性の逸話が残る

アンリ2世の没後、正妻のカトリーヌがディアーヌをシュノンソー城から追い出し、代わりに与えた城。カトリーヌのお抱え占星術師の寝室の煙突にはディアーヌの紋章が残る。豪華な厩舎や、美しい庭園は必見。

交TOURS駅からORLEANS行きの電車で約30分、ONZAIN駅下車、徒歩20分 ☎02 54 20 99 22 時10時～17時30分(2～3月、11月中旬は～18時、4月中旬～10月は～19時、9月～11月上旬は～19時30分、4月下旬～8月は～20時、季節により異なる) 休なし 料€20(冬期は€14)※入場は閉館の45分前まで E

ここがポイント!

厩舎ではエルメスなど老舗の名店にオーダーした馬具を展示

ロワール河の高台にゆったりと立つ

info ブロワ城では3月下旬～11月上旬まで毎日22時～(5～8月は22時30分～)、光と音楽のスペクタクルを開催。城に伝わる有名なエピソードを幻想的な映像と音楽で紹介する(45分間) 料€11.50、城との共通チケット€21

ナポレオンが愛用し、1816年にコランクール将軍に与えた宝剣

パリからひと足のばして
王族とナポレオンが愛した憩いの地
フォンテーヌブロー
Fontainebleau

MAP 付録P2B2

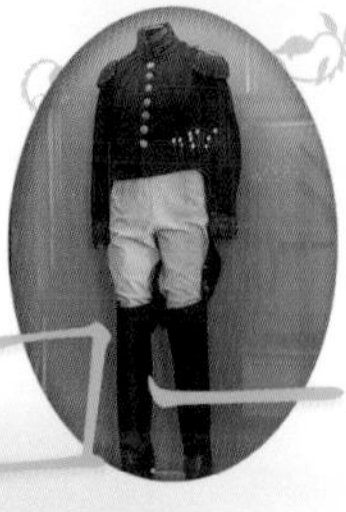

馬蹄型の中央階段など、狩りをモチーフにした装飾が見られる

国王たちが狩りを楽しんだ森の散策も美しい

カトリーヌ・ド・メディシスがつくらせたディアーヌの庭園

ルネサンス芸術をモチーフにした奥行き60mの回廊

↓博物館にナポレオンの愛用品を展示

パリの南東、約70kmにある街、フォンテーヌブロー。深い森に囲まれた美しい城が立ち、王族たちの狩猟地として親しまれてきた。特徴は中世封建時代、ルイ16世からナポレオン3世まで、フランス王家800年の歴史や帝政期の建築を見られること。それぞれの治世下で趣向を凝らした改装が行われ、その豪華さ、多様性からナポレオン1世は「王たちの真の住居、世紀の城」と称した。緑豊かな森も魅力のひとつ。

アクセス

パリのリヨンLYON駅からTransilienのモントローMONTEREAUまたはモンタルジスMONTARGIS行きで約40分、フォンテーヌブロー・アヴォンFONTAINEBLEAU AVON駅下車。

歩き方アドバイス

城のある町の中心は駅から3km。列車の到着にあわせ駅前から発着する1番バスを使おう。所要約15分。シャトーChâteau前で下車すると正面がフォンテーヌブロー城。

観光案内所 住4, bis Pl. de la République ☎01 60 74 99 99 時10～18時(日曜・祝日は10～13時、14時～17時30分) 休11～3月の日曜の午後 URL www.fontainebleau-tourisme.com/

おすすめ♪
必訪スポット

フォンテーヌブロー城 Château de Fontainebleau
中世から第二帝政期の建築が混在

ルネサンスから第二帝政期までの建築様式が見られることから「建築・内装史の教科書」とよばれる。フランソワ1世の回廊、舞踏会の広間、皇帝の収集品を展示するナポレオン1世博物館、英国式庭園などみどころが多い。

☎01 60 71 50 70 時9時30分～18時(10～3月は～17時)※入場は閉館45分前まで、庭園：9～19時(11～2月は～17時、3・4・10月は～18時)※入場は閉館30分～1時間前まで 休火曜 料€14(7～8月以外の第1日曜は無料) E 世界遺産

ラクセル L'Axel
日本人シェフの一つ星フレンチ

後藤邦之シェフが2012年にオープンしたレストラン。季節の素材に豊かなアイディアを加えた皿が評判。

交i から徒歩5分 住43, Rue de France ☎01 64 22 01 57 時12時15分～14時、19時15分～21時30分 休火曜、水曜の昼、月曜 

平日の昼コース3皿€75～、夜コース€95～

フレデリック・カッセル Frédéric Cassel
こだわり素材で作るスイーツ

フォションでピエール・エルメ氏に師事したカッセルさん。オリジナルブレンドのカカオ豆や自家農場のフルーツを使った、高品質なチョコやお菓子がたくさん。

交i から徒歩6分 住21, Rue des Sablons ☎01 60 71 00 64 時10～19時(土曜～19時30分、日曜～13時) 休月曜

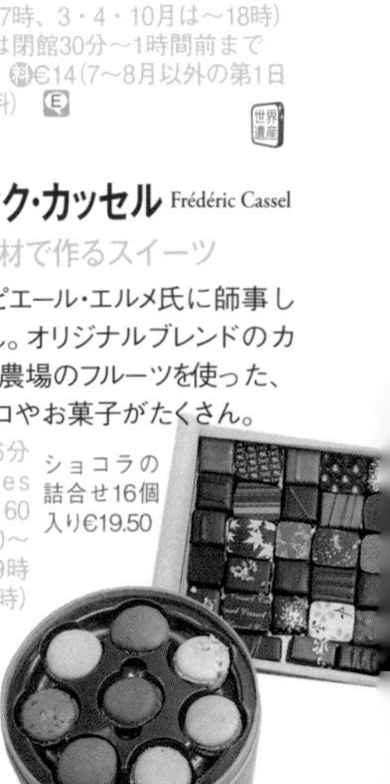

ショコラの詰合せ16個入り€19.50

マカロンは定番のほか季節限定品も。8個€20

馬の博物館はシャンティイ競馬場に隣接する

パリからひと足のばして

華麗なる古城と競馬で知られる

シャンティイ

Chantilly

MAP 付録P2B2

ヴェルサイユの庭も手がけたル・ノートル作のフランス式庭園

かつては厩舎に猟犬を500匹飼育していた

オマール公の約3万冊の蔵書がある図書館

古くから伝わるレシピを忠実に守る

19世紀の展示方法を残したコンデ美術館

馬に関するコレクションを展示する馬の博物館

フランス初の公式競馬が行われたシャンティイはパリ北部、約50kmに位置。14～19世紀にかけて建てられた素晴らしい古城があり、内部のコンデ美術館には城主が集めたラファエロの作品3点やプッサンなど、19世紀絵画の傑作が揃う。古書を集めた図書館、ヴェルサイユ宮殿と同じ設計者が造ったフランス式庭園、敷地内にある馬の博物館は必見。城内のレストランでこの城発祥と伝わる、クレーム・シャンティイ（ホイップクリーム）をぜひ味わって。

アクセス

パリの北NORD駅からRERのD線で約45分、TERで約25分、クレイユCREIL行きに乗り、シャンティイ・グーヴューCHANTILLYGOUVIEUX駅下車。

歩き方アドバイス

駅から城まで徒歩約20分。駅前からルフェビュールLefébure行き無料バスで約10分、Châteauで下車、徒歩3分。1～2時間に1～2本発着。車で約5分。

観光案内所 馬の博物館裏のコネタブル通りに位置。住73, Rue du Connétable ☎ 03 44 67 37 37 時9時30分～13時、14時～17時30分 休月曜、10～4月の日曜 URL www.chantilly-senlis-tourisme.com/en/

はずせない！

必訪スポット

シャンティイ城 Château de Chantilly

19世紀の絵画コレクションが充実

ルネサンス様式の古城。北東部のグラン・シャトーはフランス革命時に破壊され、ルイ・フィリップ王の息子オマール公により再建された。息子のコンデ公が集めた膨大な絵画コレクションがみどころ。庭園には貴族が農民をまねて田園生活を過ごした村里が残る。

☎03 44 27 31 80 時10～20時（11～3月は10～17時）※入場は閉館の45分前まで 休火曜 料€17（庭園と馬の博物館と共通）、€30（庭園と馬の博物館共通、馬術ショー付き）［庭園］時10～20時（11～3月は10～18時）※入場は閉館の2時間前まで（11～3月は1時間前まで） 休11～3月の火曜 料€9 E

馬の博物館（大厩舎）

Musée du Cheval - Grandes Ecuries

大厩舎が博物館に

18世紀に建築の大厩舎。かつて240頭の馬と500頭の猟犬を収容した。馬にまつわる歴史的なオブジェや写真、映像を展示。

住シャンティイ城庭園内 ☎03 44 27 31 80 時10～18時（冬期は12～17時）※入場は閉館の45分前まで 休火曜 E

ラ・キャピテヌリー

La Capitainerie

クレーム・シャンティイの元祖

城内のレストラン。有名な宮廷料理人、ヴァテールがここでクレーム・シャンティイ（ホイップクリーム）を考案。昼€21～。

住シャンティイ城1階 ☎06 11 07 01 56 時10～18時（ランチは10～15時） 休火曜（夏期は無休） E

タルト・タタン€9。スイーツはすべてクレーム・シャンティイ付き

馬の博物館では不定期で馬術ショー（有料）を開催。詳細は URL www.domainedechantilly.com/

パリからひと足のばして

中世の大聖堂がそびえ立つ

シャルトル

Chartres

MAP 付録P2B2

モザイクでできた「ピカシェットの家」(MAP P88B1)

「シャルトルの青」と呼ばれる12世紀の傑作「ブルーのマリア」

毎年4月中旬〜10月中旬の日没後に毎晩ライトアップされる「光のシャルトル」では、ノートルダム大聖堂のバラ窓が太陽のようにライトアップ©Spectaculaires les allumeurs d'images - Cité Patrimoine Office de tourisme

「フランスの穀倉地帯」とよばれるボーズ平野に佇む古都。ヨーロッパ最大級のゴシック様式の聖堂は、古くからマリア信仰の拠点となり、巡礼者の集まる場所として栄えた。聖堂内部のステンドグラスは素晴らしく、別名「シャルトルブルー」とよばれるマリア像は息を飲む美しさ。フランス最長の地下聖堂もミステリアスだ。大聖堂の裏手から急な階段を下りると、木組みの家や水車小屋、洗濯場、かつてのなめし革工場跡など、中世の素朴な街並みの面影を残すユール川に通じている。

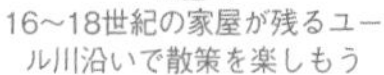

16〜18世紀の家屋が残るユール川沿いで散策を楽しもう

アクセス

パリのモンパルナスMONTPARNASSE駅からシャルトルCHARTRESまたは、ル・マンLE MANS行きのTERで約1時間、CHARTRES駅下車。1日約30本運行している、2等車の運賃は€15.50。

歩き方アドバイス

シャルトルの街は一周5kmほどで、徒歩で回れる。駅を出て左手奥にノートルダム大聖堂の尖塔が見える。大聖堂まで徒歩約7分で着く。まずは駅からノートルダム大聖堂へ。見学後に聖堂裏の公園から階段を下り、ユール川のほとりを散策するのがよい。観光案内所へ向かい、Rue des Changes通り、シーニュ広場付近で買物や休憩を。

観光案内所 ファサードにサーモンの木彫りがあったことからサーモン・ハウスとよばれる建物内。交シャルトル駅から徒歩12分 住8, Rue de la Poissonnerie ☎02 37 18 26 26 時10〜13時、14〜18時 休月曜 URL www.chartres-tourisme.com/ MAP P88B1

info シャルトルのノートルダム大聖堂のクリプト(地下聖堂)は、バチカン、英カンタベリー大聖堂に次ぎヨーロッパ第3位の規模を誇る。4世紀頃に造られた井戸や褐色の聖母子像がみどころ。

はずせない！必訪スポット

ノートルダム大聖堂 世界遺産
Cathédral Notre-Dame MAP P88B1

「石の聖書」とよばれる13世紀の大聖堂

ヨーロッパ最大級のゴシック様式の大聖堂。4世紀に初期の大聖堂が建立され、11世紀には全長220mの地下礼拝堂を建設。1194年の火災で、ロマネスク様式の南塔など一部を除く、大半が焼失する。現在の大聖堂は1230年に再建。172ある窓のステンドグラスは大戦中、外して保管され戦災を免れた。ほぼ完璧に13世紀の姿を残し「石でできた聖書」とも評される。

交CHARTRES駅から徒歩7分 住16, Cloîre Notre-Dame ☎02 37 21 75 02 時8時30分～19時30分(7～8月の火・金・日曜は～22時) 休なし 料無料
【地下聖堂】時14時～フランス語のガイドと入場できる 休なし 料無料(寄付)

南の尖塔(右)は12世紀に火災を免れた、高さ106mのロマネスク様式。北の尖塔は16世紀初頭に完成したゴシック様式

内陣に大理石の聖母被昇天像が置かれる

キリストの家系図を表した『エッサイの樹』

大聖堂一美しいとされる西のバラ窓

フランス最古の太陽時計。12星座や月の満ち欠けを表す

ユール川と旧市街の街並
L'Eure et les Quartiers Historiques
MAP P88B1

中世の趣を残す歴史的保護地域

大聖堂からユール川畔周辺地域は歴史的保護地域。川周辺ではアーチ形の石橋、洗濯場、水車、木組みの家や石畳の道など、中世の古きよき姿を垣間見ることができる。川岸は昔、なめし革職人のアトリエが並んだが、現在は民家に姿を変えている。

交CHARTRES駅から徒歩10分

石づくりの橋やかつての洗濯場が郷愁を誘う
©OT Chartres/M.Anglada

チュヴァッシュ・エ・フィス
Tuvache & Fils MAP P88B1

レトロかわいい雑貨

ヨーロッパで愛された昔ながらのオブジェや壁装飾、ぬいぐるみ、おもちゃのレプリカ、アンティークを集めるギフトショップ。ミニチュアグッズなど、懐かしさあふれるフランスらしいアイテムがたくさん。

交CHARTRES駅から徒歩10分 住34, Rue des Changes ☎02 37 21 60 43 時9時～19時30分(月曜は14時～) 休なし E

ノートルダム大聖堂から徒歩2分の距離

ラ・ショコラトリー
La Chocolaterie MAP P88B1

独自の手法で作るマカロンが絶品

チョコレート＆スイーツ店。オリジナルレシピのマカロンが有名で、生チョコをメレンゲで包むシャルトルの名物菓子「メンチコフ」もある。併設のティーサロンでは、ホットショコラやマカロンが楽しめる。

交CHARTRES駅から徒歩10分 住14,Place Marceau ☎02 37 21 86 92 時8時～19時30分(日・月曜は10時～) 休なし E

メンチコフ100g€9.50～

1階はショップ、2階にティーサロンがある

ビラル広場のマルシェ
Le Marché de Pl. Billard MAP P88B1

新鮮な地場食材が集まる

大聖堂そばのビラル広場で開かれる産地直送の新鮮な食料品市場。野菜や果物、肉などさまざまな食材が並ぶ。チーズの種類も多くみられ、フランスならでは。秋冬にはジビエ(野ウサギや野鳥など)も目にする。

交iから徒歩3分 住Pl. Billard 28000 時水曜8～13時、土曜7～13時※16時30分～19時30分はオーガニック市場 休月・火・木・金・日曜

ロワール地方の新鮮な食材がたくさん

パリからひと足のばして

画家ゆかりの地をめぐる

モネが描いたノルマンディ地方、ゴッホやセザンヌが逗留したオヴェール・シュル・オワーズはパリから日帰りできる距離。名画のモデルとなった美景を鑑賞しに行こう！

クロード・モネ Claude Monet

1840年生まれ。オンフルールに住む画家ブーダンから影響を受ける。『印象-日の出』で注目を浴び「印象派」を代表する画家に。「光の画家」の別称があり、光と色彩の変化を生涯にわたり追求。多数の連作を残す。

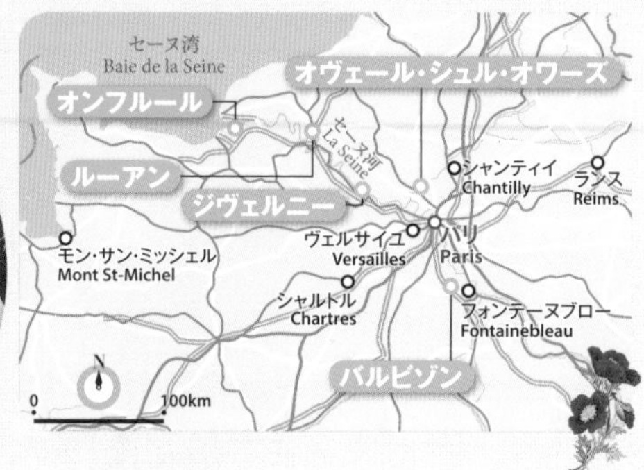

ジヴェルニー

パリの北西約70km、セーヌ河の下流にある緑豊かな村。画家クロード・モネが43歳から晩年を過ごした。モネの邸宅と四季折々の花咲く庭が観光スポット。

アクセス

パリのサン・ラザールST-LAZARE駅からIntercitéのルーアンROUEN行きで約45分、ヴェルノンVERNON駅下車。駅から村の中心までシャトルバスで約15分。

歩き方アドバイス

村は端から端まで歩いても数十分程度。モネの家を鑑賞したら目の前のクロード・モネClaude Monet通りを、出口からモネの家を背に左へ向かうとジヴェルニー印象派美術館がある。

クロード・モネの邸宅と庭園 Maison et Jardin de Claude Monet

名作『睡蓮』が生まれたアトリエ

ジヴェルニーに移住したモネが1890年、50歳で購入し1926年に息を引き取った邸宅。書斎や寝室、アトリエには膨大な浮世絵コレクションが公開される。『睡蓮』のモデルになった池、四季折々の花が咲く庭園はモネの絵の世界のように色とりどりの美しさだ。

交VERNON駅からシャトルバスで約15分 住84, Rue Claude Monet ☎02 32 51 28 21 時9時30分～18時 ※入場は閉館30分前まで 休11～3月 料€11 E

名画の舞台！

©Foundation Claude Monet, Giverny
日本を愛したモネがこだわりぬいて造った庭園。太鼓橋がかかる

モネの作品はこちらで！

ジヴェルニー印象派美術館

Musée des Impressionnismes Giverny

2009年に開館、19～20世紀後半の印象派の企画展を行っている。

交VERNON駅からシャトルバスで約15分 住99,Rue Claude Monet ☎02 32 51 94 65 時10～18時 休企画展による 料€10 E

※休館日は公式サイトで確認
URL www.mdig.fr

『睡蓮』
Les Nymphéas
睡蓮の咲く「水の庭」から着想し、夜明けの暗さ、朝の空気のみずみずしさなど時間により変わる光の表現に力を注いだ連作。オランジュリー美術館所蔵（→P56）

クロード・モネの代表作『印象-日の出』はパリのマルモッタン・モネ美術館（→P57）で見学できる

ルーアン

Rouen

MAP 付録P2B2

ノルマンディ公国の首都として栄えた街。モネが描いた荘厳な大聖堂がランドマーク。ジャンヌ・ダルクが処刑された地としても有名。

アクセス

パリのサン・ラザールST-LAZARE駅からIntercitéのル・アーヴルLE HAVRE行きで1時間10分～2時間、ルーアン・リヴ・ドワットROUEN-RIVE-DROITE駅下車。

歩き方アドバイス

国鉄駅を出て正面の大通りジャンヌ・ダルクJennne d'Arc通りの坂をまっすぐ下ると5分ほどでルーアン美術館に到着。さらに5分下ると左側に16世紀の大時計が見える。ここを左折し直進するとノートルダム大聖堂に着く。右折するとジャンヌ・ダルク教会がある。国鉄駅から地下鉄もあり。

観光案内所 大聖堂の正面にある。住Esplanade de Marcel Duchamp ☎02 32 08 32 40 時9～19時(10～4月は9時30分～18時30分、火曜は10時30分～、日曜は10～18時) 休なし URL www.visiterouen.com/

ノートルダム大聖堂

Cathédrale Notre-Dame

ヨーロッパ有数の規模を誇る

1063年の創建から数世紀にわたり建築が進められた。15世紀のステンドグラス、19世紀に完成した高さ152mのフランボワイヤン様式の尖塔が美しい。夏の夜は歴史をファサードに映す光のスペクタクル(欄外参照)を開催。

交 i から徒歩1分 住3, Rue Romain ☎02 35 71 85 65 時9～12時、14～18時(月曜は14～18時、土曜は9～18時、日曜は8～18時) 休なし

提供：Bridgeman Images/アフロ

『グレイのカテドラル』

La Cathédrale de Rouen/ Le portail et la tour d'Albane temps gris

モネはルーアンのノートルダム大聖堂をモデルに30点の連作を残した。これは曇天の大聖堂を描いた一枚。ルーアン美術館所蔵。

名画の舞台!

©Lange/Rouen Normandy Tourisme

大聖堂の連作は向かいにある観光案内所の2階で製作。当時この場所は下着売り場で、モネは窓際に衝立を立てて描いたとか

モネの作品はこちらで!

ルーアン美術館

Musées des Beaux-Arts de Rouen

16世紀から20世紀までのヨーロッパ絵画を一堂に集める。

交 i から徒歩7分 住Esplanade Marcel Duchamp ☎02 35 71 28 40 時10～18時 休火曜 料無料(企画展は有料) E

©Lange/Rouen Normandy Tourisme

オンフルール港

Honfleur

風情ある町並みを水面に映す

波の影響が少なく、旧市街の家並みを鏡のように水面へ映す美しい港。ブーダンをはじめ、多くの画家が描いた。

交バスターミナルから徒歩5分

街の西側にある旧港。色彩豊かな家が並ぶ

提供：Bridgeman Images/アフロ

名画の舞台!

©OT Honfleur

『オンフルール港の船』

Bateaux dans le port de Honfleur

オンフルールの旧港に停泊する船と港沿いの木組みの家を描いた作品。現在も同じ風景を見ることができる。マルモッタン・モネ美術館所蔵 (→P57)

モネの作品はこちらで!

ウジェーヌ・ブーダン美術館

Musée Eugène Boudin

モネの師、ブーダンをはじめ19世紀印象派の作品を展示。

交 i から徒歩10分 住Place Erik Satie ☎02 31 89 54 00 時10～12時、14～18時(時期により異なる) 休火曜 料€8(企画展がないときは€6) E

©Musée Eugène Boudin

オンフルール

Honfleur

MAP 付録P2B2

イギリス海峡に続くセーヌ河口の港町。モネ、彼の師匠のブーダンなど多くの画家がモチーフにした。作曲家サティの生家もある。

アクセス

パリのサン・ラザールST-LAZARE駅からIntercitéのル・アーヴルLE HAVRE行きで約2時間10分、ル・アーヴルLE HAVRE駅下車。駅からCAEN行き20、39、50番バスで約30分。

歩き方アドバイス

バスターミナルから旧港へは歩いて約5分。フランス最古の木造教会サント・カトリーヌ教会を訪問後、ウジェーヌ・ブーダン美術館へ。

観光案内所 住Quai Lepaulmier ☎02 31 89 23 30 時9時30分～12時30分、14～18時(日曜・祝日は9時30分～13時30分)、4月末～6月、9月は～18時30分(日曜・祝日は10時～12時30分、14～17時)、7・8月は9時30分～19時(日曜・祝日は10～17時) 休なし URL www.ot-honfleur.fr/

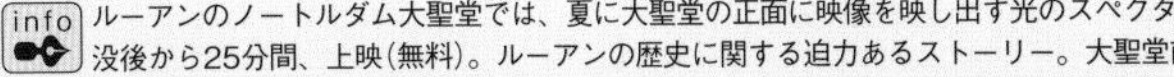

info ルーアンのノートルダム大聖堂では、夏に大聖堂の正面に映像を映し出す光のスペクタクルが開催される。5月下旬～9月下旬まで日没後から25分間、上映(無料)。ルーアンの歴史に関する迫力あるストーリー。大聖堂前の広場(地面)に座って観賞するスタイル。

オヴェール・シュル・オワーズ

Auver-sur-Oise MAP付録P2B2

セーヌ河の支流オワーズ川沿いの小さな村。セザンヌも逗留したが、ゴッホが、死までの2カ月を過ごし、数々の傑作を描いた場所だ。

アクセス

パリのサン・ラザールST-LAZARE駅からTransilienでポントワーズPONTOISEへ行き、オヴェール・シュル・オワーズAUVERS-SUR-OISE行きに乗り換え。所要約1時間。またはパリの北駅からRER C線に乗りポントワーズで乗り換える方法もある。所要約1時間。詳細はURLwww.transilien.com/で確認を。

歩き方アドバイス

まずはゴッホの家を見学し、ノートルダム教会、その横の坂道を上り墓地、田舎道を散策しながらオヴェール城、首つりの家を訪問。墓地から首つりの家まで徒歩約30分。

観光案内所 ゴッホの家の入口の正面にある。住38, Rue du général de Gaulle - parc Van Gogh - ☎01 30 36 71 81 時9時30分～13時、14～18時(11～3月は10～13時、14時～16時30分、土・日曜は10時～16時30分) 休月曜 MAP P92

ポール・セザンヌ Paul Cèzanne

1839年南仏の裕福な家に生まれる。中学の旧友ゾラに影響され画家を目指す。ポスト印象主義の一人。新しい造形世界を創り、キュビスムなど20世紀美術に影響を与えた。オヴェール・シュル・オワーズには2年滞在。

名画の舞台!

セザンヌの作品と同じ姿で佇む

©Mairie d'Auvers-sur-Oise

首つりの家 La maison du Pendu MAP P92

セザンヌ初期の重要な作品

1873年に描いた個人宅。1874年に第1回印象派展に出品し話題をよんだ。作品の最前景に大胆に配した道を、今も見ることができる。

交iから徒歩20分 住Rue François-Coppée ※見学は家の外観のみ

『首つりの家』La maison du Pendu, Auvers-sur-Oise

1872～74年にレミ通りの家を借り、付近の絵を多数描いた。近くに住んでいたピサロの影響を受け、明るい色調で描かれている。仏語で首つりを意味するLe Pendu氏の家を描いたことから命名。オルセー美術館所蔵（→P38）

©Philippe Chancel

建築は日本人ユニットのSANAA

さらにひと足のばして ランス

ルーヴル・ランス美術館 Musée du Louvre-Lens MAP付録P2B1

パリ北部にあるルーヴル美術館の別館。アルミとガラスのモダンな建物に仕切りのない広大な常設展示室「時のギャラリー」があり、その広さは3000㎡！紀元前3500年から19世紀までのヨーロッパとオリエント美術＆彫刻作品ほか、パリのルーヴル美術館で未公開だった250点を一堂に展示。展示は5年ごとに入替える。

住99,Rue Paul Bert ☎03 21 18 62 62 時10～18時※入場は閉館の45分前まで 休火曜 料なし(企画展€11) E

アクセス

パリの北NORD駅からTGVで約1時間10分。ランスLENS駅下車。駅から美術館まで徒歩20分。30分～1時間おきに出発するシャトルバスで約10分。駅から標示に従って進むとシャトルバス乗り場に到着する。

フィンセント＝ファン・ゴッホ
Vincent-Van Gogh

1853年オランダ生まれ。教師、牧師などを経て1880年に画家を目指す。1886年パリへ。1888年にアルルへ移り多数の名作を描くも、精神病を患い入院。1890年7月27日ピストルで自殺を図り、2日後に没する。

『オヴェールの教会』
L'église d'Auvers-sur-Oise, vue du chevert

「僕は村の教会のうんと大きな絵を描いた。簡明な深い青、澄み通ったコバルトの空に教会の建物が紫がかり…」と完成後、妹に明るい手紙を宛てた。オルセー美術館所蔵（→P38）

「ウルトラマリンの青い斑点のように見える」とゴッホが評したステンドグラス

多くの画家の絵心をひきつけた小さな教会

名画の舞台！

ゴッホが描いた当時と同じ姿

ノートルダム教会 Église Notre-Dame MAP P92
ゴッホが愛した美しい教会

12～13世紀にかけ建てられた教会。ロマネスク・ゴシックのすっきりしたスタイルを守る。ゴッホが描いたことで世界的に著名となり1915年歴史的建造物に指定。5～6月には村の音楽祭の主要なコンサートを開催する。

交 i から徒歩約6分　住 Place de l'Église　☎01 30 36 71 19
時 9時30分～19時　休 なし　料 無料

ゴッホの軌跡はこちらで！

オヴェール・シュル・オワーズ墓地
Cimetière d'Auvers sur Oise MAP P92

ゴッホと弟のテオが眠る

1890年7月30日、オヴェールの墓地に埋葬されたゴッホ。隣には弟のテオが眠る。テオは兄の死の6カ月後にオランダで急逝、1914年に妻の意志で移葬された。

交 i から徒歩約10分　住 Av. du Cimetière　☎01 30 36 70 30　時 10時～19時30分　休 なし　料 無料

ゴッホの家 Maison de Van Gogh MAP P92
ゴッホが息をひきとった場所

ゴッホが最期の10週間逗留、70点の油絵を描いたカフェ兼下宿「ラヴー亭」。画家が息を引き取った簡素な部屋や、ゴッホの人生をたどった感動的な映像を鑑賞することができる。

交 i からすぐ　住 Place de la Mairie　☎01 30 36 60 60
時 10～18時　休 月・火曜、11月中旬～2月　料 €7　E

埋葬前の別れの儀式はラヴー亭で行った

1階のビストロ「オーヴェルジュ・ラヴー」は今も変わらず営業

オヴェール城 Château d'Auvers MAP P92
19世紀の生活風俗を再現

17世紀の城を改装したミュージアム

印象派の時代がテーマの美術館。音声ガイド（日本語あり）を聞きながら19世紀のパリの街、酒場、列車などを再現した展示室を見学。音楽や映像の演出が楽しい体験型ミュージアム。

19世紀の酒場では音楽とのスペクタクルが楽しめる

交 i から徒歩約5分　住 Rue de Léry　☎01 34 48 48 48　時 10～18時（10～3月は～17時）　休 月曜　料 €12

info ゴッホが逗留したラヴー亭ではハム類やチーズなどシェアできる2名用のメニューやアラカルトがある。　☎01 30 36 60 60
時 12～18時　休 月・火曜、日～木曜のディナー　E

バルビゾン

Barbizon

MAP 付録P2B2

パリの南方にあるフォンテーヌブローの森に接し、のどかな田園風景が広がる村。ミレーをはじめバルビゾン派の画家が住み、農村の生活を描いた。

アクセス

パリのリヨンLYON駅からTransilienで約40分、フォンテーヌブロー・アヴォンFONTAINEBLEAU AVON駅下車。駅前からグランド通りGrande Rueまでバスが出ているが本数が少ないので、タクシーがおすすめ。約10分。

歩き方アドバイス

メインストリートのグランド通りGrande Rueにミレーのアトリエとバルビゾン美術館がある。感じのよいビストロやショップもあり、道の東側には緑豊かな森が広がっている。

観光案内所　グランド通り沿いの教会裏手に位置。
住Place Marc Jaquet　☎01 60 66 41 87　時9時30分～13時、14時～17時30分（冬期は時間短縮）　休月・火曜　URL www.fontainebleau-tourisme.com

ジャン=フランソワ・ミレー

Jean-François Millet

1814年、ノルマンディ地方の農家に誕生。1837年、パリの美術学校に入学。1848年『箕をふるう人』の農民画で話題に。翌年バルビゾンに移住。労働を賛美する作品が次第に高評価を受ける。1875年60歳で没。

名画の舞台！

畑の横には『晩鐘』のモザイクパネルが飾られる

村の入口の畑は、『落穂拾い』や『晩鐘』で描いた場所。ミレーは農村に暮らしながら働く農民の姿を描いた。村周囲には麦畑や森が広がり、バルビゾン派が描いた風景が残る。田園地帯まではⓘから徒歩10分

『落穂拾い』 Des glaneuses

収穫後の畑で落穂を拾い、糊口をしのぐ農民の貧困と哀愁を描いた。3人の農婦と3つの積み藁が呼応し安定した構図を作っている。オルセー美術館所蔵（→P38）

ミレーの軌跡はこちらで！

ミレーのアトリエ　Musée Millet

19世紀の画家の暮らしを偲ぶ

ミレーが1849年から家族と住み、数々の傑作を描いた家。1875年1月20日の早朝6時に亡くなり、食堂の大時計はその時刻で止まっている。愛用したパレットや家具などを展示。

交ⓘから徒歩約10分　住27, Grande Rue　☎01 60 66 21 55　時10時～12時30分、14～18時　休火曜（7・8月はなし、11～3月は火・水曜　料€5　E

大時計のある食堂

農家を改装した住居

2階は作品と画家たちが残した壁画を展示する

1階は当時の宿屋を再現した展示スペース

バルビゾン美術館

Musée Départemental des peintres de Barbizon

バルビゾン派の定宿を改装

画家たちが創作活動の拠点にした宿。支払いの代わりに残していった絵が残り、バルビゾン美術館となった。ミレーやテオドール・ルソーなどの作品が展示されている。

交ⓘから徒歩約5分　住92,Grande Rue　☎01 60 66 22 27　時10時～12時30分、14時～17時30分（7～8月は～18時）　休火曜　料€6　E

Lala Citta France

Area 3

南フランス

Provence& Côte d' Azur

コート・ダジュールとプロヴァンスを中心とする南仏。
温暖な地中海性気候のもと、
明るく開放的な雰囲気を満喫♪

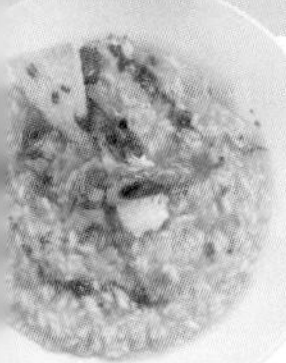

コート・ダジュール&プロヴァンス

南フランス エリアNAVI

イタリア国境近く、地中海に面したコート・ダジュールはフランスきってのリゾート地。
その西側に広がる緑豊かなプロヴァンスには、古代ローマの遺跡が点在する。
多くの芸術家たちを魅了した太陽いっぱいの南仏で、癒しの旅を楽しみたい。

① ポン・デュ・ガール
Pont du Gard

全長50kmの導水路の一部。ガルドン川にかかる橋はほぼ完全な姿を留めており、古代ローマの技術力を目の当たりにできる。

MAP 付録P2B4 交アヴィニヨンから約21km。車で約30分。

必見スポット	•ポン・デュ・ガール…P116 高さ約49m、全長約275mの巨大な水道橋
名産品	•プロヴァンスのハチミツやヌガーなど

堂々たる姿の世界遺産の水道橋

② アルル
Arles

ローマ都市を起源とし、城壁に囲まれた旧市街にはローマ時代の遺跡が点在。ゴッホが過ごした町でもあり、そこかしこに足跡が残っている。

MAP 付録P2B4 交アヴィニヨンから約40km。車で約1時間。鉄道で約20分。

街の規模	総面積約759㎢の大きな町。人口約5万1000人。
必見スポット	•円形闘技場…P110 •古代劇場…P110
名産品	•カマルグの塩 •サントン人形

円形闘技場は現在もイベントなどに利用される

③ エクス・アン・プロヴァンス
Aix-en-Provence

古くから栄えた芸術の町。町のあちこちに噴水があり「千の泉の町」としても知られている。画家セザンヌの生まれ故郷としても有名。

MAP 付録P2C4 交アヴィニヨンから約90km。車で約1時間。バスで約1時間。

街の規模	面積約186㎢、人口約14万7000人。
必見スポット	•セザンヌのアトリエ…P113 •ミラボー大通り…P112
名産品	•マジパンのようなお菓子「カリソン」

ド・ゴール広場のロータリーの中心にある噴水

④ アヴィニヨン
Avignon

1309年から1世紀の間ローマ法王庁が移され、カトリックの中心地に。旧市街には法王庁宮殿など当時の建築が残り、世界遺産に登録されている。

MAP 付録P2B4 交パリから約700km。車で約7時間。鉄道で約2時間40分。

街の規模	面積約65㎢、人口約9万人。
必見スポット	・法王庁宮殿…P115 ・サン・ベネゼ橋…P115
名産品	・プロヴァンス・プリント ・プロヴァンスの農産物加工品など

法王庁宮殿は世界最大規模のゴシック建築

⑤ モナコ
Monaco

イタリア国境近くにある都市国家で正式名はモナコ公国。欧州の王侯貴族が集まる超高級リゾートとして知られ、F1モナコグランプリでも有名。

MAP 付録P3C4 交ニースから約20km。車で約50分。鉄道で約25分。

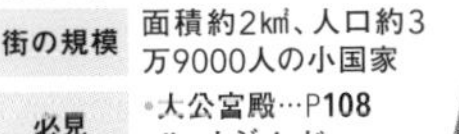

街の規模	面積約2㎢、人口約3万9000人の小国家
必見スポット	・大公宮殿…P108 ・ル・カジノ・ド・モンテカルロ…P109
名産品	・公室御用達の品

カジノ前の広場には高級車がずらりと並ぶ

⑥ ニース
Nice

長い海岸線をもつ世界有数のリゾートタウン。コート・ダジュールの中心都市で、夏は特に賑わう。シャガールやマティスの美術館は必見。

MAP 付録P3C4 交パリから約900km。飛行機で1時間30分。鉄道で約6時間。

街の規模	面積約72㎢、人口約34万3000人を擁する大都市。
必見スポット	・プロムナード・デ・ザングレ…P100 ・シャガール美術館…P101 ・マティス美術館…P101
名産品	・ニース風サラダ ・タプナード

ビーチでリゾート気分

南仏ヴァカンスinコート·ダジュール

青い海が広がるフランスのリゾート地

ニース

Nice

MAP 付録P3C4

ビーチハウスのパラソルやデッキチェアを借りて海を満喫

旧港に停泊するヨット。地中海クルーズの客船も停泊する

→海沿いの道の街路樹はヤシの木！

トラムが走るジャン・メドゥサン通りにはショッピングセンターやデパートがある

ニース東部の高台からの眺め

古代ギリシア人の交易地として栄えたニース。都市名はギリシア語の「ニカイア(勝利)」に由来し、当時の町は、現在城跡公園がある高台にあった。紀元前1世紀ごろはローマの属州、中世にはプロヴァンス公爵領、14世紀にはイタリアのサヴォワ王国領(後のサルディニア)となった。1860年にフランス領となり、王侯貴族の集う保養地に。20世紀初頭に建てられたオペラ座、ホテル・ネグレスコなど、ベルエポック様式の建物も美しい。夏はもちろん、冬の間も避寒地として賑わうフランス最大のヴァカンス地。ニースは年間300日以上が快晴。過ごしやすさも魅力だ。

プロヴァンス焼の器をおみやげに

オリーブオイル用のボトル

アクセス

パリのシャルルル・ド・ゴール空港またはオルリー空港からニース・コート・ダジュール空港まで約1時間30分。またはパリのリヨンLYON駅からTGVでニース・ヴィルNICE VILLE駅まで約6時間。

市内交通

空港から市内へはバスまたはトラムが便利。ニース市内まで12番バスがプロムナード・ザングレ、マセナ広場、旧市街に停まる。2番トラムは市内中心部、JEAN MEDECIN、PORT LYMPIA停留所を結ぶ。市内まで約20分、ニース・ヴィル駅まで約30分。チケットは市内バス、トラムが乗り放題の1日券€7、2日券€13、7日券€20がお得。1回乗車券は€1.70

歩き方アドバイス

国鉄NICE VILLE駅は海から1kmほど離れた町の北側にある。駅から町の中心となるマセナ広場までは、ジャン・メドゥサン通り沿いを歩いて16分、トラム1号線で4分ほど。広場の西側は瀟洒なホテルの並ぶプロムナード・デ・ザングレ、東側は朝市の立つサレヤ広場。マセナ広場の東側に旧市街が広がる。城跡公園への展望エレベーターは広場を出て東に。マセナ広場周辺の観光は徒歩で充分だが、美術館など駅の北側のみどころを訪問する際にはバスを利用しよう。

観光案内所 NICE VILLE駅を出て、すぐ東側にある。☎04 92 14 46 14 時9～19時(日曜は10～17時)、10～5月は10～18時(日曜は～17時) 休なし URL www.explorenicecotedazur.com MAP P99A1

冬場も天気の良い日は日光浴を楽しむ人で賑わう

info ニース空港から中心部へのタクシー料金は€32(スーツケース代も含む)で統一されている。観光客に不当な金額を求めるドライバーも多数。メーターチェックを怠らないよう。

車も通れないような
小道が入り組む旧市街

1
街歩きとアート鑑賞ははずせない
旧市街と美術館をめぐる

17世紀以前の建物が迷路のように入り組む旧市街。路地でのそぞろ歩きを楽しんだら美術館へ。南仏を愛したシャガールとマティスの美術館、ニース生まれのイヴ・クラインの作品を所蔵する近代・現代美術館は必ず訪れたい。

シャガールの名作ポストカードは各€1.20(参考商品)

マティス美術館のカラフルなノート各€4.90(参考商品)

→ズッキーニの花を天ぷらのように揚げる料理もスペシャリテ

↑ニース名物のラタトゥイユは夏限定の料理

↑ロゼワイン、コート・ド・プロヴァンスは南仏料理と

ニースでするべきコト Best 3

2
太陽の恵みと海の幸を食べつくす!
南仏グルメを堪能する

強い日差しを浴びて育った新鮮野菜、とれたての魚介類など、素材を生かすのが南仏料理。オリーブオイルを多用するのも特徴だ。野菜たっぷりのサラダ、魚のグリルのほか、ラビオリやリゾットなど、イタリア風料理もおすすめ。

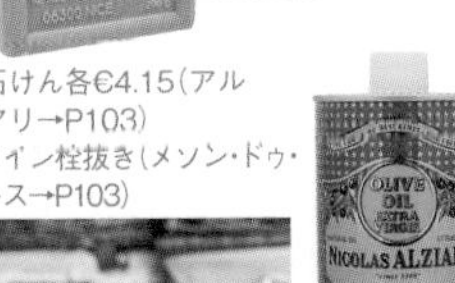

←農場直送のオリーブオイル。赤缶€11.60(アルジアリ→P103)

3
おいしい&かわいいおみやげ探し
ニースの特産品を手に入れる

おいしいおみやげなら、上質なオリーブ製品がイチオシ。オリーブ油が原料のマルセイユ石けん、ラベンダーやレモンを用いたフレグランスも女子に人気。色鮮やかなプロヴァンス柄の陶器、布のほか、地元アーティストによる工芸品も持ち帰りたい。

↑石けん各€4.15(アルジアリ→P103)
↓ワイン栓抜き(メゾン・ドゥ・ニース→P103)

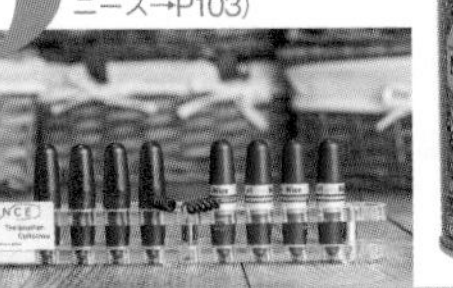

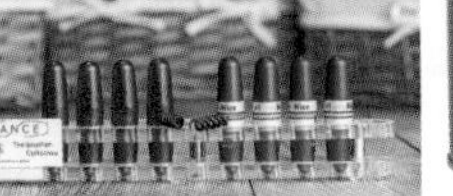

ニース旧市街の

必訪スポット

プロムナード・デ・ザングレ

Promenade des Anglais MAP P99A2～B2

世界に美しさを誇る遊歩道

海岸に沿って伸びる3.5kmの大通りで、ニース空港まで通じる。19世紀初頭に、在留イギリス人たちの出資で整備され、「プロムナード・デ・ザングレ(イギリス人の散歩道)」と命名された。沿道には高級ホテルやカジノが軒を連ね、華やかな雰囲気。ニース市民の間では「ラ・プロム」の愛称で親しまれている。

交マセナ広場から徒歩5分

通りに沿ってカフェやレストランが並ぶ

遊歩道でジョギングなどスポーツを楽しむ人々の姿も見られる

遊歩道の下には紺碧の地中海が広がる

サレヤ広場

ハーブやオリーブオイル、石けんなど名産品も販売

Cours Saleya MAP P99B2

朝市で賑わう広場

旧市街の中心にある広場。月曜は骨董市、火～日曜は新鮮な野菜や名産品、美しい花が並ぶ朝市で、いつも市民で賑わっている。広場に立つミゼリコルド礼拝堂は豪華な装飾が特徴。バロック様式を代表し、別名「バロックの真珠」とよばれる美しさだ。

交マセナ広場から徒歩5分　時骨董市は月曜の7～18時、花と食品市は6時～13時30分

色とりどりの花を売るスタンドが並ぶ

歴史的建造物に指定されたミゼリコルド礼拝堂

城跡公園

Le Parc de la Colline du Château MAP P99B2

高台から絶景を堪能

旧市街東の、丘の上にある公園。地上90mの高さから眺望を楽しめる。ニース発祥の地で、古代ケルト人が城塞を築いた。中世に現在の旧市街全域を城壁で囲む城塞都市になったが、18世紀初頭、ルイ１４世の命で城塞は取り壊され、19世紀末に公園となった。

交マセナ広場から徒歩20分　☎なし　時8時30分～20時(10～3月は～18時)　休なし　料無料

ニースの海岸線を一望できる。サンセットも見事

いいとこどり♪

ゴールデンルート

Start

- 9:40 国鉄NICE VILLE駅発
  - ↓ ROLAND GARROSのバス停から5番のバスで約5分
- 10:00 マティス美術館
  - ↓ 15・22番バスで7分
- 11:30 シャガール美術館
  - ↓ 15番バスでJEAN MÉDECIN-HÔTEL DES POSTEまで10分、下車、徒歩約10分
- 13:30 サレヤ広場または旧市街でランチ
  - ↓ 徒歩すぐ
- 14:30 旧市街
  - ↓ 徒歩10分＋エレベーター
- 16:00 城跡公園
  - ↓ エレベーター＋徒歩15分
- 17:00 プロムナード・デ・ザングレの海沿いのベンチでひと休み
  - ↓ 徒歩7分
- 19:00 ラ・メランダで南仏料理ディナー
  - ↓ 徒歩20分またはトラム1番線MASSENAから4分、GARE THIERS下車、徒歩すぐ
- 21:00 国鉄NICE VILLE駅着

Goal

ひと足のばして

ニースののみの市

小ぢんまりとしたのみの市

Les Puces de Nice MAP P99B2

掘り出し物を探そう！

城跡公園の東側、旧港に面する屋内骨董市。30軒ほどの店が集まり、パリよりも手頃な価格で商品を販売。店外のテーブルにはお買得商品もある。

交マセナ広場から徒歩30分

住Rue Robilant

時10～18時　休月曜

神父の形をした60年代製のマスタードポット€25(参考商品)

40年代に作られた人形用のカゴバッグ€25(参考商品)

↓お菓子「ガレット・ド・ロワ」に入れるフェーヴ

南仏ゆかりの

2大画家の美術館

1階建ての近代的な美術館

シャガール美術館
Musée National Marc Chagall Nice
MAP P99B1

シャガールの集大成を鑑賞

1966年にオープンした国立美術館。1957年から創作にかかり、20年以上かけて描かれた大作で、旧約聖書の創世記をテーマに描いた連作『聖書メッセージ』17点を、シャガールが国へ寄贈したことをきっかけに設立された。画家が寄贈し、展示構成を指示した450点を収蔵する。映像室のステンドグラス『天地創造』や、中庭の池の上にある、預言者エリヤの周りに星座を描いたモザイクも素晴らしい。

Marc Chagall, Adam et Eve chassés du Paradis, 1961. Huile sur toile, 190,5 x 283,5 cm. Cycle du Message Biblique, musée national Marc Chagall, Nice. Photo : © GrandPalaisRmn / Gérard Blot © Adagp, Paris, 2024

『楽園追放』
Adam et Eve chassés du paradis
左の白い球は神の意志、中央の白い天使は神の怒りを表す。右の男女がアダムとイヴ。

ゆったりとした空間に大作が飾られる

マルク・シャガール
Marc Chagall
1887年ロシアのユダヤ人の家庭に生まれる。美術学校を経て1910年に渡仏。第二次大戦中はアメリカに亡命。1948年再渡仏。コート・ダジュールに住み制作を続ける。1985年没。

交マセナ広場近くのバス停MASSÉNA/GUITRYから5番バスで約7分、MUSÉE CHAGALL下車、徒歩2分　住Av. Docteur Ménard　☎04 93 53 87 20　時10～18時（11～4月は～17時）　休火曜　料€10（企画展がないときは€8）E

マティス美術館
Musée Matisse　MAP P99B1

画家が晩年を過ごした館

ニース北部、シミエ地区の公園内にある美術館。前身は18世紀に建てられたイタリア風の邸宅で、画家マティスが晩年を過ごした館。1963年から内部を一般公開。地下2階、地上2階の4フロアに、油絵やデッサン画、彫刻、画家の愛用したパレットなどを展示。制作開始の1890年から没する1954年までの作品を年代別に配し、作風の変遷を辿ることができる。

© Succession H. Matisse pour les oeuvres de l' artiste ¦ Photo © François Fernandez

『タヒチ』
Tahiti
1935年作。タヒチに数ヶ月滞在し、南国の色彩に魅了された

1992年の改築で誕生した地下スペース
© François Fernandez

アンリ・マティス
Henri Matisse
1869年北フランス生まれ。法律家から画家に転身、野獣派のスタイルを生む。ニースでデッサンと色彩の融合を試み、ヴァンスのロザリオ礼拝堂がその集大成となった。1954年没。

交マセナ広場近くのバス停MASSÉNA/GUITRYから5番バスで約10分、ARÈNES/MUSÉE MATISSE下車、徒歩３分　住164, Av. des Arènes de Cimiez　☎04 93 81 08 08　時10～18時（11～4月は～17時）　休火曜　料€10 E

4×8mの切り絵の大作「花と果実」を飾る地下展示室
© Succession H. Matisse pour l' œuvre de l' artiste ¦ Photo © François Fernandez

こちらもCheck!

近代・現代美術館
Musée d'Art Moderne et d'Art Contemporain
MAP P99B2

イヴ・クラインの展示が充実

1960年以降のフランスとアメリカのポップアートを1200点収蔵、アンディ・ウォーホルやセザールなど大家のほか、ニース出身のアーティストの展示も多い。特にイヴ・クラインの作品はほぼここにあるといえるほど充実している。

交マセナ広場から徒歩15分、トラム1番線GARIBALDI駅から徒歩2分　住 Place Yves Klein　☎04 97 13 42 01　時10～18時（10～3月は11時～）　休月曜　料€10 E

大理石の棟をガラス通路でつないだ建物がユニーク

info マティス美術館や近代・現代美術館など、市営の美術館で利用できるお得な「ニース市ミュージアムパス」。有効期間4日間€15。各美術館の窓口で購入できる。

ニースのおすすめ

グルメ&ショッピング

ラ・メランダ
La Mérenda MAP P99B2

塩漬けタラの煮込み、ストックフィッシュ€22(参考料理)

ニースの家庭料理ならここ!

ニースの名物料理を出す人気ビストロ。地元市場で仕入れる新鮮素材で冬は煮込み、夏はラタトゥイユなど、心温まる家庭料理が味わえる。レシピは開店50年余変わらない。いつも満席の店だが電話がないので、店頭で直接予約を!

交マセナ広場から徒歩4分 住4, Rue Raoul Bosio ☎なし 時12時～13時30分、19時～21時30分 休土・日曜※カード不可 E

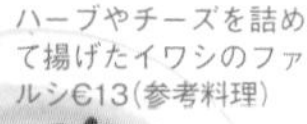

ハーブやチーズを詰めて揚げたイワシのファルシ€13(参考料理)

店頭の自転車がオープンの目印

30席ほどの店内は開店と同時に満席

フラヴール
Flaveur MAP P99B2

華やかな料理を供する星つき店

日本人シェフに師事したガエルとミカエルの兄弟シェフが腕を振るう、グルメガイドブック2つ星店。南仏の素材と地中海の魚介を使い、繊細かつ生き生きとした料理を創作。コース料理€190～。

交マセナ広場から徒歩8分 住25, Rue Gubernatis ☎04 93 62 53 95 時12～14時、19時30分～22時 休土曜の昼、日・月曜 E E

木を用いたナチュラルで明るい店内

乳のみ子羊の照り焼き、ギリシア風タンドリーソース

ビストロ・ダントワーヌ
Bistrot d'Antoine MAP P99B2

良心的な価格とおいしさが魅力

星つき店でサービスを務めたオーナーがオープンした店。アラカルト3皿€30～とリーズナブルながら、手の込んだ料理を出すのが人気の秘密。メニューは季節によって変わる。夜は予約が安心。

交マセナ広場から徒歩5分 住27, Rue de la Préfecture ☎04 93 85 29 57 時12時～13時45分、19時～21時45分 休日・月曜 E

メインは€15～

アンティークを配した店内。1・2階に客席がある

タコと季節野菜のグリル、カボチャのピューレ€13(参考料理)

ル・サファリ
Le Safari MAP P99B2

(手前)ニース風サラダ€12、(右奥)イカとアーティチョーク€29

新鮮な野菜や海の幸が評判

サレヤ広場にある大型ブラッスリー。ニースの野菜を使った料理、イタリアのサンレモとブルターニュ直送の魚介類、自家製ラビオリや釜焼きピザなどが評判。春から夏は広場に面するテラス席で南仏の空と料理を満喫したい。

交マセナ広場から徒歩8分 住1,Cours Saleya ☎04 93 80 18 44 時12～23時(15～19時は軽食のみ) 休なし E E

梁のある天井がクラシックな店内

夏は外の席からいっぱいに。週末の夜は予約が安心

シューにチョコソースをかけたプロフィットロール€9

ラトリエ
L'Atelier MAP P99B2

名物「ソッカ」をおいしくアレンジ

ひよこ豆の粉とオリーブ油で作る、お好み焼きのようなおやつ「ソッカ」を現代風かつグルメにアレンジしたのがこの店。肉や魚介、地元の野菜をのせたソッカが15種類以上メニューに並ぶ。

交マセナ広場から徒歩12分 住17, Rue Gioffredo ☎04 93 85 50 74 時12～14時、18時30分～22時 休土～月曜 E E

自然派ワインを300種類揃える

イカとアーティチョークのソッカ€16(手前) メインは1品€35～(奥)

info ニースの町なかを走る全長8.7kmのトラム。停留所や線路付近にオブジェやアート作品が置かれる。「すべての人たちにアートにふれてほしい」という市の方針で、フランスのアーティストが手がけたものが多数。

サレヤ広場やオペラ座から至近

アルジアリ

Alziari MAP P99B2

創業147年のオリーブオイル専門店

オリーブオイル製造業者の直営店。市近郊の農園で栽培したオリーブを風車と石臼で圧搾。香り高く甘みのあるオイルは何に用いてもおいしい。量り売りで買えるオリーブは€1.20～2/100gが目安。

交マセナ広場から徒歩5分 住14, Rue Saint François de Paule ☎04 93 62 94 03 時9～19時（日曜は10時～） 休なし E

青い缶のオイルは甘さと香りのバランスが◎ €11.60（250mℓ）

オリーブをペースト状にしたタプナード €4.95/80g

香りつきオリーブ石けんは1個€4.15、6個€17

メイド・イン・フランスのワイン栓抜き€29.50 ©Julien VERAN

メゾン・ドゥ・ニース

Maison de Nice MAP P99A2

ニース市の公式ショップ

市長の発案で誕生した、ニース市が運営するオフィシャルギフトショップ。ニースのクリエーター、アーティスト、デザイナーによる地元の工芸品を多数揃える。

交マセナ広場から徒歩5分 住30, Av. Jean Médecin Centre Commercial Nicetoile ☎04 97 13 42 25 時10時～19時30分 休なし E

ショッピングセンター地下1階にある

#ILoveNiceのオブジェ€190 ©Julien VERAN

ヴァカンス気分で リゾートステイ

※宿泊料金は目安

ネグレスコ

Negresco MAP P99A2

ニースを代表する高級ホテル

1913年創業の豪奢なホテル。全部屋の内装が異なり、8割がオーシャンビュー。ルイ13世時代から今日までのアート作品や家具を飾る美術館のような宿。2つ星レストランを併設する。

交マセナ広場から徒歩15分 住37, Promenade des Anglais ☎04 93 16 64 00 料スーペリアルーム€330～ 128室 URL www.hotel-negresco-nice.com/ E

ジュニア・スイート512号室。ルイ15世様式の内装

カジュアルレストラン「ラ・ロトンド」

彫刻をほどこした壁とピンクのドーム屋根が美しい

スピティー

Spity Hôtel MAP P99A2

ユニークなデザインホテル

気鋭のデザイナー、マタリ・クラッセによるコンセプトホテル。客室は9タイプのインテリアで、家具や色使いが面白い。オーガニック料理のレストランを併設する。

交マセナ広場から徒歩18分 住3, Av. des Fleurs ☎04 97 07 26 26 料€133～ 38室 URL spity-hotel.best-hotels-nice.com/ E

ニースのパノラマの景色を堪能できる屋上プール

一部の客室はオープンバスルーム

ハイアット・リージェンシー・ニース・パレ・ドゥ・ラ・メディテラネ

Hyatt Regency Nice Palais de la Méditerranée MAP P99A2

シーフロントの5つ星

カジノだった建物を改修した、ニースでは比較的新しいホテル。正面ファサードのみ1929年のオリジナル。客室はアールデコ調の落ち着いたインテリアで、海または旧市街の眺めが楽しめる。

交マセナ広場から徒歩9分 住13, Promenade des Anglais ☎04 93 27 12 34 料スタンダードルーム€260～ 187室 URL nice.regency.hyatt.com/en/hotel/home.html E

アールデコ時代の雄大なファサード

広さ35㎡のスタンダードルーム419号室

ホリデイ・イン・ニース

Holiday Inn Nice MAP P99A2

目抜き通り、ジャン・メドゥサン通りの近くにあり海岸まで徒歩5分ほどで到着。ショッピングセンターやデパートの近くでおみやげ探しにも便利。

交マセナ広場から徒歩9分 住20, Boulevard Victor Hugo ☎04 97 03 22 22 料B&Bシングルルーム€95～ 131室 URL www.ihg.com/holidayinn/hotels/jp/ja/nice/ncefr/hoteldetail E

ル・メリディアン・ニース

Le Méridien Nice MAP P99A2

地中海を望むモダンなホテル。屋上には海の見えるプールがあり、目の前の提携ビーチでパラソルとベッドがレンタルできる（有料）。旧市街は徒歩圏内。

交マセナ広場から徒歩6分 住1, Promenade des Anglais ☎04 97 03 44 44 料デラックスルーム€215～ 318室 URL marriott.fr/hotels/travel/ncemd-le-meridien-nice/ E

ニースからバスで行く！
南仏の小さい町

コート・ダジュールには芸術家たちを魅了した、風光明媚な場所が多数ある。ニースからバスで気軽に日帰り旅行ができる、かわいい町や村をご紹介！

コート・ダジュールを走るリーニュ・ダジュール社のバス

バス移動ADVICE ニースの長距離バスは行き先によって発着場所が異なる。日曜、祝日は本数が少ないので注意。路線図や時刻表はLIGNES D'AZUR社のサイトをチェック。URL www.lignesdazur.com/
【東方面】エズへは見本市会場そばのVAUBANの長距離バスターミナルから82番が平日は1時間に1本間隔（日曜は1日13本）運行。モナコは602番バスで、平日1日7便運行（日曜は運休）。モナコとマントン行きの100番バスはニース港のPORT LYMPIAから1時間に1〜4本運行。
【西方面】ニース中心部からカーニュ・シュル・メールは、国鉄TERが1時間に1〜4本運行。サンポール・ド・ヴァンスへは空港近くのPARC PHOENIXから9番、655番バスが1時間に1〜2便。ヴァンスはALBERT 1ER/VERDUNから発着の400番バスを利用。1日8〜9本運行している。

ヴァンス Vence MAP 付録P3C4

マティスやシャガールの足跡を訪ねて

温暖な気候で古くから保養地として親しまれた町。中世の面影を残す旧市街には13〜14世紀の城門が残る。街から1kmほど離れた丘の上に晩年のマティスが、装飾に心血をそそいだロザリオ礼拝堂がある。

町歩きのPOINT ニースからのバス発着所からロザリオ礼拝堂まで徒歩15分。旧市街は30分もあれば一周できる。所要2時間。

ロザリオ礼拝堂（Chapelle du Rosaire）時10時〜11時30分、14時〜17時30分（曜日や季節により異なる） 休日・月曜、11月中旬〜12月中旬 料€7

ロザリオ礼拝堂へ向かう橋の上からの絶景

サン・ポール・ドゥ・ヴァンス Saint-Paul de Vence MAP 付録P3C4

絵画のように美しい中世の街

16〜17世紀の街並みを残す美しい村。山の上に建造した「鷲の巣村」で、堅固な城壁が村を取り囲む。マティスやコクトーなど多くの芸術家が滞在し、現代美術作品を多数所蔵するマーグ財団美術館が村外にある。

町歩きのPOINT バス停から村はすぐ。城門右の観光案内所で地図がもらえる。ゆっくり周っても1時間で観光できる。マーグ財団美術館は村から徒歩15分。所要2時間。

多くの画家が描いた美しい街並み

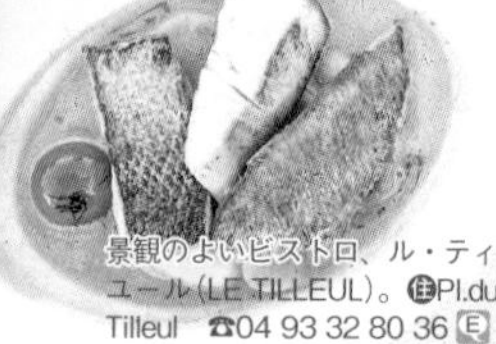
景観のよいビストロ、ル・ティユール（LE TILLEUL）。住Pl.du Tilleul ☎04 93 32 80 36 E
※写真はイメージ

マーグ財団美術館 Fondation Maeghtはミロやカルダーの展示が充実。時10〜18時（7〜9月は〜19時）。入場は閉館30分前まで 休なし 料€16

サン・ポール・ドゥ・ヴァンス→ヴァンス
サン・ポール・ヴィラージュSAINT PAUL VILLAGEから655番でVENCEの長距離バスターミナルまで約10分。€2.50

ニース→カーニュ・シュル・メール
NICE VILLE駅からCAGNES-SUR-MER駅まで国鉄TERで約15分、€3。中心部までは徒歩10分。

カーニュ・シュル・メール→サン・ポール・ドゥ・ヴァンス
長距離バスターミナルから655番でサン・ポール・ヴィラージュSAINT PAUL VILLAGEまで約25分。€2.50

ヴァンス
サン・ポール・ドゥ・ヴァンス
カーニュ・シュル・メー
M36
E80
コート・ダジュール空
Aeroport Côte d'Az

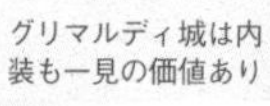

カーニュ・シュル・メール Cagnes-sur-Mer MAP 付録P3C4

ルノワールが晩年を過ごした地

リウマチに侵され、車椅子生活になったルノワールが1908年から1919年に没するまで過ごした町。東の丘に立つ家を美術館として公開。藤田嗣治の作品を蔵する地中海近代美術館は屋上から壮大な海の眺めを堪能できる。

町歩きのPOINT ブルデBourdet広場のバスターミナルで無料シャトルバス44番に乗り変え、オー・ド・カーニュのiまで約6分。ルノワール美術館はブルデ広場から徒歩10分。所要3時間。

美術館みやげ。左からカップ€13、ミラー€5（参考商品）

グリマルディ城内にある地中海近代美術館（Château Musée Grimaldi）☎04 92 02 47 35 時10〜12時、14〜17時（4〜6月、9月は〜18時）。7・8月は10〜13時、14〜18時 休火曜 料€4 E

グリマルディ城は内装も一見の価値あり

ルノワール美術館（Musée Renoir）☎04 93 20 61 07 時10〜12時、14〜17時（4・5月は〜18時）。6〜9月は10〜13時、14〜18時 休火曜 料€6 E

コクトー自らが発案・監修した要塞美術館
(Musée Jean Cocteau-le Bastion)

マントン Menton MAP 付録P3C4

「フランスの真珠」と称されるレモンの町

イタリア国境近くにある美しい町。19世紀末から王侯貴族や芸術家の集う高級リゾートとして人気を集めた。バロック様式の建物が並ぶ旧市街、この地を愛したジャン・コクトーの美術館と要塞美術館は訪れたい。名産品はレモン。毎年2〜3月に大規模なレモン祭を開催。

町歩きのPOINT 人口3万679人。中心部から観光名所まではやや離れ、バス停のあるカジノCASINO広場からジャン・コクトー美術館まで徒歩10分。要塞美術館を見学後、旧港から坂道を上がり旧市街を散策。所要2時間30分。

©Adagp/Comité Cocteau, Paris 2019 C2739

『恋人達』"Innamorati-3"(1961年)マントンの漁師と娘をテーマに描いた連作

要塞美術館(Musée Jean Cocteau-le Bastion) 交Quai Napoléon Ⅲ-Bastion du Vieux Port ☎04 93 18 82 61 時10時〜12時30分、14〜18時 休火曜 料€5

旧市街にあるプレスティージュ・ドゥ・マントン(Prestige de Menton)にはレモンを使った商品が各種揃う。ウエットティッシュ10袋€4.90 ☎04 93 57 00 87 時10〜19時(7・8月〜23時) 休なし E

観光案内所の向かいにあるパティスリー・ロマン・ラルー(Pâtisserie Romain Laloue)ではマントン名物のレモンタルト€5.80やレモンのマカロン€6.50を。
☎04 92 07 31 28 時7時30分〜19時30分(月曜は9時〜18時30分、日曜は〜19時) 休なし E

一般道路
高速道路
鉄道
国境線

イタリア
E74
E80
モナコ
マントン
エズ

ニース→エズ
VAUBANの長距離バスターミナルから82番のバスでEZE VILLAGEまで約40分。€2.50

エズ→マントン
EZE VILLAGEから83番バスでGARE SNCF EZEまで約20分、徒歩なら約30分。100番バスに乗り換えてCASINOまで約1時間。€2.50

エズ Eze MAP 付録P3C4

標高429mの頂にある鷲の巣村

地中海を見下ろす岩山の頂にあるエズ村。7〜8世紀頃に異教徒の襲撃が続き、山頂に城塞都市を造ったのが始まり。村内には14世紀の城門や、石作りの家、展望台からリヴィエラ海岸を一望できる熱帯庭園がある。断崖に立つシャトーホテルでの優雅なランチもおすすめ。

町歩きのPOINT バス停から城門まで徒歩約5分。熱帯庭園の標識に従い坂道を上ろう。小さい村なので地図なしで歩ける。所要1時間30分。

↓絵本の中から抜け出したような美しい中世の村

↓レストラン・シャトー・エザ(Restaurant Château Eza)は昼コース€79〜、夜コース€160。
☎04 93 41 12 24 時12〜14時、19時30分〜21時30分 休1〜3月の月・火曜、11月〜12月中旬(4〜10月は無休) E

↑エズ村の高台にある熱帯庭園(Jardin Exotique)
☎04 93 41 10 30 時9時〜16時30分(4〜6月、10月は〜18時30分、7〜9月は〜19時30分) 休なし 料€8 E

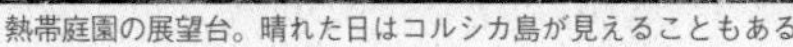

熱帯庭園の展望台。晴れた日はコルシカ島が見えることもある

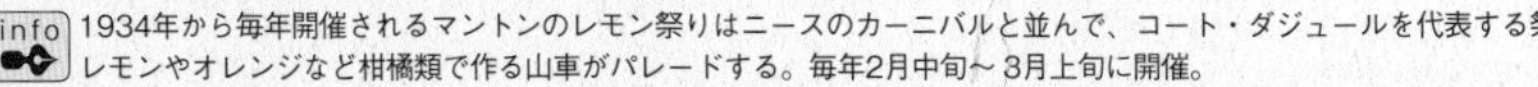

info 1934年から毎年開催されるマントンのレモン祭りはニースのカーニバルと並んで、コート・ダジュールを代表する祭。レモンやオレンジなど柑橘類で作る山車がパレードする。毎年2月中旬〜3月上旬に開催。

セレブが居を構える地中海の小国

モナコ

Monaco

MAP 付録P3C4

→公室御用達店(→P108)のチョコ€14.90(参考商品)

←南国の花、ブーゲンビリアが咲き誇る

グレース公妃のバラ園

F1グランプリと一部同じコースを走るアズール・エクスプレス。海洋博物館前から30分間隔で運行。所要35〜40分(時)10時30分〜17時(季節により異なる)(休)冬期 (料)€11

大公宮殿前の広場からモナコ港を一望

グレース公妃のバラ園では300種類のバラが植えられる

1297年にフランソワ・グリマルディがジェノヴァ人の要塞を占領し、建国したのがモナコ公国。イタリアやフランス王の侵略に脅かされるも、現在まで独立を維持。19世紀にシャルルル3世が高級リゾート地化計画を発案、カジノや豪華ホテルを建設したことでヨーロッパ随一の社交場に発展した。映画スターやスポーツ選手などのセレブリティ、世界中の富豪が休日を過ごす、リュクスな場所となり、1956年にレニエ3世公がハリウッド女優のグレース・ケリーを妃に迎えたことで一躍有名に。3月のリヴィエラ・ラン、5月のＦ１グランプリなど年中大きなイベントが開催されている。

アクセス

ニースのNICE VILLE駅からVENTIMILLIA行きのTERで約25分。607番バスでニース・コート・ダジュール空港から約45分、100番バスでニース市内から約50分。※パリからの直通電車はない

観光案内所　カジノ広場に隣接する公園Les Jardins et Terrasses du Casinoそばにある。(住)2a, Boulevard des Moulins ☎92 16 61 16 (時)9時30分〜17時30分(日曜は11〜13時) (休)なし URL www.visitmonaco.com/jp MAP P107B1

歩き方アドバイス

MONACO MONTE CARLO駅からまずは西側ニース寄りの地上出口へ。大公宮殿までは歩いても行けるが、坂道を上るためバス移動が快適。駅から１、２番のMONACO VILLE行きバスの終点で降り、大公宮殿や旧市街、モナコ大聖堂などを見学後、１番線バスSAINT ROMAN行きに乗りカジノ広場PLACE DU CASINOで下車。豪華ホテルやカジノを見学しよう。

国内交通

7ルートのバスが走り、本数も多く便利。1回券€1.50(バス車内で買うと€2)、1日有効券€5.50。路線図は観光案内所やバス会社CAMのサイトで。URL www.cam.mc/

モナコ基本情報

●国名：モナコ公国
●面積/人口：約2.02㎢、約3万6600人(2021年)
●公用語：フランス語
●気候：夏は高温で乾燥、冬は温暖で湿度の高い地中海性気候
●パスポート、ビザ：パスポートは入国時3カ月以上の残存有効期間が必要。90日以内の観光ならビザは不要。
●電話：[日本からモナコ]010(国際電話識別番号)+377(モナコの国番号)+8桁の電話番号。
[モナコから日本]00(国際電話識別番号)+81(日本の国番号)+市外局番、携帯の最初の0を除いた相手の電話番号

南フランス

ヒッチコックをはじめとする巨匠に愛され数多くの名画に出演

海抜60mの丘の上に立つ大公宮殿が国の中心

1 モナコで愛され続けている グレース・ケリーのゆかりの地をめぐる

ハリウッドのトップ女優だったグレース・ケリーがレニエ3世公と結婚したのは1956年。その26年後に自動車事故で急逝。彼女が暮らした大公宮殿、挙式をしたモナコ大聖堂、バラ園(→P108)を訪れ公妃の人生をたどってみよう。

←バラ園の柵に飾られたグレース公妃の紋章

→富裕層たちが集まるカジノ

モナコでするべきコト Best 3

3 街中をレーシングカーが走る F1のサーキットを実際に歩いてみる

モナコ市街の公道を閉鎖して行われるモナコ・グランプリはインディ500、ル・マン24時間と並び世界3大レースのひとつ。エルキュール港からモンテカルロ地区をまわる3.34kmのコースを歩くとレーシングカーのタイヤ跡を見ることができる。

エルキュール港沿いの道もF1のコース

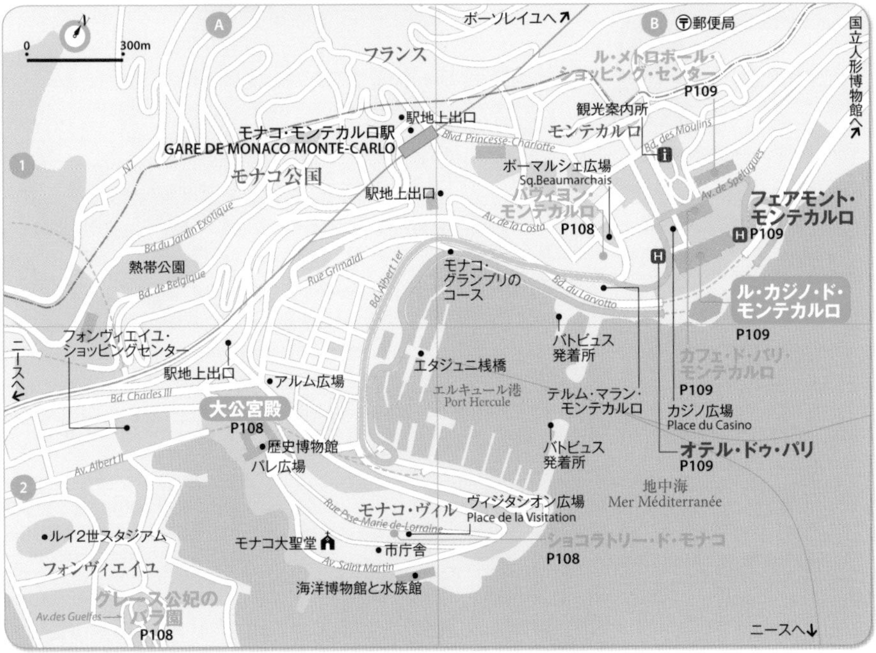

2 カジノやレストランで ゴージャスな雰囲気を味わう

エルミタージュホテルの豪華なロビー

高級車が次々と停まる、世界一美しいル・カジノ・ド・モンテカルロ(→P109)でヨーロッパの社交界の雰囲気を体験！　ラグジュアリーなスパや星付きレストランのある豪華ホテルで、お姫様気分を満喫して。

モナコ

A B 1 2
0 300m
ボーソレイユへ↗
〒郵便局
国立人形博物館へ↗
フランス
ル・メトロポール・ショッピング・センター P109
観光案内所
モンテカルロ
Bd. des Moulins
駅地上出口
モナコ・モンテカルロ駅 GARE DE MONACO MONTE-CARLO
Blvd. Princesse-Charlotte
N7
ボーマルシェ広場 Sq.Beaumarchais
モナコ公国
Av. de Spélugues
駅地上出口
パヴィヨン・モンテカルロ P108
Av. de la Costa
フェアモント・モンテカルロ P109
Bd. du Jardin Exotique
Rue Grimaldi
Bd. Albert 1er
モナコ・グランプリのコース
熱帯公園
Bd. de Belgique
Bd. du Larvotto
ル・カジノ・ド・モンテカルロ P109
フォンヴィエイユ・ショッピングセンター
バトビュス発着所
カフェ・ド・パリ・モンテカルロ P109
ニースへ←
駅地上出口
エタジュニ桟橋
アルム広場
Bd. Charles III
エルキュール港 Port Hercule
テルム・マラン・モンテカルロ
カジノ広場 Place du Casino
大公宮殿 P108
バトビュス発着所
歴史博物館
オテル・ドゥ・パリ P109
Av. Albert II
パレ広場
地中海 Mer Méditerranée
モナコ・ヴィル
ヴィジタシオン広場 Place de la Visitation
Rue Princesse-Marie-de-Lorraine
ショコラトリー・ド・モナコ P108
ルイ2世スタジアム
モナコ大聖堂
市庁舎
Av. Saint Martin
フォンヴィエイユ
海洋博物館と水族館
Av. des Guelfes
グレース公妃のバラ園 P108
ニースへ↓

info バラ園ほかグレース公妃のゆかりの地には、記念パネルが立ち、その場所で撮影された写真を見ることができる。モナコ大聖堂前には挙式時の可憐な写真が飾られている。

グレース公妃とレニエ3世公のハガキ。切手はレプリカ

モナコではずせない♪

グレース公妃ゆかりの地

700年前からグリマルディ家が住む宮殿

グレース・ケリー

Grace Kelly

1929年アメリカ生まれ。22歳で映画デビュー。1955年にアカデミー主演女優賞。カンヌ映画祭で知り合ったレニエ3世公と1956年に結婚し女優を引退。1982年、車の事故で死去。

グレース公妃のバラ園

La Roseraie Princesse Grace MAP P107A2

30周年を迎えリニューアル

バラを愛したグレース公妃を偲んで、レニエ3世が1984年に造ったバラ園。5000㎡の敷地内にグレース・ドゥ・モナコなど約300品種のバラが植えられている。

交カジノ広場近くの停留所CASINOより6番バスFONTVIEILLE行きで約8分、ROSERAIEで下車。フォンヴィエイユ公園(Parc Paysager de Fontvieille)内 住Avenue des Guelfes ☎なし 時24時間 休なし 料無料

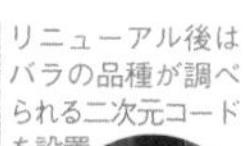

リニューアル後はバラの品種が調べられる二次元コードを設置

バラ園の中央にはグレース公妃の彫像が立つ

大公宮殿

Palais Princier MAP P107A2

大理石の床と天井画が見事

1215年にジェノヴァ人が造った要塞跡に立つ宮殿。初代モナコ大公オノレ2世の手により17世紀にイタリア・ルネサンス様式の豪奢な城となった。いまも大公一家が住む。夏期のみ内部が訪問できる。

交カジノ広場近くの停留所CASINOより1・2番バスMONACO VILLE行き乗車で約7分、終点下車、徒歩5分 住Place du Palais ☎93 25 18 31 時10～18時、7・8月は～19時(入場は30分前まで) 休F1グランプリ開催中の土・日曜、11月1日～4月1日 料€10 E

宮殿前には衛兵が常駐。交替式は毎日11時55分～

宮殿前の広場には大砲や砲弾が残る

いいとこどり♪

ゴールデンルート

Start

- 10:30 グレース公妃のバラ園
  - ↓ 6番バスと1・2番バスを乗り継ぎ約10分
- 11:55 大公宮殿で衛兵交替式
  - ↓ 徒歩で4分
- 12:30 ショコラトリー・ド・モナコでお買物
  - ↓ 1番バスで7分
- 13:00 カフェ・ド・パリ・モンテカルロでランチ
  - ↓ 徒歩1分
- 15:00 ル・カジノ・ド・モンテカルロを見学
  - ↓ 徒歩3分
- 16:30 ル・メトロポール・ショッピングセンターでお買物
  - ↓ 徒歩2分
- 18:30 フェアモント・モンテカルロ前でF1のコースを見る
  - ↓ 徒歩8分

Goal

- 19:30 ル・ヴィスタマールでディナー

ショコラトリー・ド・モナコ

Chocolaterie de Monaco MAP P107A2

公室御用達のショコラトリー

1920年から続く老舗チョコレート店。1999年よりモナコ公室御用達になる。おすすめは大公とグレース公妃の結婚記念に創られた「ショコラ・ド・モナコ」。

交バス停MONACO VILLEから徒歩2分 住Place de la Visitation ☎97 97 88 88 時9時30分～18時30分(サロン・ド・テは～17時30分) E

3個入りのハート型ボックス「デクララシオン」€7.90(参考商品)

ショコラ・ド・モナコの詰合せボックス「グレース・ケリー」€29.90(参考商品)

©Monte-Carlo SBM

仏人デザイナー、ピエール・イヴ・ロションが手がけた内装

フォワグラとブラックベリーのソテー€38(参考料理)

©Monte-Carlo SBM

パヴィヨン・モンテカルロ

Pavyilon Monte-Carlo MAP P107B1

豪華ホテルで美景と美食を堪能

オテル・エルミタージュ内。スターシェフ、ヤニック・アレノ氏が腕を振るう星付きレストラン。平日昼は2品コース€59、夜の3品コース€78～。

交iから徒歩6分 住Hôtel Hermitage Monte-Carlo内。Square Beaumarchais ☎98 06 98 98 時12～14時、19時30分～21時45分(7・8月は夜のみ) 休なし

ルーレット、ブラック・ジャックで遊んでみよう
©Monte-Carlo SBM

まだまだあります
必訪スポット

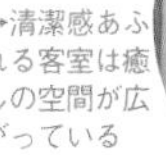

©Monte-Carlo SBM
→清潔感あふれる客室は癒しの空間が広がっている

ル・カジノ・ド・モンテカルロ
Le Casino de Monte Carlo MAP P107B1

ヨーロッパを代表する社交場

シャルル3世の命で建てられた、モナコのランドマーク的存在。パリのオペラ座を設計したシャルル・ガルニエが手がけ、1863年に落成。ヨーロッパを代表する社交場で、夕方になると高級車が停まり、ドレスアップした男女が集う。

交 i から徒歩5分　住 Place du Casino　☎98 06 21 21　時 14時～深夜（見学は10～13時、最終入場12時15分のみ可能）※入口でパスポートの提示が必要。18歳以下は入場不可　休 なし　料 €18 E

©Monte-Carlo SBM
→ヨーロッパとイギリス式ルーレットを楽しめる「ヨーロッパの間」

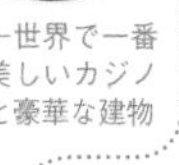

←世界で一番美しいカジノと豪華な建物

オテル・ドゥ・パリ
Hôtel de Paris MAP P107B1

街の中心に立つ５つ星ホテル

ル・カジノ・ド・モンテカルロの目の前に立つ1867年開業の老舗ホテル。きめ細やかなサービスで、ゆったりと過ごせる。豪華なスパや星付きレストラン「ルイ・キャーンズ」なども揃っている。

交 i から徒歩5分　住 Place du Casino　☎98 06 30 00　料 スーペリア・ルーム€650～（目安）　208室　URL www.montecarlosbm.com/ E

©Monte-Carlo SBM
中庭を設け、新しくフィットネス、スパなどの施設や庭つきのスイートルームを建設

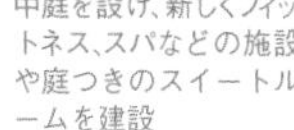

美しいファサード

カフェ・ド・パリ・モンテカルロ
Café de Paris Monte-Carlo MAP P107B1

セレブに愛される老舗ブラッスリー

1882年の開店以来、モナコで最も人気のブラッスリー。昼から夜までノンストップで食事ができる。スペシャリティは新鮮な魚介、南仏料理と伝統フレンチ。古くはグレース公妃が通い、現在はカイリー・ミノーグなどセレブが来店。

交 i から徒歩5分　住 Place du Casino　☎98 06 76 23　時 8時～翌3時（食事は12～21時）　休 なし　E E

ベルエポック時代の内装を残す店内

ル・メトロポール・ショッピング・センター
Le Métropole Shopping Center MAP P107B1

高級ブランドが集まる

約80店舗のブティックとレストラン6軒が集まるショッピングセンター。館内中央にはボヘミアンクリスタルシャンデリアが輝き、ゴージャスな雰囲気。ソニア・リキエル、イザベル・マラン、ラデュレ、フォションなどフランスのメゾンも多い。コスメのセレクトショップ、スーパーもあり。免税手続きも行う。

交 i から徒歩1分　住 17, Avenue des Spélugues　☎92 16 77 01　時 10時～19時30分（日曜は11～19時）　休 なし

吹き抜けにはゴージャスなシャンデリアを設置

こちらもCheck!

モナコF1 グランプリ

毎年5月に3日間開催されるF1世界選手権レース。市街地3.34kmのコースを78周し、コース幅が非常に狭いため、無理な追い抜きで接触する場面も！

F1コースを真近に見られるホテル MAP P107B1

有名なヘアピンカーブに面した、フェアモント・モンテカルロFairmont Monte Carloはアメリカンスタイルの豪華ホテル。屋上から、レースを観戦できる。「NOBU」など3レストランを擁する。

交 i から徒歩5分　住 12, Av. des Spélugues　☎93 50 65 00　料 フェアモント・ルーム€329～（目安）　602室　URL www.fairmont.jp/monte-carlo/ E

南仏ヴァカンスinプロヴァンス

ゴッホに愛されたローマ遺跡の残る街

アルル

Arles

MAP 付録P2B4

近隣でとれるカマルグの塩は定番みやげ

ゴッホがモチーフのサントン人形

紀元前1世紀に建てられた古代劇場

ロマネスク彫刻が見られるサン・トロフィーム教会の回廊

イベントなどに使用される円形闘技場

紀元前47年にローマ都市が置かれて以来、400年に渡って繁栄した街。中世にはプロヴァンス王国の首都として栄え、優美なロマネスク様式の建築物が建てられた。城壁に囲まれた旧市街には数々のローマ遺跡やロマネスク建築が残り、世界遺産に登録されている。また、1888年から2年ほどゴッホが住んだ街でもあり、数多くの傑作を残している。これらの作品ゆかりの場所も数多い。入り組んだ石畳の路地を散策すると楽しみが尽きない。

アクセス

パリのリヨンLYON駅からTGVマルセイユMARSEILLE方面行きで約4時間。アルルARLES駅下車。1日2本の直通以外はマルセイユまたはニームで乗り換え。

観光案内所 交ARLES駅から徒歩20分 住9, Bd. des Lices ☎04 90 18 41 20 時9時～12時45分、14時～16時45分(季節、曜日により異なる) 休なし MAP P111A2

歩き方アドバイス

みどころが集まる旧市街は徒歩で充分。郊外のみどころはバスを利用しよう。観光には複数の施設に入場できるパスポートがお得。10カ所に入れるものが€19、6カ所に入れるものが€15。施設の窓口や観光案内所で入手できる。

幸運をもたらすというセミの置物

かわいらしい動物のサントン人形もある

はずせない！

必訪世界遺産

円形闘技場

Amphithéâtre d'Arles MAP P111A2

フランス最大級の古代闘技場

長径136m、短径107mの楕円形の闘技場で収容人数2万人を誇る。1世紀ごろに造られたもので19世紀に再建された。入口近くにある高さ21mの塔からは市街を一望できる。

交iから徒歩6分 住1, Rond Point Des Arè ☎04 90 18 41 20 時9～18時(季節により異なる) 休なし 料€9(古代劇場と共通)

世界遺産

古代劇場

Théâtre Antique d'Arles MAP P111A2

紀元前の壮麗な大劇場

紀元前1世紀ごろ、アウグストゥス帝統治下に建てられた劇場。当時は1万人を収容する大劇場だった。17世紀に再発見され、舞台や観客席など修復が進んでいる。

交iから徒歩4分 住Rue de la Calade ☎04 90 18 41 20 時9～18時(季節により異なる) 休なし 料€9(円形闘技場と共通)

世界遺産

サン・トロフィーム教会

Cloître St. Trophime MAP P111A2

ロマネスク美術の傑作

創建は7世紀ごろ。12世紀に現在見られるロマネスク様式に改修された。正面扉の彫刻『最後の審判』は必見。ロマネスク彫刻が観られる回廊は入口右手の奥にある。

交iから徒歩3分 住Pl. de la République ☎なし 料9～12時(日曜は9～13時)、14～18時※季節により異なる 休なし 料回廊は€6

世界遺産

↑自画像。企画展では各地に散らばった作品がよび戻される　→15世紀に建造の個人邸宅を利用

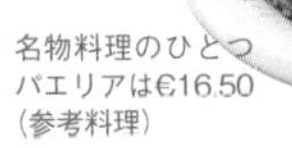

アルルを愛した

ゴッホゆかりの地

ゴッホのプロフィールは→P93

中庭への入口は建物の東側

ゴッホ財団美術館

Fondation Vincent van Gogh Arles MAP P111A1

ゴッホにまつわる企画展を開催

ゴッホは1888年から２年ほどアルルに滞在し、精力的に200点もの油彩を残した。企画展では、ゴッホの作品とさまざまなテーマで選ばれた現代の作品を並べて展示している。激動の人生を過ごしたゴッホの価値を再確認させてくれる。

交ⓘから徒歩6分 住35, ter Rue du Docteur Fanton ☎04 88 65 82 93 時10～18時 休月曜 料€10 Ⓔ

エスパス・ヴァン・ゴッホ

Espace Van Gogh MAP P111A2

ゴッホが描いた中庭が残る

ゴーギャンとの共同生活で耳を切り落したゴッホが療養した病院跡で、現在はショップや図書館が入る複合施設。『アルルの療養所の庭』で描かれた中庭が絵のとおりに再現されている。

交ⓘから徒歩4分 住Pl. du Docteur Félix Rey

噴水や花壇も絵のままの姿

カフェ・ドゥ・ラ・ニュイ

Le Café de la Nuit MAP P111A2

『夜のカフェテラス』の舞台

ゴッホが通い『夜のカフェテラス』などを描いたカフェ。絵のままに復元され同名で営業している。絵が描かれた場所にプレートがあるので構図を確認してみよう。

交ⓘから徒歩4分 住11, Pl. du Forum ☎04 90 96 44 56

名物料理のひとつパエリアは€16.50（参考料理）

2024年1月現在改装工事のためクローズ

グルメ&ショップ

ラ・グール・デュ・ルー

La Gueule du Loup MAP P111A2

魚介充実のプロヴァンス料理

3皿コース€50～の人気レストラン。

交ⓘから徒歩5分 住39, Rue des Arènes ☎04 90 96 96 69 時12時15分～13時45分、19時15分～21時（季節により異なる） 休水・木曜、1月

ひと足のばして

ヴァン・ゴッホ橋 Pont Van Gogh MAP P111A2

『アルルの跳ね橋』のモチーフ

この街でゴッホが描いた作品の舞台となった場所には絵のプレートが置かれ、実際の風景と見比べることができるようになっている。そのひとつが『アルルの跳ね橋』のモデルとなったファン・ゴッホ橋。実際のものとは違う場所に1960年代に復元されたもので、旧市街から南へ3kmほどの郊外にある。

交ⓘから車で5分 住18, Rue Gaspard Monge

バスは本数が少ないのでタクシーで往復するのが安心

info カマルグの塩はレピュブリック広場から北へ徒歩3分のラ・カーヴ・デ・サヴール(La Cave des Saveurs)などで購入できる。交ⓘから徒歩6分 住25, Rue des Suisses ☎04 90 47 11 81 時9時30分～12時30分、15時～19時30分 休日曜

南仏ヴァカンスinプロヴァンス

プロヴァンス・プリント

旧市街で見つけたセザンヌのプレート

噴水の湧き出る美しい街

エクス・アン・プロヴァンス

Aix-en-Provence

MAP 付録P2C4

点在する噴水はさまざまに利用されている

市庁舎広場ではイベントも開催される

お菓子カリソンはこの街の名物　市庁舎広場にはカフェテラスが並ぶ

紀元前2世紀ごろに造られた古代ローマの街が起源。水を意味する「エクス」の名が示すように温泉の街として知られ、現在でも街のあちこちに噴水が設けられている。別名「千の泉の街」ともいわれ、散策しているといくつもの噴水を見つけることができる。画家セザンヌが生まれた場所としても知られ、家や学校、カフェなどのゆかりの地をめぐるのもこの街の楽しみのひとつ。のんびりとした空気が流れる、居心地のいい街だ。

アクセス

パリのリヨンLYON駅からTGVマルセイユMARSEILLE行きで約3時間10分。エクス・アン・プロヴァンスAIX EN PROVENCE駅下車。TGV駅は郊外にあり中心部まではバスで15分。アヴィニヨンから直通バスも運行。

観光案内所 交AIX-EN-PROVENCE駅から徒歩8分 住300, Av.Giuseppe Verdi ☎04 42 16 11 61 時8時30分～19時（日曜・祝日は10～13時、14～18時。季節により異なる） 休なし MAP P113A2

歩き方アドバイス

街はコンパクトにまとまっている。入り組んだ道が多い旧市街は徒歩で散策できる。郊外のみどころへはバスやタクシーを利用しよう。

市内交通

街のみどころを効率よく回るならプチトラン€10が便利。市内中心部コース所要40～50分。2月中旬～10月運行。観光案内所前から出発する。詳細はiで確認しよう。

はずせない！

必訪スポット

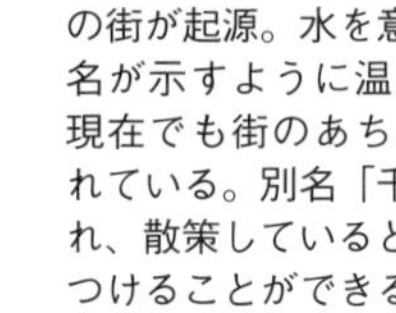

通りの南側には17世紀の貴族の館が並ぶ

ミラボー大通り

Le Cours Mirabeau MAP P113A2

プラタナス並木の目抜き通り

旧市街南側の壁を壊して17世紀に造成された。通りの北側にはカフェやレストラン、ホテルなどが立ち並び、一日中賑わっている。世界一美しい通りとよばれることも。

交iから徒歩1分
住Cours Mirabeau

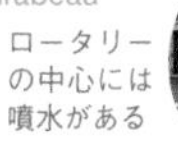

ロータリーの中心には噴水がある

タピスリー美術館

Musée des Tapisseries MAP P113A1

色彩豊かなタピスリー

17～18世紀のタピスリーを展示。独特な風合で精緻に織られた芸術品に驚かされる。

交iから徒歩12分 住28, Pl. des Martyrs de la Résistance ☎04 42 88 71 74 15 時10時～12時30分、13時30分～18時（冬期は～17時30分） 休火曜 料€4

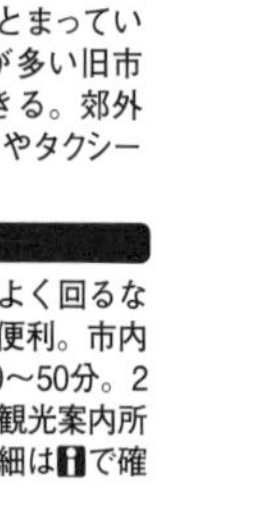

正面入口はゴシック様式。16世紀に造られたもの

サン・ソヴール大聖堂

Cathédrale St. Sauveur MAP P113A1

ロマネスクの回廊は必見

5世紀から16世紀ごろまでの建築様式が混在。内部にあるロマネスク様式の回廊は無料ツアー（€2ぐらいの寄付を）でのみ見学可能。

交iから徒歩12分 住34, Pl. des Martyrs de la Résistance ☎04 42 23 45 65 時8～19時（季節により異なる。ガイドツアーは9時30分、10時30分～11時30分の30分毎、14時30分～16時30分の30分毎、所要20分） 休なし

画家を育んだ

セザンヌゆかりの地

セザンヌのプロフィールは→P92

セザンヌのアトリエ L'Atelier de Cézanne MAP P113A1

巨匠が過ごしたアトリエ

1906年に亡くなるまでの晩年を過ごしたアトリエ。イーゼルや静物などが当時のままに残され、画家が制作に励んだ様子を垣間見ることができる。別棟では彼の生涯を紹介するビデオが上映される。

交 i から徒歩30分　住 9, Av. Paul Cézanne　☎04 42 21 06 53　※2024年5月5日～2025年春まで改装工事のため休館

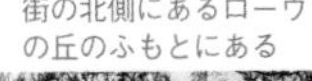

街の北側にあるローヴの丘のふもとにある

道路に埋め込まれたプレート

ド・ゴール広場にあるセザンヌ像

グラネ美術館 Musée Granet MAP P113A2

充実の個人コレクション

プロヴァンスを愛した画家グラネの名を冠した美術館。セザンヌの作品は特別な展示室に飾られている。ほか、グラネはもちろんアングルやジャコメッティなども展示され、彫刻のギャラリーもある。

交 i から徒歩10分　住 Pl. Saint-Jean de Malte　☎04 42 52 88 32　時 10～19時（10～5月は12～18時）　休 月曜　料 €6.50　E

美術館の名前になっている、フランソワ＝マリウス・グラネはプロヴァンス出身の画家

セザンヌの生家 Maison Natale de Cézanne MAP P113A2

巨匠が生まれた家

1839年1月19日、セザンヌはこの家で生まれた。銀行家の父をもち、裕福な幼少期を過ごしていた。一般の建物なので内部見学はできない。

交 i から徒歩10分　住 28, Rue de l'Opéra

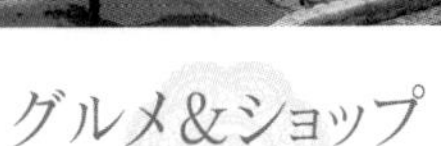

グルメ&ショップ

ベシャール Maison Béchard MAP P113A2

名物カリソンの名店

マジパンのお菓子カリソンで有名な店。2種類のカリソンはさまざまなパッケージがありおみやげにも最適。チョコレートやケーキ類も豊富。

交 i から徒歩3分　住 12, Cours Mirabeau　☎04 42 26 06 78　時 8～19時（土曜は～20時）　休 日・月曜　E

プレーン100g €5.50、チョコレートがけ100g €7.50

こちらもCheck!

サント・ヴィクトワール山 Montagne Sainte-Victoire MAP P113A2

セザンヌが愛した山

エクスの東側にそびえる山。セザンヌは生涯に渡り何枚もこの山の絵を描いている。セザンヌのアトリエの前の道を登り切ったローヴの丘からも眺望抜群。

ローヴの丘から見た山

中世キリスト教世界の首都

アヴィニヨン

Avignon

MAP 付録P2B4

時計台のからくり人形

色鮮やかなプロヴァンス・プリントは街の名物

法王庁宮殿のテラスは旧市街を見渡すビュースポット

→ソレイアードのシルクのスカーフ€149（参考商品）

ローヌ河の対岸から見たサン・ベネゼ橋と法王庁宮殿

宮殿は夜になると鮮やかにライトアップされる

ローヌ河のほとりにあり、ローマ都市のひとつとして発展。12世紀には自由都市として栄えたが13世紀の十字軍遠征の際の包囲戦で敗れたことで街は破壊された。14世紀初頭、イタリアとフランスの確執などによって法王庁はこの街に宮廷を移し、以降1世紀ほどの間キリスト教世界の中心として繁栄を享受した。二度に渡って造営された宮殿はその後荒廃するが20世紀初頭に修復。ローヌ河にかかるサン・ベネゼ橋とともに世界遺産に登録されている。

アクセス

パリのリヨンLYON駅からTGVマルセイユMARSEILLE方面行きで約2時間40分。アヴィニヨンAVIGNON駅下車。ニースからは約3時間30分。駅は旧市街の南側にあり街歩きの拠点となる時計台広場までは徒歩10分ほど。

観光案内所 ㊋AVIGNON駅から徒歩4分 ㊟41, Cour Jean Jaurès ☎04 32 74 32 74 ㊐9～18時（曜日、季節により異なる） ㊡冬期の日曜 MAP P114A2

歩き方アドバイス

おもなみどころは城壁に囲まれた旧市街の中。観光の目玉である法王庁宮殿見学後はサン・ベネゼ橋へ。観光地図は観光案内所などで入手できる。

市内交通

街歩きの起点は時計台広場。市内は徒歩で充分に散策できる。宮殿前のパレ広場からはみどころを周回するミニ観光列車プチトラン（㊐10～18時、30～60分間隔、所要時間45分 ㊮€10 ㊡冬期）が発着。街の概略を掴むのにも重宝する。

街歩きの起点となる時計台広場のメリーゴーラウンド

必訪スポット

入場料には日本語オーディオガイドも含まれる

新宮殿の大聴聞室にある彫刻

法王庁宮殿

Palais des Papes MAP P114A1

2度に渡って造営された中世キリスト教の中心地 世界遺産

14世紀初頭から15世紀初頭にかけて歴代法王が住んだ壮大な宮殿。世界最大級のゴシック建築で、1335年からボニファティウス12世が造営した旧宮殿と1342年からクレメンス6世が拡張した新宮殿の2つの部分に大別される。礼拝堂や大広間など25カ所のみどころが公開されており、1413年の大火災やフランス革命の騒乱時の破壊を免れたフレスコ画などを見学できる。簡素な旧宮殿と豪華な新宮殿といったそれぞれの特徴も見比べてみよう。

交時計台広場から徒歩3分 住Pl. du Palais ☎04 32 74 32 74 時10～19時(冬期は～17時※季節により異なる) 休なし 料€12(サン・ベネゼ橋との共通券€14.50) E

広場に面した新宮殿。この背後に旧宮殿がある

●旧宮殿のみどころ

教皇戴冠の祝宴などに利用された祝宴大広間

書斎の床で発見された14世紀のタイル

●新宮殿のみどころ

眺望抜群の屋上テラス

大聴聞室天井に残るフレスコ画

サン・ベネゼ橋(アヴィニヨンの橋)

Pont St. Bénezet MAP P114A1

歌でおなじみの半壊の橋 世界遺産

12世紀に建造されたローヌ河にかかる橋。神のお告げを受けた聖ベネゼが、巨大な石を投げ込むという奇跡の伝説が残っている。1226年に十字軍に破壊されたのち再建されるが、度重なるローヌの氾濫により崩壊し現在のような姿になった。

交時計台広場から徒歩7分 住Rue Ferruce ☎04 90 27 51 16 時10～19時(季節により異なる) 休なし 料€5(法王庁宮殿との共通券€14.50) E

13世紀に再建された橋は900mほどの長さがあったが、現在は4分の1が残るのみ

17世紀に聖ベネゼの遺骸が発見されたサン・ニコラ礼拝堂は橋の中央に

時計台広場

Place de L'Horloge MAP P114A1

レストランが集まる街の中心

街のランドマーク時計台がある市庁舎前の広場。周囲にはホテルやレストランが立ち並び、各レストランのテラス席は終日多くの観光客で賑わっている。法王庁宮殿のすぐ南側にあり、街歩きの起点となる場所。

交AVIGNON駅から徒歩10分 住Pl. de L'Horloge

時計台の上にはからくり時計が

こちらもCheck!

中央市場 Les Halles MAP P114A2

地元の生鮮食材などが集まる屋内市場。食事ができるスタンドもあり週末は特に賑わう。

交時計台広場から徒歩6分 住Pl. Pie ☎07 63 21 27 54 時6～14時 休月曜

フルーツのコンフィなど地元食材が豊富

ラ・トゥレイユ La Treille MAP P114A1

ローヌの中州に立つ一軒家レストラン

シェフのジャン・ミシェル・レクルールの手による料理は地中海料理やプロヴァンス料理をベースにした創作フレンチ。地元の素材をふんだんに用いた季節感たっぷりの料理を楽しめる。

18世紀末の邸宅を改装

交時計台広場から徒歩20分 住26, Chemin de l'île Piot ☎04 90 16 46 20 時12時～13時30分、19時30分～21時30分 休火曜、冬期の月～水曜 E

フォワグラを使った前菜の一例。メニューは昼・夜4皿€50～

ソレイアード Souleiado MAP P114A1

カラフルで上質なプロヴァンス・プリント

各地に支店をもつプロヴァンス・プリントの有名店。鮮やかな色彩が特徴で、シャツやネクタイなどのメンズ、ブラウスやスカーフなどのレディースアイテムが揃っている。みやげ用にはハンカチやポーチなども。

交時計台広場から徒歩3分 住19, Rue Joseph Vernet ☎04 90 86 32 05 時10～19時(日曜は～18時) 休なし E

化粧ポーチ€19.50(参考商品)

アーチ最上部の導水路

南仏ヴァカンスinプロヴァンス

世界遺産の巨大な水道橋

ポン・デュ・ガール

Pont du Gard

MAP 付録P2B4 世界遺産

橋に刻まれたうさぎのような模様は魔除けのシンボル

上層
アーチの最上部が導水路。モルタルで防水処理が施されており、石板のフタで覆われていた。グループツアーは事前予約で内部を歩けるほか、一般開放されることもある

中層
高さ19.5m、幅4.5m。11のアーチからなる。石のでっぱりは建設時に足場を渡した跡。

ガルドン川
ローヌ河の支流で全長127km。周辺ではカヌーやカヤックで遊ぶ人の姿も多く見られる。

下層
6つのアーチからなる。18世紀に下流側の橋が増築され、その上部が通路になっている。

ヌガーはこのあたりの名産品

ローマ時代、ユゼスの水源からニームへと飲料水を運んだ導水路の一部。全長50kmあまりの中でほぼ完璧な姿で残るのはこの橋のみ。紀元50年ごろに建造され、5世紀に渡って飲料水を送っていたが、水路に石灰が溜まったことなどから使われなくなった。18世紀半ばに最下部のアーチが増築され、橋を渡る道路だったが、現在は歩行者専用となっている。古代ローマの高い技術力を伝える遺跡として世界遺産に登録されている。

住400, Route du Pont du Gard ☎04 66 37 50 99 時9～20時※季節により異なる 休なし 料€6.50 E

アクセス

アヴィニヨンから115番バスで55分、VERS-PONT-DU-GARD下車。車の場合、右岸Rive Droiteと左岸Rive Gaucheそれぞれに駐車場がある。

ポン・デュ・ガールDATA

【全長】約275m（オリジナルは約360m）
【高さ】約49m 【石の総重量】5万t以上
【工事従事者数】約1000人
【1日あたりの水量】約3万5000㎥

Check!

橋のあちこちに文字が刻まれているがこれらは建設に携わった人たちが刻んだもの。1世紀のものと18世紀以降のものがある。

1830年に刻まれた文字

石に刻まれたローマ数字。紀元1世紀の建設の際のもの

こちらもCheck!

レ・ゼスパス・キュルチュレル Les Espaces Culturels
博物館は要チェック！

左岸にある複合施設。案内所やカフェ、ショップなどが集まる。博物館ではポン・デュ・ガール建設の様子や周辺のローマ遺跡などを分かりやすく紹介。

住400 Rte du Pont du Gard 交バス停VERS-PONT-DU-GARDから徒歩7分 時9～19時（季節により異なる） 休なし 料ポン・デュ・ガール入場料に含まれる

レ・テラス Les Terrasses
橋を見ながらテラスで食事を

右岸にあるカフェ・レストラン。テラス席では橋をほぼ正面から眺められる。メニューはプロヴァンス料理が中心。

住Av.du Pont du Gard 交バス停VERS-PONT-DU-GARDから徒歩15分 ☎04 66 63 91 37 時12時～14時30分、ティータイム15～18時（6～9月は19時30分～22時も） 休10～5月の夜 E E

魚を使ったメイン料理の一例

ブティック・デュ・ポン・デュ・ガール La Boutique du Pont du Gard
地元の名産品が揃う

施設内には数軒のショップがあり、地域の名産品などを販売している。

住400 Rte du Pont du Gard 交バス停VERS-PONT-DU-GARDから徒歩7分 ☎なし 時9～19時（季節により異なる） 休なし E

地元産のハチミツ€8（参考商品）

Lala Citta France

Area4

かわいいフランスの町

Ville Mignonne de France

美しい小さな村や、美食の町など
人生で一度は訪れたい、
魅力的な地方の町へ。

花の季節に訪れるのも楽しい

フランスの最も美しい村協会認定

フランスの最も美しい村協会の看板

フランスの美しい村々

Les Plus Beaux Villages de France

MAP P119

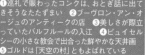

❶巡礼で賑わったコンクは、おとぎ話に出てきそうなたたずまい　❷ブーヴロン・アン・オージュのアンティークの店　❸美しさが際立っていたバルフルールの入江　❹ピュイセルシーの小さな教会で出合った鮮やかな天井画　❺ゴルドは「天空の村」ともよばれている

フランスの最も美しい村とは？

良質な遺産をもつ小さな村の観光促進を目的とする「フランスの最も美しい村協会」が選考・認定する村のこと。協会の設立は1982年で2024年現在176の村（または地域）が認定されている。選考の基準となるのは、人口2000人以下であること、質の高い保護財産があり、村らしい居住空間が保たれていることなど。

吉村和敏

1967年松本市生まれ。絵画的な構図の作品は人気が高く、風景写真家として注目されている。「Du CANADA」日経ナショナルジオグラフィック社）などの作品集がある。

『増補版「フランスの最も美しい村」全踏破の旅』

風景写真家、吉村和敏が4年半の歳月をかけて撮りきった、美しい村のもっとも美しい瞬間。協会公認の美しい村全ガイド。講談社刊／本体2800円（税別）

写真家吉村さんに聞きました！

フランスの美しい村の魅力

素朴な家並みや崖の上の古城など、童話から飛び出してきたような「美しさ」が魅力。地元の人に接するたびに、都会にはない心地よさを感じる。

美しい村の回り方アドバイス

ツアーもあるが効率よく回るならレンタカーは必須。できれば村で食事や宿泊を楽しめるだけのスケジュールで臨みたい。季節は新緑のころから初秋ぐらいまでがベスト。冬期はほとんどの施設が閉鎖する村もあるので事前にチェックを。ドライブの場合はカーナビがあると便利。

吉村さんが好きな村ベスト10

1位 コンク（ミディ・ピレネー）
中世からの巡礼の村。縦横無尽に延びる石畳の路地は迷路のよう。（→P120）

2位 サン・シル・ラポピー（ミディ・ピレネー）
ロット川を眼下に望み、茶色い屋根の屋敷群が独特の雰囲気。（→P119）

3位 ブーヴロン・アン・オージュ（バス・ノルマンディ）
リンゴ畑に囲まれ、ノルマンディ独特の木組みの家並みが並ぶ。MAP P71

4位 ゴルド（プロヴァンス）
多くの芸術家を魅了した「バベルの塔」を思わせる圧倒的な風景。（→P121）

5位 ピュイセルシー（ミディ・ピレネー）
800mに及ぶ城壁に囲まれ、14～15世紀の木組みの家などが残る。MAP P119A1

6位 シャトー・シャロン（フランシュ・コンテ）
コンテ・チーズと黄色ワインの産地。石の塔からはブドウ畑を一望。MAP 付録P2C3

7位 モントレゾール（ロワール）
2つの城にはラファエロなど巨匠の絵画が。川越しに見る城が絶景。MAP 付録P2B2

8位 ウナヴィール（アルザス）
アルザス特有の木組みの家並みが美しい。静かで田舎の雰囲気満点。MAP 付録P3C2

9位 バルフルール（バス・ノルマンディ）
中世から栄える港町。入江が美しく、港では新鮮な魚の幸が手に入る。MAP P70

10位 オートワール（ミディ・ピレネー）
黄土色の屋根の家が並ぶ素朴な村。石の壁は手作りの温もり。MAP P119A1

info 「フランスの美しい村」現地発着ツアー「巡礼路コンクと選べる観光地 世界遺産アルビまたは天空の村 コルド・シュル・シエル」トゥールーズ発　日帰り　3人まで€650　（問合先）ベルトラVeltra URL www.veltra.com/jp/（2024年1月現在）

坂道の路地を散策しよう

一度は行きたい！

南仏の美しい村5

ゴシック様式の教会は村のランドマーク

その1 フランス人が好きな村第1位

サン・シル・ラポピー

Saint- Cirq Lapopie　MAP P119A1

ロット川からそそり立つ絶壁の上に造られた中世からの集落。石畳の細い坂道が連なる人口208人の小さな村。村の中心、観光案内所のあるソンブラル広場周辺には13〜14世紀ごろの木組みの家々が立ち並ぶ。古くから軍事の要衝として栄え、丘の頂上付近に残る13〜14世紀の城塞跡からは、街並みやロット渓谷の絶景を望むことができる。のんびり歩いて、素朴で重厚な空気感を満喫したい。

アクセス

カオールCAHORS駅からTOUR-DE-FAURE行きのバスで40分、ROUR-DE-FAURE-LE-PORT下車、徒歩30分。1日3〜6本運行。有料駐車場は村の周囲に5カ所ある。

❶城塞跡から茶色い屋根の家並みを眺める。おとぎ話に出てきそうな、中世そのままの素朴な風景　❷村の歴史を伝える石造りの家　❸ソンブラル広場に面した木組みの家。1階はショップやカフェとして利用されている

おすすめSPOT

メゾン・ドゥ・ラ・フールドンヌ

Maison de la Fourdonne

小さな野外劇場をもつ石造りの建物。劇場は文化イベントなどに利用されている。塔には16〜17世紀のらせん階段が残っている。

交ソンブラル広場から徒歩2分　住Saint-Cirq-Lapopie　☎なし

小さな劇場は残念ながら内部見学不可

ル・カントゥ

Le Cantou

伝統的フレンチをアレンジしたオリジナル料理を提供。料理は昼3皿で€19.80。路地を見下ろすテラス席がおすすめ。

交ソンブラル広場から徒歩4分　住Rue de la Pelissaria　☎05 65 35 59 03　時12〜14時、19〜21時　休11〜3月

鴨のコンフィ、タリアテッレ添え

info 「フランスの美しい村」現地発着ツアー「コンク泊　フランスの美しい村めぐり」トゥールーズ発　1泊2日　€500
(問合先)ラミティエ・ボワイヤージュ L'Amitie Voyagé　URL www.l-amitie-voyage.com(2024年1月現在。詳細は問合せを)

その2 巡礼で栄えた世界遺産の村 コンク

Conques MAP P119A1

聖フォワの聖遺物

スペインのサンティアゴ・デ・コンポステーラへの巡礼路にある巡礼の村。9世紀後半に聖フォワの聖遺物がこの村に移されたのを機に、多くの巡礼者が訪れるようになった。村はサント・フォワ教会を中心に広がり、急な坂道の路地沿いに石造りの家々が並んでいる。聖遺物のある教会宝物庫や教会の正面扉上部に刻まれた最後の審判は必見。村から坂道を15分ほど下ったところには、15～16世紀ごろの石橋も残っている。

アクセス

ロデズRODEZ駅から223番バスで約1時間。平日のみの運行で1日1～2本（一般乗車可能な通学バスなので週末と7・8月は運行なし）。駐車場は村の入口に1カ所。

おすすめSPOT

多くの巡礼者が訪れた教会

サント・フォア教会
L'Abbatiale Sainte-Foy de Conques

11～12世紀に建てられたロマネスクの教会。入口上部の彫刻や、1994年に造られたピエール・スラージュによるステンドグラスは必見。
交観光案内所から徒歩5分 住Prieuré Sainte-Foy de Conques ☎なし 時8～20時（季節により異なる） 休なし 料無料（宝物館は€6.50）

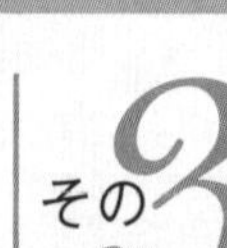
メインのスズキのフィレのグリル
2階のダイニングルーム

オーベルジュ・サン・ジャック
Auberge Saint Jacques

サント・フォワ教会の正面にあるホテルのダイニング。季節の食材を使ったモダンなフレンチを提供。1階にはテラス付きのブラッセリーがある。
交観光案内所から徒歩2分 住8, Rue Gonzague Florens ☎05 65 72 86 36 時12～14時、19時30分～21時 休火・水曜、1月 E E

村の上を走る道路脇から村を一望
蔦の絡まる素朴な家が並ぶ静かな村

その3 文豪カミュが眠る山間の村 ルールマラン

Lourmarin MAP P119B1

リュベロン山塊のふもとにある小さな村。15世紀に建造された城塞の脇に発展し、小高い丘に張り付くように広がっている。観光案内所は村はずれにあり、村の中心はオルモー広場。周囲にはショップやレストランが集まっている。1920年に修復されたルールマラン城や丘の頂上に立つ鐘楼などがみどころ。墓地には文豪アルバート・カミュとアンリ・ボスコが眠る。

アクセス

エクス・アン・プロヴァンスAIX-EN-PROVENCE駅からアプトAPT行きの909番バスで1時間20分。LOURMARIN CENTRE下車。1日3本（日曜は1本）。

おすすめSPOT

ラ・レクレアシオン
La Récréation

1979年創業。地元でとれた旬の食材を使用する、プロヴァンス料理が自慢のレストラン。3品で€30～。ベジタリアンメニューもあり。
雰囲気のいい店内。テラス席もある
交観光案内所から徒歩すぐ 住15, Av. Philippe de Girard ☎04 90 68 23 73 時12～14時、19時～21時30分 休火・水曜、1月

ドゥ・ラ・キュイジーヌ・オ・ヴァン
De la Cuisine au 20

地元を中心にプロヴァンスの食材が揃う。ハーブやアルコール類から、農家の手づくり品まで品揃えは豊富。みやげ探しにもぴったりの店。

タイムのコンフィチュール€6.50（参考商品）

交オルモー広場から徒歩1分 住20, Rue du Temple ☎09 53 96 96 61 時10時30分～19時（冬期は11～18時） 休なし（冬期は月・火曜）

その4 多くの芸術家を魅了した天空の村 ゴルド

Gordes MAP P119B1

ヴォークリューズ山地の丘一帯に広がる村。古代ローマ時代から集落があり、11世紀に丘の頂上に城が建てられて以降はしばしば領土争いの舞台となった。20世紀にはシャガールなどの芸術家に愛されたことでも知られる。村の中心は城の脇にあるシャトー広場。細い路地を歩く散策コースが設定されているので、城の中にある観光案内所で地図をもらっておこう。風情ある路地の家並みや、不意に現れるリュベロンの絶景など楽しみは尽きない。

アクセス

カヴァイヨンCAVAILLON駅から917番バスで30分、GORDES/PLACE DU CHATEAU下車。1日4本運行(10月～4月中旬は1日1本)。

丘に張り付くようなゴルドの絶景。足元には緑豊かなリュベロンの台地が広がる

ひと足のばして

セナンク修道院
Abbaye Notre-Dame de Sénanque

ラベンダーの名所

Photo:Francis Manguy

ゴルドからつづら折れの坂道を下ったところに立つシトー派の修道院。1148年に創設されたもので、内部はガイドツアーで見学できる。

交シャトー広場から車で10分 住Gordes ☎04 90 72 18 24 時9時45分～11時、13～16時(日曜は13時45分～16時)、ガイドツアーは10時30分～で1日2～3回出発。所要1時間) 休なし 料ツアーは€8 E

ダヴィッド
Restaurant David

赤土の台地が見える

隣村ルシヨンの入口、絶壁の上に立つホテルのメインダイニング。前菜€16～、メイン€32～のプロヴァンス料理を堪能できる。

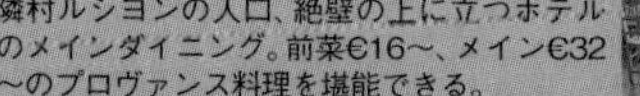

交ゴルドからバスで15分 住38, Pl. de la Poste, Roussillon ☎04 90 05 60 13 時12～14時、19～21時 休月・火曜、冬期 E E

チャペルへの坂道から見た教会

その5 断崖のふもと陶器の里 ムスティエ・サント・マリー

Moustiers-Sainte-Marie MAP P119B1

断崖の間に掲げられた金色の星

ヴェルドン渓谷の岩山のふもと、中世の城壁に囲まれた村。17世紀に陶器の製法が伝わって以来ムスティエ焼の里として知られ、いくつかの工房が営まれている。村の中心は観光案内所のある教会広場で、その下をアドゥー川が流れる。村から続く坂道を登り切ったところに立つチャペルは村を見下ろす絶好のビュースポット。

民家のドアにセミのオブジェが

アクセス

モノスクMONOSQUE駅からRIEZ行きのバスで1時間、終点でMOUSTIERS-STE-MARIE行きに乗り換え25分。終点下車。7・8月は月～土曜1日1本(9～6月は月・火・木・金曜に1日1本)。村はずれに数カ所駐車場がある。

おすすめSPOT

チャペルはノートルダム・ド・ボォワール礼拝堂。12～16世紀にかけて建てられた

ファイアンス・ボンディル
Faïence BONDIL

昔ながらの製法で完全ハンドメイドのムスティエ焼を製造・販売。熟練スタッフによる陶器はていねいな仕上がり。

伝統的な絵柄の皿(参考商品)

交教会広場から徒歩すぐ 住Pl. de L'Église ☎06 37 59 90 81 時10～19時(7・8月は～20時30分、11～3月は10～13時、14～19時) 休1月 E

一度は行きたい人気の町

カトリック最大の巡礼の地
ルルド
Lourdes

MAP 付録P2A4

聖域オフィシャルのロザリオのペンダント €7

聖域にあるノートルダム・デュ・ロゼール聖堂。上部は無原罪のお宿り聖堂

キリスト教グッズが多い

城塞からは聖域を一望。エレベーターでアクセスできる。（データは欄外INFO参照）

ノートルダム・デュ・ロゼール聖堂のモザイク画

聖域内にあるベルナデットの像

スペイン国境近く、ピレネー山脈のふもとにある街。1858年に14歳の少女ベルナデットの前に聖母マリアが出現したことからカトリック最大の聖地になった。人口1万3247人ほどの街に年間500万人もの人々が訪れる。街の中心を湾曲したポー川が流れ、川に抱かれるように教会などが集まる聖域がある。川の東側一帯は住宅地やショップなどが集まるダウンタウン。グロット通りにはカフェやみやげ店が立ち並ぶ。

アクセス
パリのモンパルナスMONTPARNASSE駅からTGVタルブTARBES方面行きで約5時間。ルルドLOURDES駅下車。カルカッソンヌからはトゥールーズTOULOUSE MATABIAU駅乗り換えなどで約4時間30分。飛行機はパリ・オルリー空港からルルド・タルブTARBES-LOURDES-PYRÉNÉES空港まで1時間30分。

市内交通
徒歩でも充分に回れるがバスも便利。ルルド駅から聖域までは4・5番バスが15〜30分間隔で運行。

歩き方アドバイス
みどころは聖域内と聖域東側に点在。聖域内の教会などは入場自由だが、神聖な場所であることを忘れずに。ミサの時間帯を避けるなどの配慮が必要。聖域内には独自の案内所も設けられている。

観光案内所 一般的な観光案内所はダウンタウンにある。
交LOURDES駅から徒歩10分 住Pl. du Champ Commum ☎05 62 42 77 40 時9時〜12時30分、14時〜17時30分（曜日、季節により異なる） 休日曜 MAP P122B1外

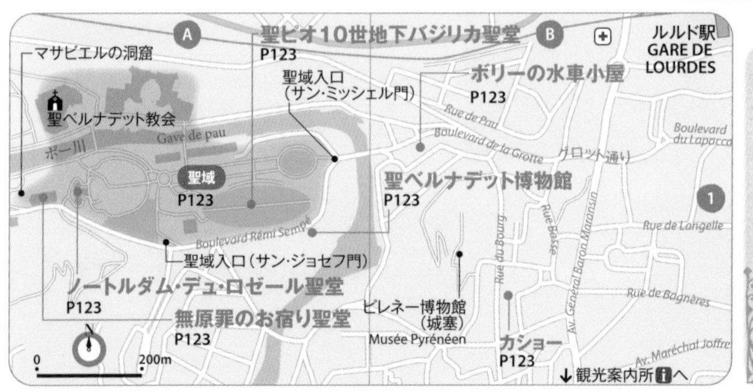

Column
ロウソク行列
La Procession Aux Flambeaux

夜の聖なるイベントとして人気なのがロウソク行列。ロウソクを手にした人々が延々と歌い歩く姿は圧巻。復活祭から10月末までの21時〜。マサビエルの洞窟からスタート。詳細はiなどで確認を。

©Vincent

info ピレネー博物館（城塞） 交LOURDES駅から徒歩12分 住25 Rue du Fort ☎05 62 42 37 37 時10〜13時、14〜19時（季節により異なる） 休10月中旬〜4月中旬の日曜 料€7.50 MAP P122B1

聖水を持ち帰る人も多い

ハイライト♪

聖域内の必見スポット

無原罪のお宿り聖堂のステンドグラス

ノートルダムの聖域

Sanctuaire Notre Dame de Lourdes
MAP P122A1

カトリック最大の聖域

教会や聖堂が集まるエリア。ポー川に囲まれるような形をしており、2カ所に入口がある。ミサなどの行事のスケジュールは聖域内の案内所で確認できる。案内所脇のショップではキリスト教グッズなどを販売している。

交LOURDES駅から徒歩15分 住Sanctuaire Notre Dame de Lourdes 時5時30分～24時 休なし 料無料

聖堂全景。手前のドームはノートルダム・デュ・ロゼール聖堂のもの

ノートルダム・デュ・ロゼール聖堂

Basilique Notre Dame du Rosaire MAP P122A1

精緻なモザイクは必見

1899年に完成した聖域内3番目の聖堂。ビザンチンスタイルに影響を受けた建築で、1500人ほどを収容できる。外壁や内部にはいくつものモザイク画が施されており、2006年から2007年にかけて修復作業が行われた。

交サン・ジョセフ門から徒歩3分

礼拝堂奥のモザイク。キリスト誕生のシーンなどが描かれている

正面入口左手に描かれたモザイク画

無原罪のお宿り聖堂

Basilique de l'Immaculée Conception MAP P122A1

洞窟の上に立つゴシックの聖堂

1872年に完成。マサビエルの洞窟のある岩山の上に立ち、入口はノートルダム・デュ・ロゼール聖堂の入口脇の階段を上ったところにある。高さ70mの尖塔をもち、内部は下層のクリプトと上部の礼拝堂に分かれている。聖ベルナデットが聖母マリアを見たマサビエルの洞窟は岩山の北側に。洞窟内にマリア像が置かれ、足元にはベルナデットが見つけた奇跡の泉が湧く。

交サン・ジョセフ門から徒歩3分

ベルナデットが見つけた泉はガラスで覆われている

崖の中に聖母マリア像が立つ。ロウソクは手前で販売

聖ピオ10世地下バジリカ聖堂

Basilique Souterraine Saint Pie X MAP P122A1

楕円形の巨大な地下聖堂

聖域東側の地下にあり、長さ201m、幅81mという巨大な聖堂。収容人数は2万5000人を誇り、世界でも最大規模の聖堂だ。完成は1958年。

交サン・ジョセフ門から徒歩すぐ

自然光が一切入らないコンクリートの聖堂
©M. PUJOL

こちらもCheck!

ボリーの水車小屋（ベルナデットの生家）

Moulin de Boly MAP P122B1

ベルナデットが幼少期を過ごした家

1844年1月7日にベルナデットはこの家で誕生。以来10年ほどをここで過ごした。建物は当時の姿に復元され部屋などを見学できる。

©Office de Tourisme de Lourdes

交サン・ミッシェル門から徒歩4分 住12 Rue Bernadette Soubirous ☎05 62 42 16 36 時9～12時、14時30分～17時30分(季節により異なる) 休なし 料無料

カショー

Le Cachot MAP P122B1

貧しいベルナデット一家が住んだ

1857年の冬からベルナデットの家族が住んだ家。かつて牢獄だった建物の暗くて冷たい部屋で肩を寄せ合って暮らしたという。現在、資料館として内部を公開している。

交LOURDES駅から徒歩15分 住15 Rue des Petits Fossés ☎05 62 94 51 30 時9～12時、14～18時(11・12月は14～16時) 休なし 料無料

聖ベルナデット博物館

Musée Ste-Bernadette MAP P122A1

聖ベルナデットの足跡をたどる

生い立ちから聖母マリアの出現、さらには列聖されるまでの聖ベルナデットの生涯をパネルなどで解説している。聖域全体に関する説明もあり、知識を深めるのに役立つ。

交サン・ジョセフ門から徒歩5分 住Boulevard Rémi Sempé ☎05 62 42 78 78 時9～12時、14～18時(季節により異なる) 休なし 料無料

復元された中世の城塞都市

カルカッソンヌ

Carcassonne

MAP 付録P2B4

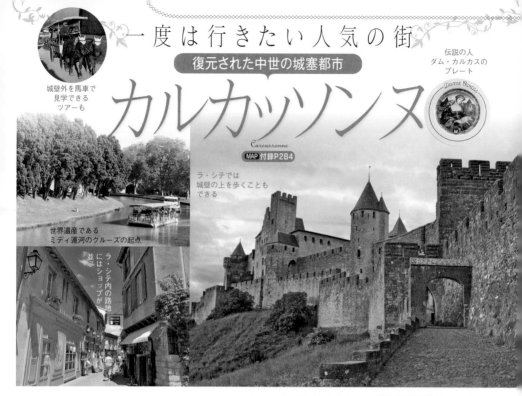

城壁外を馬車で見学できるツアーも

伝説の人ダム・カルカスのプレート

ラ・シテでは城壁の上を歩くこともできる

世界遺産であるミディ運河のクルーズの起点

ラ・シテ内の路地にはショップが並ぶ

フランス南部、古代ローマ時代に建設された要塞都市。オード川を挟んで西側の下町と丘の上にある城塞都市ラ・シテからなり、みどころの多くはラ・シテに集まっている。13世紀には現在見られる城塞の体裁が整ったが17世紀に衰退。荒れた城塞は19世紀になりヴィオレ・ル・デュックの指揮のもと修復され1911年に完了した。予算の都合で完全修復とはいかないものの往時の姿を取り戻している。今では世界遺産にも登録され、フランス屈指の観光都市として人気が高い。

アクセス

パリのリヨンLYON駅からTGVモンペリエMONTPELLIER方面行きで約3時間30分、モンペリエMONTPELLIER SAINT ROCH駅下車。アンテルシテに乗り換えカルカッソンヌCARCASSONNE駅まで1時間30分。パリのオステルリッツAUSTERLITZ駅からカルカッソンヌ駅までの直通便もあるが、夜行で10時間かかる。

歩き方アドバイス

CARCASSONNE駅から観光の中心となるラ・シテまでは徒歩30分ほど。バスでもアクセスできるが乗り換えが必要なうえ、時間もかかるので歩いたほうが早い。荷物がある時はタクシーを利用しよう。ラ・シテの入口は2カ所ある。

観光案内所

下町とラ・シテ内にある。
㊋ナルボネーズ門からすぐ ㊟28, Rue de Verdun ☎04 68 10 24 30 ㊎9～18時（季節により異なる） ㊡なし MAP P124B1

info ラ・シテ修復の指揮を執ったヴィオレ・ル・デュックは19世紀の建築家。多くの教会や城館などの修復に携わり、パリのノートルダム大聖堂やサント・シャペルなどの修復も手掛けている

歴史を感じる

城塞都市を攻略

周囲に張り巡らされた城壁

コンタル城
Château Comtal MAP P124B1

城壁に囲まれた城の中の城

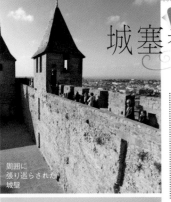

いわゆる天守閣の役割を果たしていた部分。1130年に建設されたもので、軍事要塞の最高傑作ともよばれる。内部は要塞の歴史や構造などを模型やビデオ映像などで紹介する博物館。北側の城壁の上を歩くこともでき、絶景を楽しめる。

橋を渡ると城内の前庭に出る

交ナルボネーズ門から徒歩3分 住1 Rue Violet-le-Duc ☎04 68 11 70 70 時10時～18時15分（10～3月は9時30分～16時45分） 休なし 料€9.50（オーディオガイドは€3） E

東側のブドウ畑から城塞全体を一望

ラ・シテ
La Cité MAP P124B1

中世の姿に復元された堅牢な要塞

丘の上に立つ2重の城壁で囲まれた城塞都市。入口はナルボネーズ門とオード門の2カ所で、城塞内部には石畳の路地が延びる。ショップやホテル、レストランが軒を連ねる賑やかな街だ。城壁は全長約3km、50以上の見張りの塔がある。南側の城壁の一部は、城壁の上を歩けるようになっている。世界遺産

交CARCASSONNE駅から車で10分

オーベルジュ・ドゥ・ダム・カルカス
オード門
この辺りは歩けるが、足場の悪い場所もあるので、注意しよう。
この部分はコンタル城入場者のみ歩ける。
ナルボネーズ門

サン・ナゼール寺院
Basilique St-Nazaire MAP P124B1

フランス最古のオルガンがある

11～14世紀にかけて建設された、ロマネスク様式とゴシック様式が混在する美しい教会。16世紀に造られたフランス最古といわれるオルガンや、内陣のステンドグラスは見ておきたい。

フランス最古のオルガン

ラ・シテの南端にある

交ナルボネーズ門から徒歩4分 住Pl. Saint Nazaire ☎04 68 25 27 65 時9時～17時30分（日曜は～12時30分） 休なし 料無料

オーベルジュ・ドゥ・ダム・カルカス
Auberge de Dame Carcas MAP P124B1

テラス席で名物料理を堪能

コンタル城の目の前にあるカジュアルなレストラン。名物カスレをはじめ、フォワグラなどを使った郷土料理やカフェメニューなどを楽しめる。3皿€19.50～。

鴨のコンフィのカスレ€17

交ナルボネーズ門から徒歩2分 住3 Pl. du Château ☎04 68 71 23 23 時12～15時、19時～21時30分（日曜は～14時のみ） 休9～3月のディナー E E

こちらもCheck!

ミディ運河
Canal du Midi MAP P124A1 世界遺産

世界遺産の運河をクルーズ

地中海と大西洋を結ぶ総延長距離360kmの運河。17世紀後半に造られたもので、それまでのジブラルタル海峡ルートを3000kmも短縮し経済発展にも大きく貢献した。1996年に世界遺産に登録。運河上には水の高低差を克服するための閘門（ロック）が63設けられ、現在も稼働。この歴史的大事業は運河ツアーなどで目にすることができる。

運河クルーズはココで！

カルカッソンヌ・クルーズ
Carcassonne Croisière

交CARCASSONNE駅から徒歩2分 住Port de Carcassonne ☎06 80 47 54 33 時10時30分～と14時30分～（7・8月は15時～）の2便、所要1時間30分～ 休11～3月 料€9.50 URL www.carcassonne-navigationcroisiere.com/

運河クルーズは駅前のカルカッソンヌ港から発着

カルカッソンヌ駅周辺では運河沿いに遊歩道がある場所も

閘門（ロック）は2つの水門に挟まれた場所の水位を上下させる仕組み

一度は行きたい人気の街

言わずと知れた美食タウン

リヨン

Lyon

MAP 付録P2B3

ベルクール広場の南西の外れに立つサン・テグジュペリ像

ブイエ（→P129）の板チョコ€5.80（参考商品）

北に位置する、クロワ・ルースの丘から眺める街並み

モザイクが美しいフルヴィエール・バジリカ聖堂

食べ放題の前菜（シェ・ポール→P129）

©Tristan Deschamps

笑顔で出迎えてくれた「シェ・ポール」のマダム

リヨンの人口は約51万人。ローヌ・アルプ地方の中心都市であり、パリ、マルセイユに次ぐフランス第3の都市。ソーヌ川とローヌ河が町を縫って走り、この２つの川の中州が、活気溢れる町の中心、新市街となる。ソーヌ川の西は旧市街、ローヌ河の東は開発地区パール・デュとして発展。その昔、ローマ帝国が、ローヌ河を遡り、この街にガリアの首都を建設した。当時の名残は丘の上に現存するローマ劇場に見られる。中世の時代から商業都市として発展したリヨンは、絹織物をヨーロッパに広めた「絹の街」としても知られる。さらなるリヨンの魅力は「美食」。豊かな食材が揃い、ポール・ボキューズを筆頭に、料理界の巨匠がこの街周辺に多いのも象徴的だ。

アクセス

パリのリヨンLYON駅からTGVで約2時間、リヨン・パール・デュLYON PART DIEU駅かリヨン・ペラーシュLYON PERRACHE駅下車。ともに市内にあるため、目的に応じて下車する駅を決めたい。空路はパリから約1時間。

市内交通

メトロはA〜D線、トラムが1〜5、そのほかバス路線が充実している。交通機関のチケットはすべて共通。1回券€2、1日券€6.50。路線図は観光案内所で入手可。フルヴィエールの丘へは旧市街のサン・ジャン大司教教会付近からケーブルカーでアクセス可能（往復券€3.50あり）。メトロやバスと同じ切符が有効。

歩き方アドバイス

まずは観光案内所のあるベルクール広場から、徒歩で旧市街、ケーブルカーでフルヴィエールの丘へ。ローマ遺跡を見学しながら丘を下り、ベルクール広場を北上し市庁舎前に出ると、新市街の賑やかさを垣間みることができる。交通機関、美術館へのアクセスが無料になり、オペラやシアターも割引がきくリヨン・シティ・カード（1日券€29、2日券€39）を上手に利用しよう。旧市街で半日、新市街で半日は必要。余裕があれば1泊したい。

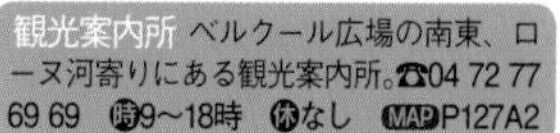

観光案内所 ベルクール広場の南東、ローヌ河寄りにある観光案内所。☎04 72 77 69 69 時9〜18時 休なし MAP P127A2

ヌガー風味のケーキはミストラル €4.80（ブイエ→P129）※参考料理

イル・フロッタント€7（ダニエル・ドゥニーズ・クレキ→P129）※参考料理

1 美食の街ならではの ブションを味わう

前菜の
食べ過ぎに注意

「食通の街」リヨンには、「ブション」といわれる庶民的なビストロが多い。1世紀以上続く老舗が多く、前菜は「食べ放題」なのもブションならでは。豪快に盛られた料理を楽しもう。

気取らない
スタッフとの
やりとりを楽しむのも
旅の醍醐味

人気チョコを詰めたボワット・メゾン€22.40/210g。(ベルナション→P129)

チョコレートケーキ「プレジダン」€10(ベルナション→P129)

リヨンでするべきコト Best 3

2 ここでしか買えない 絶品のショコラを手に入れる

「美食」は料理に限らず、リヨンには最高級のショコラを作る老舗が多い。ベルナション、ブイエ、ヴォワザン、ピニョルといったパリでも買えないリヨンブランドをおみやげにしよう。

3 美しい新旧の街並みを フルヴィエールの丘から眺める

この街で最も美しい景色は丘からの眺め。手前には赤褐色の屋根が連なる旧市街、その先は、少しずつモダンな街並みとなる。パール・デュ駅近くのクレディ・リヨネ(銀行)のクレヨン型ビルもリヨンの名所。

info リヨンは操り人形ギニョルの発祥の地として有名。旧市街のギニョル劇場（MAP P127A1）で人形劇が鑑賞できる。さらに、リヨンは繊維の街。織物歴史博物館（MAP P127A2）を鑑賞しつつ、リヨン製絹織物にも触れたい。

127

フルヴィエール・バジリカ聖堂の右隣にあるレストランからの眺望

旧市街と新市街にある

必訪スポット

フルヴィエールの丘

Fourvière MAP P127A1

リヨンの街を見守る丘

リヨンの旧市街にある丘。その頂上には、1872年起工、1896年に完成したロマネスク&ビザンチン様式の巨大なバジリカ聖堂がそびえ立つ。金箔をふんだんに施したモザイクの美しさは圧巻。地階にも聖堂があり、さらに2つの小さな礼拝堂を併設。

交ケーブルカーFOURVIERE駅から徒歩1分 住Pl. de Fourvière ☎04 78 25 13 01

旧市街

聖堂のファサードに刻まれた聖人の彫刻にも注目

旧市街のランドマーク、サン・ジャン大司教教会の後方に聖堂(時7〜20時※季節により異なる 休なし 料無料)が立つ

聖堂のテラスからの眺め。260段の階段を上った展望台からの眺望も見事

©Laurent Berthier

現在もイベント会場として活用

ローマ劇場

Théâtre Romains MAP P127A1

1万人を収容した巨大劇場

ローマ時代、この丘にルグドゥヌムの名を冠した現リヨンの町が建設された。当時の面影を残すのは、紀元前43年建造のローマ劇場。直径108m、30mの壁に覆われた野外劇場は、フランス最古のローマ遺跡とされる。ガロ・ロマン博物館を併設。

交ケーブルカーFOURVIERE駅から徒歩3分 住6, Rue de l' Antiquaille ☎04 72 38 49 30 時7〜19時(4月15日〜9月15日は〜21時) 休なし 料無料

新市街

ベルクール広場

Place Bellecour MAP P127A2

ヨーロッパ最大級の広場

人々の憩いの場となるベルクール広場は、300m×200mの面積を誇る、ヨーロッパでも最大規模の広場。さまざまなイベントが開催される。

交Ⓜ A・D線BELLECOUR駅から徒歩1分 住Pl. Bellecour

中央にはルイ14世の騎馬像が立つ

©Brice Robert

最上階7階にはバーを併設。館内見学は予約制(観光局で予約。土曜のみ)

オペラ座

L'Opéra MAP P127A1

20世紀のリヨンを代表する傑作

1826年に火災により全焼した後、1831年に再建した国立歌劇場。その後1993年にはジャン・ヌーヴェル氏のデザインによる新旧を融合したオペラ座が誕生。2008年から2014年まで、大野和士氏が主席指揮者として活躍していた。

交Ⓜ A・C線HÔTEL DE VILLE駅から徒歩すぐ 住1, Pl. de la Comédie ☎04 69 85 54 54 時公演により異なる 窓口は12〜18時 休なし 料公演により異なる Ⓔ

こちらもCheck!

ポール・ボキューズ市場

Halles Paul Bocuse MAP P127B1

新旧の食文化が交差する

パール・デュ地区にある新コンセプトの市場。リヨンでもっとも名声の高いシェフ、ポール・ボキューズが市場の建設に貢献したために彼の名を称する。質の高い食材が豊富。

交C3番バスLE COURS LAFAYETTE駅から徒歩すぐ 住102, Rue Lafayette ☎04 78 60 32 82 時7時30分〜19時30分(日曜は〜13時) 休月曜

ポール・ボキューズとは?

名誉あるMOF(国家最優秀職人章)、レジオン・ドヌール勲章を授与したフランスを代表するシェフ。星付きの称号を50年以上維持する「ポール・ボキューズ」のほか、ブラッスリーもプロデュースした。

©Stéphane Bourgies

[本店] ポール・ボキューズ(Paul Bocuse)
交LYON PART DIEU駅から車で20分 住40, Quai de la Plage 69660 Collonges au Mont d'or ☎04 72 42 90 90 時12時〜13時15分、20時〜21時15分 休なし 料昼・夜€225〜 MAP 127A1

[リヨン中心部にある主な支店]
ル・ノール(Le Nord) 住18, Rue Neuve ☎04 72 10 69 69 MAP 127A1
ル・シュド(Le Sud) 住11, Pl. Antonin Poncet ☎04 72 77 80 00 MAP 127A2
ルエスト(L'Ouest) 住1, Quai du Commerce ☎04 37 64 64 64 MAP 127A1

リヨンのおすすめ♪

グルメ&ショッピング

豚の加工品のシャルキュトリーもリヨンの名産

リヨン名物ピンクのプラリネをはさんだイル・フロッタント

カフェ・デ・フェデラシオン

Café des Fédérations MAP P127A1

ブションを代表する名店のひとつ

19世紀から続く老舗。カウンター周りには巨大なソーセージがぶら下がり、壁一面にポスターや写真が貼られる内装は、ブションの典型。予算は昼€23～、夜€34～。

交M A・C線 HÔTEL DE VILLE駅から徒歩3分 住8/9/10 Rue Major Martin ☎04 78 28 26 00 時12時～13時45分、19時30分～21時30分 休日曜の夜、7・8月の日曜 E E

鶏レバーのムースはトマトソースで

フレンドリーな店内に笑い声が響く

ダニエル・ドゥニーズ・クレキ

Daniel & DeniseCréqui MAP P127B1

MOFシェフの看板料理は必食

MOFを獲得したジョセフ・ヴィオラの店。リヨンのブション協会の会長を務めるなど、郷土料理に情熱を傾けるマエストロ。昼2品€23～、夜€43～。

交M B線 PLACE GUICHARD駅から徒歩3分 住156, Rue de Créqui ☎04 78 60 66 53 時12～14時、19時～22時45分 休土・日曜 E E

この界隈の高級官僚も常連とか

2009年、世界コンクールで優勝したパテ・アン・クルート

落ち着いた店内が魅力

ル・ポワロン・ドール

Le Poêlon d'Or MAP P127A2

家族のような常連客が印象的

ヤン&ムリエルのオーナー夫婦と、才能あふれる若きシェフ、ミカエルが最高級の料理と心温まるサービスで迎えてくれる。国の文化遺産に指定される1920年から現存するクラシカルな店内で料理を満喫したい。

住M A線AMPÈRE VICTOR HUGO駅から徒歩すぐ 住29, Rue des Remparts d' Ainay ☎04 78 37 65 60 時12～14時、19時30分～22時 休土～月曜 料昼€18～、夜€32～ E E

クネルと鶏レバー風味のテリーヌ

シェ・ポール

Chez Paul MAP P127A1

素朴で温かみあるブション

昼は4種類、夜は7種類の食べ放題の前菜の後、郷土料理をメインに、チーズ、デザートと続く。昼€15.50～(前菜食べ放題€19.50～)、夜€17～(前菜食べ放題€27～)。

住M A・C線HÔTEL DE VILLE駅から徒歩3分 住11, Rue Major Martin ☎04 78 28 35 83 時12～14時、19時30分～21時30分 休日曜 E E

豚のほほ肉のシチュー

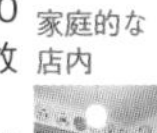

家庭的な店内

リヨン料理の代表、クネル

ベルナション

Bernachon MAP P127B1

カカオ豆の焙煎から店内の工房で行う

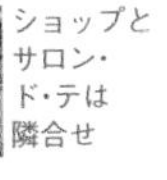

ショップとサロン・ド・テは隣合せ

1953年創業。現在は3代目が、祖父から引き継ぐチョコレートの真髄の味を伝える。イチオシ商品は、生クリームでまろやかにしたガナッシュをビターチョコでコーティングしたレ・パレ・ドール。

交M A線FOCH駅から徒歩3分 住42, Cours Franklin-Roosevelt ☎04 78 24 37 98 時8時30分～19時(日曜は～17時) 休月曜 E E

人気のレ・パレ・ドールは35個入り€48.90(写真はイメージ)

2006年にデザイン大賞を受賞

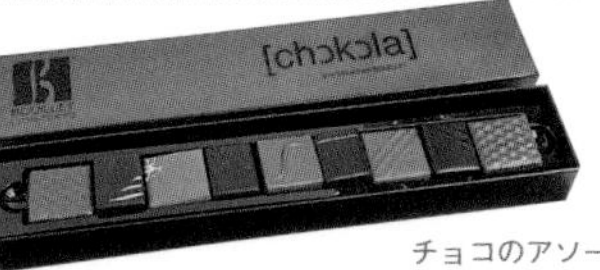

チョコのアソートは8個入り€9.60

ブイエ

Bouillet MAP P127A1

遊び心あふれるポップなチョコ

1977年創業。2000年に創業者の息子セバスチャン・ブイエがメゾンを継ぎ、クラシックなリヨンのチョコレート業界に新風を吹き込んだ。

交M A・D線BELLECOUR駅から徒歩2分 住14, Rue des Archers ☎04 78 42 98 40 時10～13時、14～19時(土曜は9時30分～13時、14時～19時30分) 休日・月曜 E

一度は行きたい人気の街

ロココとアール・ヌーヴォーが息づく

ナンシー

Nancy

MAP 付録P2C2

スタニスラス広場に立つのはスタニスラス公の像

スタニスラス広場での夏の「光の祭典」

アリアンス広場の泉はオランダの彫刻家シフレの作品

スタニスラス広場の北西に位置するローマ神話の海の神、ネプチューンの泉は広場のシンボル

アール・ヌーヴォーの内装を施したレストランで食事を

オマールエビの一品€35.70(参考料理)

フランス北東部、ロレーヌ地方の都市ナンシー。18世紀にはポーランド王だったスタニスラスによってロココ調の美しい装飾が街のメイン広場に施された。彼の名を冠したこの広場は隣接するカリエール、アリアンス広場とともに、1983年に世界遺産に登録される。19世紀末には花や植物をモチーフとした新しい芸術「アール・ヌーヴォー(新芸術)」がこの街で開花。現在も街に残る、混在する2つの異なる芸術様式を鑑賞しながら街を散策しよう。

アクセス

パリの東L' EST駅からTGVで約1時間40分、ナンシー・ヴィルNANCY VILLE駅下車。約2時間に1本運行。ストラスブールからは普通列車TERで約1時間30分。

歩き方アドバイス

みどころは、国鉄駅から10分弱のスタニスラス広場に集まる。最初に広場にある観光案内所で日本語のマップを入手しよう。アール・ヌーヴォー建築に関連した建物をコース仕立てで紹介した地図もある。北のカリエール広場や東のアリアンス広場も徒歩圏内。ナンシー派美術館のみ離れているので、バスを利用。半日もあれば見て回れる。

観光案内所 スタニスラス広場にある観光案内所。☎03 83 35 80 10 時10〜18時(日曜は〜17時)季節により異なる 休なし MAP P130B1

Column

アール・ヌーヴォーとロココ様式

ロレーヌ王国だったナンシーに、王宮を模した煌びやかなロココ調の広場が造られた。同時に、ガラス工芸家のエミール・ガレ、ドーム兄弟が生まれた街でもあり、19世紀末当時の流行を反映したアール・ヌーヴォーは、彼らの手によって盛んになった。

info ナンシーから南東50kmの小さな素朴な町にバカラのクリスタルガラス工場がある。1764年、ルイ15世の治世に造られた。クリスタルガラス美術館は見学可能。ナンシーから鉄道で1時間弱。

名前の由来ともなったスタニスラス像は1831年に設置

1 ナンシーの魅力が詰まった 世界遺産の広場をめぐる

カリエール(競技場)の名は当時の名残
©Régine Datin

スタニスラス広場

Place Stanislas MAP P130B1

ロレーヌ王国の栄華の名残

ポーランドの王であったスタニスラス・レスチンスキーが、ロレーヌ公となった18世紀半ばに当時の国王のために建造。設計士として選ばれたのは、ナンシー出身のエマニュエル・エレ。金をふんだんにあしらったロココ調の装飾が華やかなシンメトリーの広場には、凱旋門、市庁舎、オペラ劇場、ナンシー美術館が一堂に会する。

交NANCY VILLE駅から徒歩10分
住Pl. Stanislas 世界遺産

アリアンス広場

Place de l'Alliance MAP P130B1

歴史的な同盟の記録を伝える

ローマのナヴォーナ広場の噴水をイメージして造られた広場。ロレーヌ公家とフランス王家の同盟(アリアンス)を讃える。

交NANCY VILLE駅から徒歩15分
住Pl. de l' Alliance 世界遺産

©Régine Datin
小さな広場の中央に位置するシフレ作の泉

カリエール広場

Place de la Carrière MAP P130B1

ロレーヌ公宮殿前にある広場

スタニスラス広場の北に立つ凱旋門をくぐった先にある広場。ロココ調の黄金の鉄柵の門と並木の先に、ロレーヌ歴史博物館となったロレーヌ公宮殿が見える。16世紀には騎馬戦が行われた。

交NANCY VILLE駅から徒歩15分
住Pl. de la Carrière 世界遺産

凱旋門「エレのアーチ」

ナンシーでするべきコト Best 3

2 アール・ヌーヴォーとロココに関する 美術館でアート鑑賞

ナンシー派美術館

Musée de l'Ecole de Nancy MAP P130A1

ベル・エポックが生んだ宝殿

アール・ヌーヴォーの中心的活動家だったエミール・ガレや、ルイ・マジョレルらは「ナンシー派」とよばれる。エミール・ガレのパトロン、ウージェーヌ・コルバンの私邸跡に造られた美術館には、家具や工芸作品を中心に展示。

交NANCY VILLE駅近くのバス停から6番バスでPAINLEVÉ下車、徒歩すぐ 住36-38 Rue du Sergent Blandan ☎03 83 85 30 01 時10～18時 休月・火曜 料€7(第1日曜は無料)

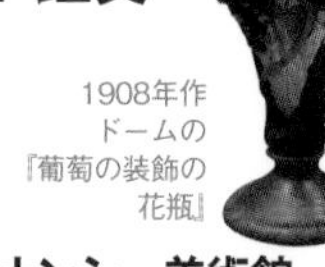
静かな住宅街に立つ

ガレやグルベなどの作品が一堂に

1908年作ドームの『葡萄の装飾の花瓶』

ナンシー美術館

Musée des Beaux-Arts de Nancy MAP P130B1

ドーム兄弟のガラス工芸は必見

ルーベンス、ドラクロワ、マネ、モディリアーニ、ピカソといった14世紀から21世紀のヨーロッパ絵画、デュシャン、セザールの彫刻などを展示する美術館。地下にはドーム兄弟による300点ものガラス工芸作品が展示される。

交NANCY VILLE駅から徒歩8分 住3, Pl. Stanislas☎03 83 85 30 01 時10～18時 休火曜 料€10

3 キッシュやロレーヌなどの 特産品を味わう

エクセルシオール

Excelsior MAP P130A1

1911年創業のブラッスリー

アール・ヌーヴォーの内装のなか食事が楽しめる。ロレーヌの郷土料理、キッシュ・ロレーヌがおすすめ。生ガキや魚介類の盛合せも絶品。

交NANCY VILLE駅から徒歩すぐ 住50, Rue Henri Poincaré ☎03 83 35 24 57 時8時～翌0時30分(日・月曜は～23時) 休なし 料昼・夜€29.90～ E

キッシュ・ロレーヌ€8.50

歴史を感じる見事な内装

メゾン・デ・スール・マカロン

Maison des Soeurs Macarons MAP P130B1

アーモンドが香る素朴なマカロン

1793年創業の老舗菓子店。店名の「修道女のマカロンの家」は、マカロンが修道院で作られていた事に由来。クリームをサンドしない卵白とアーモンドペーストによる素朴なマカロンは、ナンシーが発祥。

交NANCY VILLE駅から徒歩7分 住21, Rue Gambetta ☎03 83 32 24 25 時9時30分～19時(月曜は14時～) 休日曜

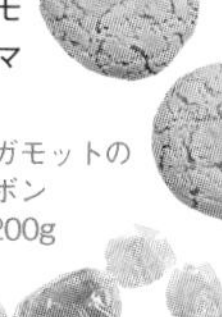
アーモンド風味のマカロン €10.50/12個

ベルガモットのボンボン €9/200g

一度は行きたい人気の街

旧市街が残る交通の要衝

ストラスブール

Strasbourg

MAP 付録P3C2

アルザスの民族衣装が愛らしい陶器の飾り物

コロンバージュとよばれる木骨造りの家屋

ストラスブール名物のシュークルート

運河に木骨造りの家屋が映るグランディル

ノートルダム大聖堂内の天文時計ヴィーナス

欧州議会本部が置かれ「ヨーロッパの首都」と称されるストラスブール。ドイツ国境に近いため、木骨造りにパステルカラーの家並みや郷土料理のシュークルートなど、街のそこかしこにドイツ文化の影響が強く見られる。ライン河の支流、イル川の中州にある街の中心は、赤褐色のノートルダム大聖堂と、かつての製革工の家屋が並ぶラ・プティット・フランスを含めたグランディル。おとぎの国を思わせる愛らしい風景のグランディルは、1988年、世界遺産に登録された。

観光案内所 ノートルダム大聖堂前にある観光案内所。
☎03 88 52 28 28 時9～19時 休なし
MAP P132B1

アクセス

パリの東L'EST駅からTGVで約1時間50分、ストラスブールSTRASBOURG駅下車。運行間隔は1時間に1本。街までは徒歩で約10分、トラムCで5～10分。

歩き方アドバイス

ストラスブール駅から大聖堂までは15分ほど。街の中心は歩いて回れる規模。所要3～4時間あれば充分。トラムやバスが3日間乗り降り自由なストラスブール・パス€19.50は利用価値大。大聖堂前の観光案内所で購入可能。

市内交通

バスとトラムが運行しているが、街中のみどころはすべて徒歩圏内。STRASBOURG駅から大聖堂までは歩くには少し距離があるので、トラムを利用してもよい。トラムの料金は€2.50。

Column

クリスマス市

クリスマスツリー発祥の地といわれるアルザス地方の中でも、ストラスブールのクリスマス市は特に華やか。12月には大聖堂広場をはじめ街のいたる所に市が立ち、クレベール広場には30mものツリーが置かれる。市内10カ所で300店近くが出店。毎年11月下旬～12月まで開催。

アン・ノエル・アン・ナルザスの愛らしい飾り

欧州でベストクリスマスマーケットに選ばれるほど美しい
©Philippe de Rexel

クリスマスグッズを買うならアン・ノエル・アン・ナルザス(Un Noël en Alsace)がおすすめ。交大聖堂前のiから徒歩8分 住10 rue des Dentelles ☎03 88 32 32 32 時11時～17時30分(土曜は10時30分～、7・8・12月の日曜は14時～) 休日曜(7・8・12月を除く)、1・2月 MAP P132A1

オススメ♪

必訪スポット

ヴィクトル・ユゴーが
その優美さを讃えた
大聖堂

ノートルダム大聖堂

Cathédrale Notre-Dame MAP P132B1

142mの高さを誇る
赤褐色の大聖堂

聖母の生活
を綴った作品

世界で6番目の高さ142mの塔を有し、レースのように繊細な彫刻に覆われた赤褐色の大聖堂。1015年に建てられたロマネスク風の聖堂を前身とし、1176年から1439年まで263年の歳月をかけて完成。その外観も圧巻だが、中にあるステンドグラスや天文時計など内部も必見。

交STRASBOURG駅から徒歩15分 住Pl. de la Cathédrale ☎03 88 21 43 30 時8時30分～11時15分、12時45分～17時45分(日曜は14時～17時15分) 休なし 料無料、天文時計€4(脚注参照)、塔€8

13世紀前半の作品
『天使の柱』は
「最後の裁判」を表す

毎日12時30分に
からくり人形が
動き出す天文時計

威厳ある
18世紀古典主義様式の館

パレ・ロアン

Palais Rhoan MAP P132B1

18世紀の司教
ロアン家の壮麗な館

1742年に完成。初めての招待客は国王ルイ15世で、マリー・アントワネットも訪れたと記録されている。1920年には歴史的建造物に指定され、現在は、装飾博物館、考古学博物館、美術館として公開。

交大聖堂前のiから徒歩すぐ
住2, Pl. du Château
☎03 68 98 51 60
時10～13時、14～18時
休火・木曜 料€6.50

メゾン・カメルツェル

Maison Kammerzeil MAP P132B1

歴史にふれながら郷土料理を

昔ながらの美味なる郷土料理を提供。定番のシュークルート€26.75(→P17)のほか、魚のシュークルートが自慢。

交大聖堂前のiから徒歩すぐ 住16, Pl. de la Cathédrale ☎03 88 32 42 14 時12時～14時30分、19時～22時30分(14時30分～19時も食事可能だが提供できるメニューに限りあり) 休なし E

重厚な雰囲気の
中世の家屋を利用

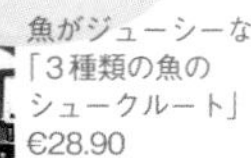
魚がジューシーな
「3種類の魚の
シュークルート」
€28.90

シェ・イヴォンヌ

Chez Yvonne MAP P132B1

地元で愛される伝統ビストロ

創業1873年の老舗。大聖堂からほど近い旧市街の一画にあり、開店とともに続々人が訪れる。おすすめはアルザス地方のフォワグラやシュークルート。

交大聖堂前のiから徒歩2分 住10, Rue du Sanglier ☎03 88 32 84 15 時11時45分～14時15分、18時～22時30分 休月曜 E

フォワグラのクレーム・ブリュレ€13.70、煮込みのチキン€18.50(参考料理)。予算€40～

威厳ある18世紀
古典主義様式の館

ポトゥリー・ダルザス

Poterie d'Alsace MAP P132B1

クグロフ型など
アルザス製陶器が揃う

1860年から続くアルザス陶器の専門店。現在のオーナーがアルザス地方の職人のアトリエを訪れ、自らセレクトした製品は、どれも手の込んだ温かみのあるものばかり。

交大聖堂前のiから徒歩すぐ 住3, Rue des Frères ☎03 88 32 23 21 時11～13時、14～19時(月曜は14時～のみ) 休日曜

クグロフ型は色も大きさも豊富な品揃え。参考価格
直径8.5cm€8
直径18cm€26

長さ25cmの
テリーヌ型€32～

ティエリー・ミュロップ

Thierry Mulhaupt MAP P132B1

アルザス菓子に新風を巻き起こす

アルザスのパン職人の家で生まれ育ち、パリのダロワイヨで修行した後、1991年に故郷に店を開く。アルザスの地方菓子に傾倒しつつ、モダンなパティスリーが味わえる。

交大聖堂前のiから徒歩2分 住18, Rue du Vieux Marché aux Poissons ☎03 88 23 15 02 時10～13時、14～18時(金曜は9時15分～18時、土曜は8時30分～18時、日曜は8時30分～12時) 休月曜

ブリオッシュ生地の
アルザスの名産
クグロフ
€12.30(450g)

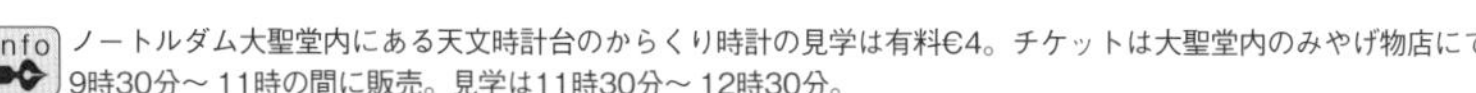
info ノートルダム大聖堂内にある天文時計台のからくり時計の見学は有料€4。チケットは大聖堂内のみやげ物店にて9時30分～11時の間に販売。見学は11時30分～12時30分。

フランスワインプチ講座

ブドウの品種

赤ワイン

カベルネ・ソーヴィニヨン
Cabernet Sauvignen
ボルドーワインの主要品種として知られ、ロワールや地中海沿岸でも栽培。皮が厚くタンニンが豊富で、長期熟成に適している。

カベルネ・フラン
Cabernet Franc
上記カベルネ・ソーヴィニヨンが交配される元となった品種。高温多湿の環境に強く、ロワール地方のソミュールなどで多く作られる。

メルロ
Merlot
ボルドーのサン・テミリオンやポムロール、ラングドック地方などで栽培。プルーンのような熟した香りでタンニンは控えめなのが特徴。

ピノ・ノワール
Pinot Noir
ブルゴーニュ原産で、シャンパーニュのブレンドにも使用。タンニンが少なめで、アルザスの赤ワインもこの品種から作られている。

白ワイン

シャルドネ
Chardonnay
緑色の皮にフルーティな香りで、ブルゴーニュ、ロワールなどで栽培。また100%この品種のシャンパーニュ「ブラン・ドゥ・ブラン」も存在する。

ソーヴィニヨン・ブラン
Sauvigon Blanc
ロワール地方とボルドーの一部で栽培。緑色の大ぶりな果実が特徴で、フレッシュで力強い辛口の白ワインが作られる。

ミュスカデ
Muscadet
ロワール河口で生産されるミュスカデ用のブドウで、正式名称はムロン・ドゥ・ブルゴーニュ。辛口で軽やかな風味が特徴。

リースリング
Riesling
アルザス地方およびドイツワインの主要な品種として知られる。高貴な芳香で甘口から辛口まで造られ、長期熟成にも適している。

ワインの等級

AOC アー・オー・セー
Appellation d'Origine Contrôlée
1935年に制定された「原産地統制呼称法」に基づいて作られたワイン。ボルドーやブルゴーニュといった産地によって、地方から畑単位までの範囲で収穫されたブドウを100%使用。伝統的な醸造や熟成法も厳格に守っている。

ヴァン・ドゥ・ペイ
Vin de Pays
「地方ワイン」を意味し、1968年に法律で制定、1979年にさらに詳しく基準が定められた。一つの地方で収穫されたブドウで作られ、使用品種や生産量なども指定されている。

ヴァン・ドゥ・ターブル
Vin de Table
原産地の異なるブドウをブレンドした、いわゆる「テーブルワイン」。近年フランス国内で生産される物はVin de France（ヴァン・ドゥ・フランス）と表記されることが多い。

フランスワインの主な産地

フランスワインの代表的な産地は以下の8つ。

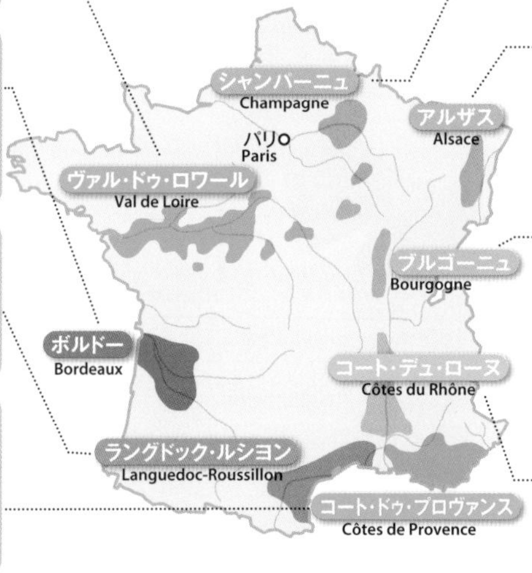

ヴァル・ドゥ・ロワール
Val de Loire
ロワール河流域の広大な産地。上流から下流まで４つの地区に分かれ、白を主体にさまざまなワインを生産。

ボルドー （➡P136）
Bordeaux
世界的な名声を誇る南西部の大産地。赤ワインが主体で、「シャトー」とよばれる醸造所で造られる。

ラングドック・ルション
Languedoc - Roussillon
南部の地中海沿岸地区。かつては日常用ワインで知られたが近年は自然派ワインの産地としても人気に。

コート・ドゥ・プロヴァンス
Côtes de Provence
フランス最古のぶどう栽培地であるプロヴァンス地方の代表的なAOCで、ロゼの一大産地として有名。

シャンパーニュ （➡P140）
Champagne
世界的に人気の発泡ワインの産地。シャンパーニュと名乗れるのはこの地域で造られたものに限られる。

アルザス
Alsace
ドイツ国境沿いに広がり、辛口白ワインが大半を占める。細長い瓶が特徴で、ブドウ品種がワイン名となる。

ブルゴーニュ （➡P138）
Bourgogne
ボルドーと双璧をなす名産地で、単品種のブドウから造られるのが特色。生産者はドメーヌとよばれる。

コート・デュ・ローヌ
Côtes du Rhône
リヨンの南からアヴィニヨンまでのローヌ河流域。太陽の恵みを受けた香り豊かな味わい。

ラベルの見方

❶ブドウ畑の名称
❷生産者のエンブレム
❸ワイン名
❹格付け・級付け
❺アルコール度数
❻原産地統制呼称
❼内容量
❽生産者名
❾ブドウ畑の所在地
❿フランス国産

チーズガイド

白カビタイプ

表面が白いカビで覆われたチーズ。ミルクを凝乳酵素で固め塩を加え、表皮に白カビを吹き付けて熟成。カマンベール、ブリーなど

このワインにあう!●メルロ、カベルネなどの赤

青カビタイプ

青カビを繁殖させ、内部から熟成させるブルーチーズ。塩味が強めで濃厚な風味が特徴。ロックフォール、フルム・ダンベールなど

このワインにあう!●ソーテルヌなど甘口の白

ウォッシュタイプ

表面を塩水またはワインやブランデーなどで洗ったチーズ。熟成が進むと特有の強い香りを放つ。エポワス、ポン・レヴェックなど

このワインにあう!●ブルゴーニュの辛口白か赤

シェーヴルタイプ

山羊乳で作られたチーズで、乾燥を防ぐために灰をまぶしたものも。羊乳はブルビとよばれる。サントモール、クロタン・ド・シャヴィニョルなど

このワインにあう!●辛口のフルーティな白か赤

ハードタイプ

凝乳を加熱してからカットし強く圧搾した、最も長期保存に適したチーズ。凝縮された深みのある味わいが特徴。コンテ、ミモレットなど

このワインにあう!●タンニン豊かな赤か軽い白

ワイナリーめぐりの注意点

16歳未満は飲酒禁止

フランスの未成年は18歳未満で、アルコール類の販売が禁止されているが、保護者など成人の責任者同伴であれば16歳からの飲酒が許可されている。

飲酒運転

フランス国内の警察による、試薬の入った筒に息を吹き込む簡単な飲酒テストでは、0.5g/ℓのアルコール濃度を超えると€135～の罰金、0.8g/ℓを超えると～€4500の罰金と～2年の懲役が科される。

ベストシーズン

全国各地でワイン祭りが開催され、気候的にも過ごしやすい秋がベスト。ただし、ヴァンダンジュ(ブドウの収穫)が行われる９月前後の数週間は、見学中止となるワイナリーもあるので事前に確認を。

テイスティングの流れ

1 色をチェック

色調や透明度などワインの外観を光に透かしながら確認。グラスを傾け、側面に沿って液体の流れ落ちる速度から熟成度も確かめる。

2 香りをチェック

鼻を少しだけ近づけ「アロマ」とよばれる果実香を確認。次にグラスを回して空気にふれさせ「ブーケ」とよばれる熟成香もチェック。

3 味をチェック

少量を口に含み、舌全体にゆっくりと広げながら味を確認。ボディとよばれる味の重さ、甘みと酸味、タンニンのバランスなどに注意。

4 注意ポイント

試飲は白から赤、軽めから強めの味わいの順で進める。無理に飲み込まず備え付けの壺や桶に吐き出し、水を飲むのがおすすめ。

パリでワインとチーズを楽しむ

ワイン博物館

Le M. Musée du vin MAP 付録P12B3

ワイン文化を学べる

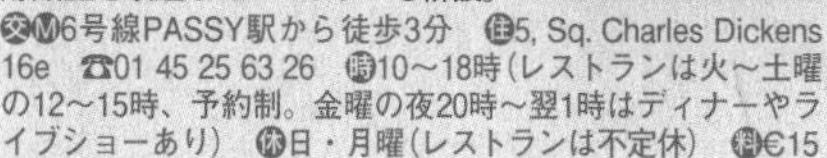

15世紀の石切り場を利用した博物館で、ワイン造りの工程を学べる。かつての貯蔵室を改造したレストランも併設。

交Ⓜ6号線PASSY駅から徒歩3分 住5, Sq. Charles Dickens 16e ☎01 45 25 63 26 時10～18時(レストランは火～土曜の12～15時、予約制。金曜の夜20時～翌1時はディナーやライブショーあり) 休日・月曜(レストランは不定休) 料€15

マリー・アンヌ・カンタン

Marie-Anne Cantin MAP 付録P19C3

MOF女性チーズ職人の名店

日本でも有名なチーズ職人マリー＝アンヌ・カンタンの直営店。シェフ御用達の高品質チーズを厳選して販売。

交Ⓜ8号線ÉCOLE MILITAIRE駅から徒歩3分 住12, Rue du Champ de Mars 7e ☎01 45 50 43 94 時8時30分～19時30分(日曜は10～13時) 休月曜 Ⓔ

フランスワインの生産地をめぐる

ワインの女王

ボルドー

Bordeaux

MAP 付録P2A3

19世紀のワインもカーヴに眠る ©Conseil des Crus Classés en 1855

BFV/J.B. NADEAU

ワイン祭りでは音と映像の催しも

世界最大のワイン祭りは毎年6月に開催 ©BFV/G.ARROYO

陽光を受けるブドウ畑 ©Deepix/CIVB

さまざまな銘柄の名酒を試飲して ©Deepix/CIVB

毎年9～10月の間が収穫期 ©Deepix/CIVB

フランス南西部に広がるボルドー地方は、国内のAOCワイン生産の4分の1近くを占める世界的な名産地。しっかりしたボディの高級ワインは、カベルネ・ソーヴィニヨンにメルロ、カベルネ・フランなどをブレンドした赤が特に名高い。また白も、ソーテルヌ地区の甘口貴腐ワインが知られている。栽培から瓶詰めまで一貫して行う醸造所は「シャトー」とよばれ、畑単位ではなくシャトーそのものに格付けされるのもこの地方だけの特徴だ。

アクセス

ボルドーまではパリのモンパルナスMONTPARNASSE駅からTGVで約2時間10分、BORDEAUX ST JEAN駅下車。飛行機の国内線はパリのシャルル・ド・ゴール空港またはオルリー空港から約1時間15分でボルドー・メリニャック空港着。空港からボルドー市内まではトラムA線で約35分。

市内交通

ボルドー都市部はバスとトラムが網羅し、€1.80の切符で1時間乗り放題。

歩き方アドバイス

主要なシャトーのあるメドックやサン・テミリオンなどの地区はボルドー市街地の周囲に点在しているので、ワインツアーに参加するかレンタカーで移動するのが一番効率的。

観光案内所 ボルドー市街中心、オペラ座の横に位置する。
住12 Cours du 30 -Juillet
☎05 56 00 66 00 時9時～18時30分(日曜は9時30分～17時)※時期により異なる 休なし E

ボルドーワインの産地

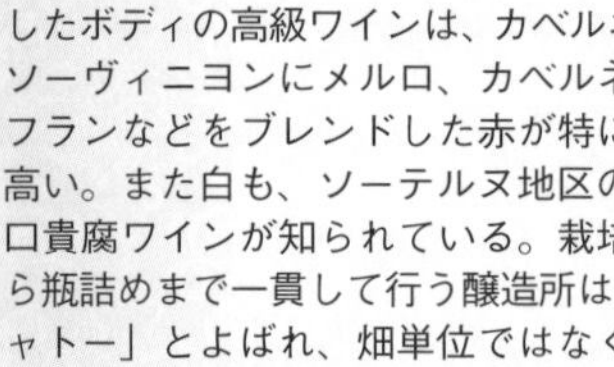

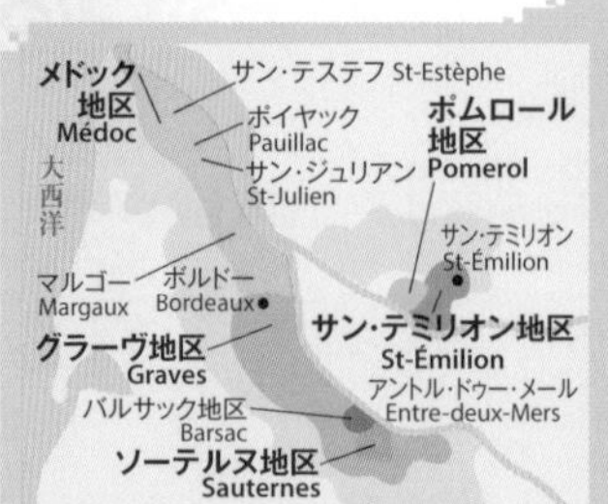

メドックMédoc

1855年より赤ワインがAOCに格付けされた、ボルドーを代表する産地。

グラーヴGraves

メドックの南に位置し、1級の5大シャトーのうちオー・ブリオンのみが属する。

ソーテルヌSauternes

世界有数の甘口白ワインの産地。セミヨン種とソーヴィニヨン種で造られる。

サン・テミリオンSt-Émilion

ボルドーの北東35kmにあり、小さなシャトーが密集。第一特級と特級の格付けがある。

ポムロールPomerol

メルロ種とカベルネ・フラン種を用いた赤が造られる。名シャトーPetrusもこの産地。

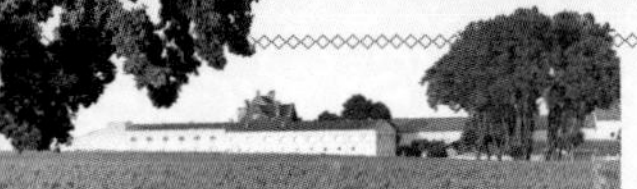

ムートン・ロートシルトの全景

ボルドーワインの 5大シャトー

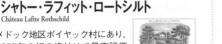

シャトー・ラフィット・ロートシルト2011

女王の風格漂うシャトー・マルゴー2010

1 シャトー・ラフィット・ロートシルト

Château Lafite Rothschild

メドック地区ポイヤック村にあり、1855年の初の格付けで最高評価を受けて以来、5大シャトーの筆頭に挙げられる。見学は1日2回、14時と15時30分の予約制で試飲付き。

交BORDEAUX ST JEAN駅から車で1時間10分 住Château Lafite Rothschild 33250 Pauillac ☎05 56 73 18 18 URL www.lafite.com ※2024年1月現在、工事のため見学は休止。再開は要確認

2 シャトー・マルゴー

Château Margaux

メドック地区マルゴー村にあり、カベルネ・ソーヴィニヨンやメルロで造られる赤ワインはボルドーで最も"女性的"と形容される。見学は完全予約制。

交BORDEAUX ST JEAN駅から車で45分
住Château Margaux 33460 Margaux ☎05 57 88 83 83
時完全予約制 休土・日曜、8月、収穫期間
料無料 E 📞 URL www.chateau-margaux.com/jp/

3 シャトー・ムートン・ロートシルト

Château Mouton Rothschild

メドック地区ポイヤック村にあり、5大シャトーの中で唯一1973年に1級に昇格。収穫から瓶詰めまでひとつの場所で行った初のシャトーでもある。見学は完全予約制で試飲付き。

交BORDEAUX ST JEAN駅から車で1時間 住Château Mouton Rothschild 33250 Pauillac ☎05 56 73 21 29 時完全予約制 休土・日曜、8～10月 料無料 E 📞
URL www.chateau-mouton-rothschild.com/

4 シャトー・オー・ブリオン

Château Haut-Brion

グラーヴ地区のペサックにありながら、1855年メドックの1級格付けを例外的に獲得した名声を持ち、香り高く個性的な味わいが人気。見学は完全予約制で試飲付き。

交BORDEAUX ST JEAN駅から車で15分
住135, Avenue Jean Jaurès, 33608 Pessac
☎05 56 00 29 30
URL www.haut-brion.com/
※2024年1月現在、工事のため見学は休止。再開は要確認

5 シャトー・ラトゥール

Château Latour

メドック地区ポイヤックに位置し、長期熟成の力強い赤ワインに定評がある。ワイナリー見学はワイン業者が優先、完全予約制。

URL www.chateau-latour.com

日本語ワインツアーに参加する!

メドック一日ワインツアー

[出発／所要時間]9時／9時間
[催行日]月～土曜 [料金]€250
[申込先]トランスネーション
URL www.trans-nation.net

9:00 メドックへ向けて出発
朝9時に専用車でメドック地区に向かう。出発地はボルドー市内の宿泊ホテルまたは駅などを事前に指定。

10:30 1件目のシャトーへ
ポイヤック地区、サンジュリアン地区、オーメドック地区のいずれかの格付けシャトーを訪問。

12:30 ランチタイム
ポイヤックやサン・テステフのシャトー撮影後にランチ休憩が入る。お昼はフリーで自費負担となる。

14:00 2件目のシャトーへ
サンジュリアン地区、オーメドック地区のいずれかの格付けシャトーを訪問。

16:00 3件目のシャトーへ
マルゴー地区の格付けシャトーを訪問。

18:00 指定場所で解散

※見学するシャトーは、日程や季節によって変更になる

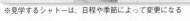

こちらもCheck!

ラ・ヴィノテーク・ボルドー

La Vinothèque de Bordeaux

1973年に創業したボルドーにあるワインの殿堂。超高級シャトーから稀少な小生産者まで、地元ワインの逸品が揃う。

交トラムB・C線QUINCONCES駅から徒歩3分 住8 Cours du 30 Juillet ☎05 57 10 41 41 時10時30分～19時30分 休日曜

お手ごろ価格の注目ワインも豊富に扱う

Château Mouton Rothschild 2005

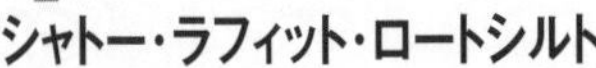

フランスワインの生産地をめぐる

ワインの王様

ブルゴーニュ

Bourgogne

名門シャトーのポマールで収穫されたブドウ photo BERGOEND

色とりどりのマスタードはディジョン名物

オテル・デュー(神の館)ともよばれるボーヌのオスピス・ドゥ・ボーヌ photo Francis Vauban

ボーヌにある歴史的なワインカーヴ photo studio piffaut

©visiotrain2000

ボーヌの観光案内所前から出発する40分間の音声ガイド付き巡回バス「ヴィジオトラン2000」
☎06 08 07 45 68
時10時30分～18時30分(水曜は14時45分～)※季節により異なる 休11～3月 料€10

競売の試飲会も賑わう photo M Joly

ボルドーが「ワインの女王」とよばれるのに対し、「ワインの王様」と称されるブルゴーニュ。ブルゴーニュとはある特定の街ではなく、フランス東部の地域圏の総称だ。首府はマスタードの産地としても知られるディジョン。そこから37kmの距離にあるボーヌは、コート・ドール(黄金の丘陵)地区の中心として、毎年11月には3日間のワイン祭りが開催されるワインの里だ。主要なブドウの品種は赤がピノ・ノワールとガメイ、白はシャルドネとアリゴテ。ロマネ・コンティやモンラッシェといった特級畑を擁し、世界最高峰ワインが造られている。

アクセス

ブルゴーニュの起点となる街ディジョンへは、パリのリヨンLYON駅からTGVで所要約1時間40分、ディジョン・ヴィルDIJON VILLE駅下車。またパリのベルシーBERCY駅から急行列車TERの直通もあり、ディジョン駅まで約2時間30分。ボーヌはDIJON VILLE駅からTERで直通、所要約20分。パリLYON駅からBEAUNE駅直通のTVGは金～土曜のみ1日1本、所要約2時間15分。

観光案内所

●ボーヌBeaune
住6 Boulevard Perpreuil
☎03 80 26 21 30
時9～19時(日曜は～18時)※季節により異なる
休なし MAP付録P2B3

●ディジョンDijon
住11 Rue des Forges
☎03 80 44 11 44
時9時30分～18時30分(曜日、季節により異なる)
休なし MAP付録P2B2

ブルゴーニュワインの産地

シャブリChablis
ブルゴーニュ地方の最北端にあり、シャルドネ種を使った辛口白ワインの産地。

コート・ドゥ・ボーヌ Côtes de Beaure
コート・ドゥ・ニュイの南、ムルソーやピュリニー・モンラッシェなど高級白ワインの産地。

コート・シャロネーズ Côtes Chalonnaise
コート・ドールの南側の穏やかな丘陵地帯。メルキュレの赤やモンタニーの白が人気。

マコネーMâconnais
ボーヌ地区の南東部の小さな地区で、プイィ・フュイッセなどのAOC辛口白ワインが有名。

ボジョレーBeaujolais
ブルゴーニュ最南端、ボジョレー・ヌーヴォーで世界的に知られる。ガメイ種の赤が中心。

コート・ドゥ・ニュイ Côtes de Nuits
ディジョンの南、ヴォーヌ・ロマネやジュヴレ・シャンベルタンなど最高級赤ワインの産地。

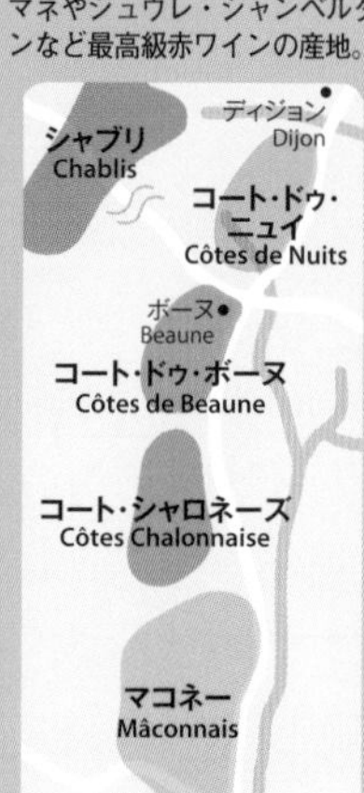

ヴィジオトランには
日本語音声ガイドもある

ブルゴーニュワインの集積地 ボーヌでするべきコト Best 3

1 最高級ワインの聖地を訪ねて ツアーでワイナリー巡り

ブドウ畑訪問から試飲まで、英語ガイドの解説付きで楽しめる。ボーヌ発着のツアーが各種あるので、効率よく回るなら参加するのがおすすめ。ツアー情報は観光案内所で。

シャブリ生産者の元で見学後にテイスティングも

パリ・シティ・ヴィジョンのツアーではシャブリ村の醸造所を見学

おすすめツアー　通年催行

シュマン・ドゥ・ブルゴーニュ・ツアー

Chemins de Bourgogne Tours

フォルクスワーゲンのレトロなワゴン車に乗って巡るコート・ドゥ・ニュイのツアーが人気。ヴォーヌ・ロマネ村のドメーヌ・ド・ラ・ロマネコンティなどに立ち寄り、5種類のワインを試飲できる。コート・ドゥ・ボーヌは四輪駆動車でポマールやムルソー、モンラッシェへ。どちらもボーヌ観光案内所から出発、ガイドはフランス語または英語。プライベートツアー1人€320〜もあり。

[集合場所] ボーヌの観光案内所 [出発／所要時間] コート・ドゥ・ボーヌ：10時／所要時間２時間30分、コート・ドゥ・ニュイ：14時30分／2時間30分 [催行日]月〜土曜 料コート・ドゥ・ボーヌ€75、コート・ドゥ・ニュイ€85　ツアーの申し込みは観光案内所か、Webサイト URL www.chemins-de-bourgogne.com/で。

コート・ドゥ・ボーヌのブドウ畑。歴史あるポマール、白ワインのムルソー、世界的に有名なモンラッシェを訪れる

ワイン好きにはたまらない貴重なお宝が集まる
photo Francis Vauba

2 中世のカーヴで名品ワインを堪能 ワイン市場

Marché aux Vins

ブルゴーニュワインを赤白合わせて15種類ほど試飲できる施設。入口で試飲用の器とチェックシートを受け取り、地下のカーヴでテイスティングし、気に入ったワインは最後に購入可能だ。15世紀の修道院を改装した建物も必見。

住7, Rue de l'Hôtel-Dieu（ボーヌ） ☎03 80 25 08 20 時10〜12時、14〜19時(4〜11月は10〜19時) 休なし 料入場無料

Meursault 1er Cru Les Charmes 2009年€69 ※参考商品

Ruchottes Chambertin Grand Cru 2006年 €136（参考商品）

試食は€25と€59と2つのカテゴリーが

3 ワイン造りの歴史を学ぶ ワイン博物館

Le Musée du Vin - Hôtel des Ducs de Bourgogne

18世紀までブルゴーニュ公の邸宅だったという建物内に、ワイン製造器具に農具、ボトルやグラスのコレクションまで、ワインとブドウ栽培に関するあらゆる資料を展示している。

住 24, Rue Bourgogne ☎ 03 80 22 08 19 時10〜13時、14〜18時 休火曜、11〜3月 料€6

ワイングッズも要チェック

フランスワインの生産地をめぐる

シャンパーニュの街

ランス

Reims

MAP 付録P2B2

大聖堂前には
ジャンヌ・
ダルク像も

ノートルダム大聖堂
入口の聖人像

名門メゾン、
ポメリーの
壮大なシャトー
©Cecil Mathieu

戴冠式で授与された
王冠の複製は
トー宮殿に
©F.canon

世界遺産のサン・レミ・
バジリカ聖堂も必見

フランス北東部に位置し、中世より国王の戴冠式がおこなわれてきた歴史的都市ランスを擁するシャンパーニュ地方。モンターニュ・ドゥ・ランス、ヴァレ・ドゥ・ラ・マルヌ、コート・デ・ブランといった地区にブドウ畑が広がり、世界的な人気を誇る発泡ワイン、シャンパーニュが生産されている。またシャンパーニュの祖ドン・ペリニヨンゆかりの地である近郊の町エペルネにも有名メゾンが軒を連ね、多くのカーヴは一般公開されている。

アクセス

パリの東L' EST駅からTGVで約50分、ランスREIMS駅下車。1日15本。REIMS駅からEPERNAY駅までは在来線TERで直行、約30分。

歩き方アドバイス

ランス市街中心や大聖堂へは駅から徒歩でアクセス可能。主要カーヴは市内に点在しているので、バスの利用が便利。

観光案内所 ノートルダム大聖堂前のほか、TGV駅前にも出張所があり、シャンパーニュメゾン見学の予約も可能。交ノートルダム大聖堂前　住6, Rue Rockfeller　☎03 26 77 45 00　時9～19時(日曜、祝日は10～18時)季節によって異なる MAP P140A1

フジタ礼拝堂は
例年5～9月のみ
公開

ランスで行きたい！

シャンパーニュメゾン

シャンパーニュの王様ドン・ペリニヨンのラベル ©Dom Pérignon

名物菓子のビスキュイ・ローズ175g入り€4はフォシエ（欄外）で

カーヴはフジタ礼拝堂の向かい側に位置する

ブリュット・コレクション・グラン・クリュ

G.H.マム

G.H.Mumm MAP P140A1

赤いリボンの誉れ高い老舗

ドイツ出身のマム一族が1827年に創業、赤いリボン（コルドン・ルージュ）入りのロゴが目印。画家の藤田嗣治と親交が深く、ランスの名所フジタ礼拝堂もここの敷地内に建てられた。カーヴは一年中公開しているが、要予約。

交ランス駅から徒歩15分 住34, Rue du Champ de Mars ☎03 26 49 59 70 時休季節により異なる（公式サイト要確認） 料€28～ URL www.mumm.com/jp/

ヴーヴ・クリコ

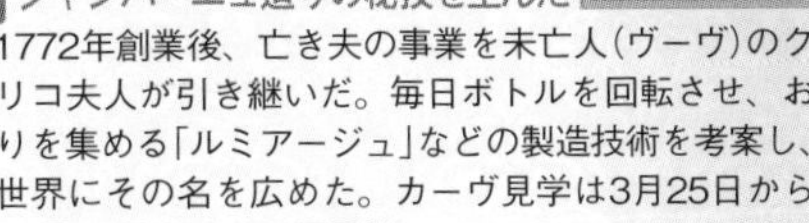

Veuve Clicquot MAP P140A2

シャンパーニュ造りの秘技を生んだ

1772年創業後、亡き夫の事業を未亡人（ヴーヴ）のクリコ夫人が引き継いだ。毎日ボトルを回転させ、おりを集める「ルミアージュ」などの製造技術を考案し、世界にその名を広めた。カーヴ見学は3月25日から11月15日までで、要予約。

交バス6号線DROITS DE L'Homme下車、徒歩すぐ 住1, Rue. AlbertThomas ☎03 26 89 53 90 時9時30分～17時30分 休月曜、3・4・11・12月の火曜、1・2月 料€35～ E URL www.veuveclicquot.com/

カーヴではボトルが年代ごとに仕切られている

イエローラベルのブリュットは香り高い味わい

修道院の跡地にあるカーヴを見学できる

ポメリー

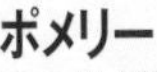

Pommery MAP P140A2

辛口シャンパーニュの発祥

ブリュット・アパナージュ

1836年創業、現在主流の辛口「ブリュット」を造り出した先駆者的なメゾン。自社畑のブドウを3年以上熟成、低温発酵で繊細な泡を生み出すなど、こだわりのシャンパーニュ造りに注目。カーヴ見学は電話かインターネット予約を。

交バス11号線GOURAUD下車、徒歩8分 住5, Pl. du Général Gouraud ☎03 26 61 62 56 時10～13時、14～18時（季節により異なる） 休1月1～3日 料€26～ E URL pommery.jp

カーヴは古代ローマ時代の遺跡を使用

テタンジェ

Taittinger MAP P140A2

稀少な家族経営の地元ブランド

1734年創立のフルノー社を1932年テタンジェ氏が買収し今の名に。家族経営を続ける稀少な存在。広大な自社畑で栽培されるブドウがシャンパーニュの品質を保つ。カーヴ見学は一年中予約なしで受け付けているが、インターネット予約が確実。

交バス11号線SAINT-TIMOTHEE下車、徒歩3分 住9, Pl. Saint-Nicaise ☎03 26 85 45 35 時9時30分～17時30分（季節により異なる） 休1～3月の日・月曜（季節により異なる） 料€37～ E URL www.taittinger.com/ja

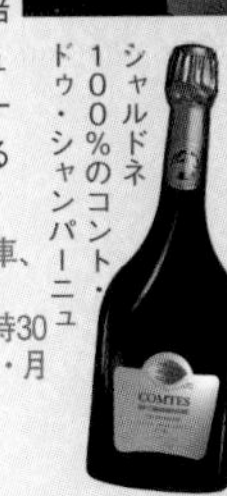

シャルドネ100％のコント・ドゥ・シャンパーニュ

ひと足のばして

Michel Jolyot ／Dom Pérignon

エペルネ

Épernay MAP P2B2

ランスと並ぶシャンパーニュの名産地、エペルネ。ランスの南、約30kmにあるブドウ畑に囲まれた小さな町の中心、通称シャンパーニュ通りにはポル・ロジェ、ペリエ・ジュエなどの一流メゾンが立ち並ぶ。中でも代表的なモエ・エ・シャンドンの入口前には、シャンパンの父ドン・ペリニヨンの銅像も。

僧侶ドン・ペリニヨンの銅像が迎える

2004年のヴィンテージ・ドン・ペリニヨン Dom Pérignon

モエ・エ・シャンドン

Moët & Chandon

交EPERNAY駅から徒歩5分 住20, Av. de Champagne ☎03 26 51 20 20 時見学は9時30分～16時45分 休季節により異なる（公式サイト要確認） 料€40～ URL www.moet.com/ja-jp/visit-us

ランスからエペルネまではTERで約30分

info ビスキュイ・ローズを買うならフォシエ（Fossier）へ。€1.75～（→P19）。交REIMS駅から徒歩10分 住25 Cours Jean-Baptiste Langlet ☎03 26 47 59 84 時10～19時（月曜は14時～） 休日曜 MAP P140A1

フランス発オプショナルツアー

限られた滞在時間でも効率よく観光できるのが
現地発着のオプショナルツアー。
日本語の案内付きなので言葉の心配なく
思う存分ショートトリップを楽しめる。

❶出発時間 ❷所要時間 ❸催行日 ❹料金
※ツアーの詳細はマイバスフランスの公式サイトで確認を
※モン・サン・ミッシェルのツアーは2024年7月1日〜9月8日限定で直行ツアーを催行

申込先
マイバスフランス
☎01 55 99 99 65(日本語可)
㊟18, Rue des Pyramides 1er
㊕9～17 時　㊡なし
URL www.mybus-europe.jp/
MAP 付録P29C4

パリ発

モンマルトルとシテ島散策付き！ パリ市内観光午前ツアー

パリの主要観光スポットをバスで効率よく回り車窓から観光。エッフェル塔の撮影スポットでは下車して写真撮影、モンマルトルでは1時間ほど散策。

❶8時45分　❷3時間15分　❸月・木曜(5/9、7/1～9/8を除く)　❹€90

日本語公認ガイドと行く ルーヴル美術館半日ツアー

『ミロのヴィーナス』『モナリザ』など必見作品を政府公認ガイドがイヤフォンを使って案内。午前、午後から選べる。

❶9時・14時　❷3時間　❸午前:水・金・日曜(5/1、7/14、9/22は除く)　午後:月・木・土曜(9/21を除く)
❹€98

ヴェルサイユ宮殿 半日ツアー(午前・午後)

豪華な宮殿内部を政府公認ガイドがイヤフォン案内で詳しく解説。歴史や当時の生活ぶりまで知ることができる。

❶8時30分(7・8月は8時)・14時　❷4時間15分　❸午前：公式サイトで要確認　午後：水・金・日曜(第1日曜、5/1、7/1～9/22・29は除く)　❹€100

パリの朝一とカフェ (ホットドリンク付き)

グルメ大国フランスの活気あふれるマルシェを体験！ 普段着のパリを楽しめる。マルシェのあとはカフェで休憩。

❶9時　❷3時間
❸日曜(4/7、7/14、8月を除く)　❹€80

印象派モネの家 ジヴェルニー午前ツアー

画家クロード・モネが晩年を過ごしたジヴェルニーの家を訪ねる。モネの浮世絵コレクションも見られる。

❶7時45分　❷5時間15分　❸5・6・10月の金曜、4/30、5/7、9/13・17・20・24・27　❹€110

モン・サン・ミッシェルと オンフルール1日ツアー

モン・サン・ミッシェルの自由散策と、印象派の画家たちを魅了した古い漁港オンフルールを訪問。昼食は名物のオムレツをフルコースで楽しむ。昼食なしのフリープラン、完全フリープランもある。

❶7時20分　❷14時間　❸公式サイトで要確認　❹€150～

パリ流行発信地・マレ地区と カルナヴァレ美術館

流行に敏感なパリっ子お気に入りのマレ地区を政府公認ガイドと巡る。マレ地区必須のカルナヴァレ美術館への入場付き。

❶14時　❷3時間
❸4～6月、9・10月の金曜、7・8月の火・金曜　❹€98

日本語アシスタントがご案内！ クリニャンクール蚤の市

3000軒の露天商がひしめき合うパリ最大の蚤の市をアシスタントが案内してくれる。アンティーク好きには必見のツアー。

❶9時　❷3時間　❸土曜(8月を除く)
❹€75

ロワール地方の 古城めぐり1日ツアー

ロワール河流域に点在する古城の中から、フランス史に残る優美なシュノンソー城とロワール最大の豪華なシャンボール城を見学。ロワールの名門ワインを無料テイスティング！

❶7時20分　❷12時間　❸金曜、4/23・30、5/7、7/23・30、8/6・27、9/3・17・24、10/8・15(7月の金曜、8/2・16・23を除く)　❹€280(昼食付き)

リヨン発

【プライベート】 美食の都リヨン街歩き 旧市街散策とポール・ボキューズ市場

リヨンの魅力を目で見て、舌でも楽しめるプライベートツアー。リヨン在住の日本語アシスタント付きで初めてのリヨン滞在も安心。

❶9時　❷4時間　❸火～日曜(5/1・8・9、7/14、8/15、9/21・22を除く)　❹1人€90～370

【プライベート】 世界遺産地区散策と 老舗ショコラティエ(午前・午後)

絹織物の歴史をたどりながら世界遺産地区散策。リヨンを代表するショコラティエ「ベルナション」にも立ち寄る。

❶午前:9時30分　午後:14時　❷3時間30分　❸火～土曜(5/1・8・9、7/15～8/15、9/21を除く)　❹1人€89～365

【プライベート】 自由気ままに！ リヨン市内観光(午前・午後)

リヨン在住の日本語アシスタントがアラカルトで希望観光名所を案内してくれる。ショッピングのお手伝いもお任せできる。

❶午前:9時　午後:14時　❷3時間30分
❸毎日(4/1、5/1・8・9・20、7/14、8/15、9/21・22を除く)　❹1人€67～400

※オプショナルツアーの情報は2024年4～10月のものです。

Lala Citta France

トラベル インフォ

Travel Info

日本とは文化や習慣が異なるフランス。
快適で楽しい旅を満喫するには
しっかりとした事前準備が大切。

France Travel Info

入出国の流れ

旅行が決まったら、入出国の流れを
まずチェック！　万全の準備で空港へ。

フランス入国

1 到着

日本からの直行便はシャルル・ド・ゴール空港に到着。飛行機を降りたら「Arrivées／Arrivals」の表示に従い、入国審査へと進む。

2 入国審査

カウンターの表示を確認し、EU諸国外旅行者用の「Tous Passports／All Passports)」と書かれたカウンターに並ぶ。順番が来たらパスポートを審査官に提示。旅行の目的や滞在日数、滞在先など、英語で簡単な質問をされる場合もある。パスポートに入国のスタンプが押され、入国審査終了。日本のパスポートなら自動化ゲートも利用できる。なお、シェンゲン領域国を経由した場合は、フランスでの入国審査は行われない。

3 荷物受取所

入国審査後、自分が乗ってきた便名が表示されたターンテーブルで荷物を受け取る。荷物が出てこない場合は手荷物受取エリアのサービスデスクでクレーム・タグ(手荷物引換証。搭乗券の裏に貼られていることが多い)を提示して探してもらう。

4 税関

免税範囲内なら、申告なし「Rien à Déclarer」(緑のランプ)のゲートを通過して外へ出る。免税範囲を超える場合は、機内で配布される税関申告書「Déclaration en Douane」に必要事項を記入し、申告あり「Objets à Déclarer」(赤のランプ)のゲートへ行き、所定の金額を支払う。

5 到着ロビー

観光案内所や両替所などがある。市内への交通はP146参照。

フランスの入国条件

○ パスポートの残存有効期限

シェンゲン領域国出国時に3カ月以上必要。

○ ビザ

観光目的で、シェンゲン領域国での滞在日数の合計が直近180日のうち合計90日以内であればビザ不要。

液体物の機内持込み制限

機内持込み手荷物には液体物の持込み制限がある。100mℓ以下(100mℓを超えない容器に入れる)であれば、ジッパーのついた透明プラスチック製袋に入れれば持込める。詳細は国土交通省航空局のWebサイト URL www.mlit.go.jp/koku/15_bf_000006.htmlを参照。

入国時の持込み制限

○ 主な免税範囲(1人当たり)

- **酒類**(17歳以上)…ワイン4ℓ、ビール16ℓ、22度を超えるアルコール飲料1ℓ、または22度以下なら2ℓ
- **たばこ**(17歳以上)…紙巻たばこ200本または葉巻50本または小型葉巻100本または刻みたばこ250g

上記以外の物品…€430相当まで(飛行機および船で入国した場合。15歳未満は€150)

- **通貨**…€1万以上の現金またはそれに相当する外貨、小切手などの持込み・持出しともに要申告

○ 主な持込み禁止品

- 偽ブランド品は持込み禁止。薬物医薬品は条件により持込み可。
- 乳製品、ワシントン条約で保護されている動植物、特定の肉、魚介などの食品にも制限があり、検疫が必要。また少量であっても税関職員の判断で持ち込めないことがある。

ETIASとは？

2025年半ばから、フランスを含むシェンゲン領域国に渡航する際、欧州渡航情報認証制度「ETIAS(エティアス)」の申請が必要となる予定。直近180日のうち、合計90日以内の滞在が認められる。対象国は日本を含む約60カ国、対象年齢は18歳以上、申請費用は€7。
申請方法はオンライン URL travel-europe.europa.eu

シェンゲン協定とは

ヨーロッパの一部の国家間で締結された検問廃止協定のこと。シェンゲン領域国間の移動は、国境の通行が自由化されている。これにより、日本など領域国以外から入国する場合は、最初に到着した領域国の空港でのみ入国手続きを行う。また帰国の際は、最後に出国する領域国で出国審査を受ける。

シェンゲン協定加盟国(2024年4月現在)

アイスランド、イタリア、エストニア、オーストリア、オランダ、ギリシア、クロアチア、スイス、スウェーデン、スペイン、スロヴァキア、スロベニア、チェコ、デンマーク、ドイツ、ノルウェー、ハンガリー、フィンランド、フランス、ブルガリア、ベルギー、ポーランド、ポルトガル、マルタ、ラトビア、リトアニア、リヒテンシュタイン、ルーマニア、ルクセンブルク

info パスポートの申請についてはパスポートAtoZ(外務省) URL www.mofa.go.jp/mofaj/toko/passport/ を参照。

フランス出国

❶ 免税手続き

付加価値税の払い戻しを行う場合は、チェックインの前に免税手続きカウンター「Détaxe」または電子認証免税通関システム「パブロ(PABLO)」で手続きをする(→P153)。出発便が集中する時間帯は混み合うこともあるので、早めに手続きを。

❷ チェックイン

利用する航空会社のチェックイン・カウンターで、航空券(eチケット控え)とパスポートを提示。機内持込み以外の荷物はここで預け、クレーム・タグ(手荷物引換証)と搭乗券を受け取る。航空会社によってはセルフチェックイン機を利用する。

❸ 出国審査

パスポートと搭乗券を提示。質問されることも、パスポートにスタンプが押されることも少ない。

❹ 手荷物検査

機内に持込む手荷物のX線検査とボディチェックが行われる。日本出国時と同様、液体物の持込みには制限がある。危険物の持込みは禁止。

❺ 搭乗ゲート

搭乗券に指定された搭乗ゲートに向かう。チェックイン時に確定していない場合は、掲示板などでゲート番号や搭乗時刻を随時確認しておく。

日本帰国時の注意

○ 主な免税範囲(20歳以上、一人当たり)

- **酒類**…3本(1本760mℓ程度)
- **たばこ**…紙巻たばこ200本、または葉巻たばこ50本。加熱式たばこのみの場合、個装等10個(「アイコス」のみ、または「グロー」のみの場合は200本、「プルームテック」は50個まで)。2種類以上の場合は総量が250gを超えないこと。
- **香水**…2オンス(約56mℓ、オードトワレ・コロンは除外)
- **その他**…1品目ごとの海外市価合計額が1万円以下のもの全量、海外市価合計額20万円まで

日本帰国時の税関で、機内や税関前にある「携帯品・別送品申告書」を提出する(家族は代表者のみ)

○ 主な輸入禁止品

麻薬、大麻、覚せい剤、鉄砲類、わいせつ物、偽ブランド品など。

○ 主な輸入制限品

ワシントン条約に該当するもの(ワニ、ヘビ、トカゲ、象牙などの加工品など)、土つきの植物、果実、切り花、野菜、乳製品、ハムやソーセージなどの肉類。また、医薬品や化粧品にも数量制限あり(化粧品、医薬品共に1品目24個以内)。

税関申告はオンラインがおすすめ

「Visit Japan Web」で入国審査(外国人入国記録)と税関申告(携帯品・別送品申告)をWeb上で行える。事前にアカウントを作って入国・帰国の予定の情報登録を済ませ、本入国前に「携帯品・別送品申告」の手続きを済ませる。二次元コードが発行されるので、税関で提示するとスムーズに通過できる。
URL vjw-lp.digital.go.jp/ja/

その他の入出国

○ 鉄道

フランスにはユーロスターはじめ複数の国際列車が走っており、路線によってパリだけでなく地方都市へも直接乗り入れている。シェンゲン領域国では入国審査は不要。ユーロスターの場合は、国境を通過する際に係員にパスポートを提示しスタンプをもらう。税関審査も原則行われない。

イギリスとヨーロッパ大陸を結ぶ国際列車のユーロスター。パリは北駅(→別冊P5)から発着

○ 長距離バス

ヨーロッパ各国を結ぶ国際長距離バスのユーロライン(Eurolines)やブラブラカー・バス(BlaBlaCar Bus)が運行している。フランス国内の各都市へもつながっている。
BlaBlaCar Bus URL www.blablacar.fr/bus
Eurolines URL www.eurolines.lt/en

○ 車(レンタカー)

隣接する国から車で入国することも可能。シェンゲン領域国間では検問は原則行われない。

info 日本へ帰国の際、別送品がある場合や免税範囲を超えた税率などの詳細は税関 URL www.customs.go.jp/を参照。

France Travel Info

空港から市内への交通

パリにある2つの空港、ニースの空港、それぞれ市内への移動手段はいろいろあるので都合に合ったものを選ぼう。

パリ

シャルル・ド・ゴール空港

CDG2のホールEにある手荷物受取所

ロワシー(Roissy)の愛称でよばれるフランスのハブ空港。日本からの直行便が到着する。シャルル・ド・ゴール1(CDG1)とシャルル・ド・ゴール2(CDG2)、シャルル・ド・ゴール3(CDG3)の3つのターミナルがあり、航空会社によって利用するターミナルが異なる。CDG3は主に格安航空会社の便が利用。

シャルル・ド・ゴール1(CDG1)

円筒形の建物から、7本のサテライトが放射状に延びている。全日本空輸(NH)の発着はこちら。そのほかの主な航空会社は、スカンジナビア航空(SK)、ルフトハンザ・ドイツ航空(LH)、タイ国際航空(TG)、シンガポール航空(SQ)など。

シャルル・ド・ゴール2(CDG2)

左右に細長く、広いターミナル。A～Gまで7つのサブターミナルに分かれている。日本航空(JL)や日本からのエールフランス航空(AF)の発着はホールE。そのほかの主な航空会社(ホールE 発着)は大韓航空(KE)など。

空港からパリ市内へ 交通早見表

交通機関	特徴	運行時間/所要時間	料金(片道)
高速郊外鉄道RER	RERのB3線がCDG2とCDG1へ乗り入れている。駅まではCDG1からはモノレールCDGVALで、CDG2のホールEからは歩いて行ける。行き先は、北駅、シャトレ・レ・アル駅など。	4時50分～22時59分の10～15分間隔。所要約35分(北駅まで)	€11.80
ロワシーバス	パリ市交通公団RATPが運行するバス。乗り場はCDG1、CDG2のどちらにもある。行き先は、オペラ・ガルニエ。	6時～20時45分の15分間隔、20時45分～24時30分の20分間隔。所要約60分	€16.60
タクシー	2人以上の場合や荷物が多いときには便利。乗り場はCDG1の24番出口、CDG2ホールEの10番出口。	24時間。所要約30～50分	右岸€56 左岸€65 (固定料金)

オルリー空港

パリ中心部から約14㎞南にあるパリ第2の空港。国内線や欧州の国際線が発着。ターミナルはorly1～4の4つある。

パリ中心部へ

市内へ行く交通手段は、メトロ14号線(延伸部分、2024年6月開通予定)、オルリーバス、オルリーヴァル(モノレール)+RER、タクシーなどがある。いずれも所要おおよそ30～50分。

シャルル・ド・ゴール空港へ

オルリーヴァル(モノレール)でRERB線ANTHONY駅まで行き、B線で終点CDGへ。€25.45。タクシーは所要約50分、料金は€70～80。

info シャルル・ド・ゴール空港からパリ中心部へ向かう市バス(350番、351番)もあるが、時間がかかるうえ荷物を置く場所もないので、あまりおすすめできない。パリ市内行きのRERは車内スリが多発しているので注意。

シャルル・ド・ゴール空港

到着フロア

手荷物受取所

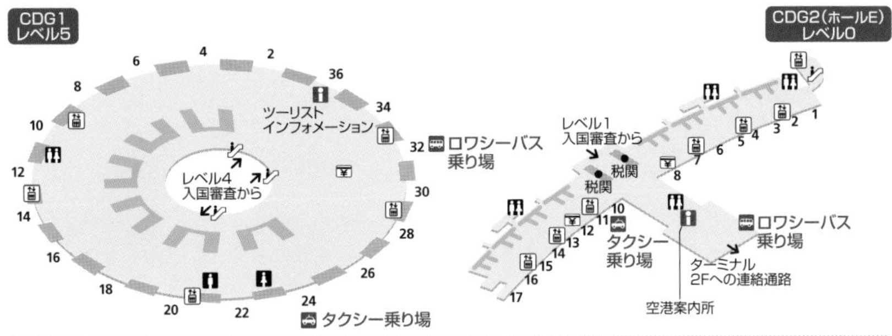

出発フロア

チェックイン・カウンター

※CDG1の免税手続きカウンターとパブロ(PABLO)は
CDGVAL(レベル2)のホール6付近にある

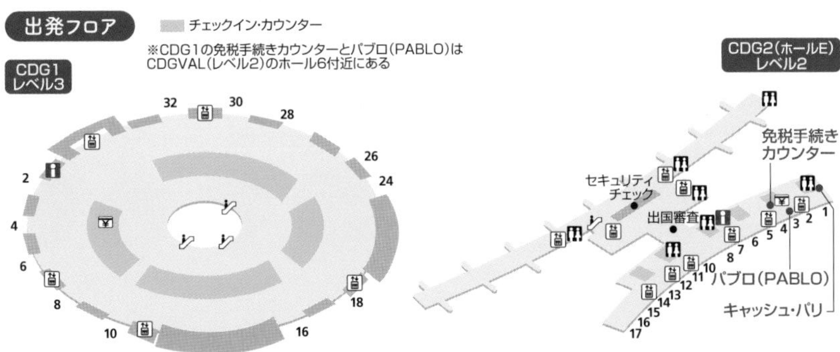

案内所　両替所・銀行　トイレ　エレベーター　エスカレーター　バス　タクシー

CDG1～CDG2間の移動はモノレールで

移動は各ターミナルを結ぶモノレール「シャルル・ド・ゴール・ヴァル(CDGVAL)」を利用しよう。CDG1の乗り場はレベル2、CDG2の乗り場はDとFの間にあるTGV-RER駅近くにある。所要約8分。

㊓4時～翌1時㊡なし㊑無料

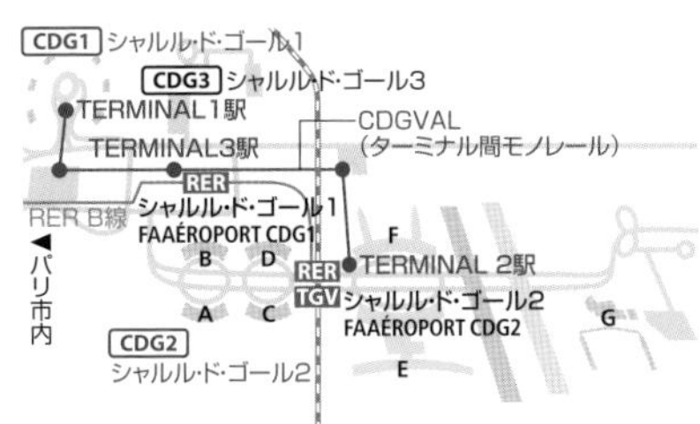

ニース

コート・ダジュール空港

ニースの南西7kmほどにあり、シャルル・ド・ゴール空港、オルリー空港についでフランス3番目の乗降客数を誇る。ターミナルは1と2の2つ。ニースをはじめ、モナコやカンヌなど近隣の都市、プロヴァンス地方などに多数のバスが出ている。

ニース市内へ

12番バスがニースのバスターミナルへ16分間隔で運行、トラム2番がニースのバスターミナルへ8分間隔で運行。所要約35分、各€10。タクシーは所要20～30分ほどで€32。

info 日本からニースへの直行便はない。パリのシャルル・ド・ゴール空港やオルリー空港、またはヨーロッパの他の都市からの乗り継ぎ便で。

France Travel Info

旅のキホン

通貨や季節など基本情報を事前にチェック！
電話のかけ方やインターネット事情も
覚えておくと便利。

お金のこと

通貨単位はユーロ(€)。補助単位はユーロセント(¢、フランスでは通称サンチーム)、€1=100¢。

紙幣・硬貨の種類

€1＝約162円
(2024年3月現在)

紙幣は6種類あり表のデザインはEU加盟国共通。硬貨は8種類あり、表のデザインは共通で、€1、2は国土を表す六角形と木と自由・平等・博愛の文字で、10〜50¢は種を蒔く人、1〜5¢は「マリアンヌ」の肖像画が描かれている。裏のデザインは国によって異なるが、他のユーロ使用国でも使うことができる。

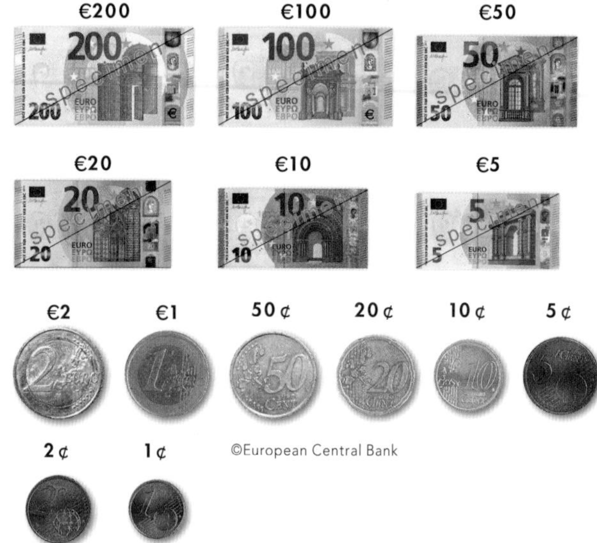

©European Central Bank

両替

空港、主要駅、ホテルなどで円からユーロに換金可能。両替レートや手数料がそれぞれ異なるので、見比べるとよい。ただし、日本のほうが両替レートがよいので、必要分は日本出国前に用意したい。

空港	街なかの両替所	ホテル	ATM
到着フロアに両替所がある。両替レートはあまりよくなく手数料も高いので、当面必要な分のみに。	観光客が集まる場所に多い。両替レートは店によって異なり、店頭の掲示をみて確認を。	両替レートはよくないが、フロントでできるので安全安心。プチホテルなどでは両替不可なことも。	至る所にあるので両替所の少ないエリアで重宝する。提携カードは機械の表示で確認。

クレジットカード&ATM

フランスは日本以上にキャッシュレス化が進んでいる。身分証明書にもなるのでクレジットカードは必ず1枚(紛失や盗難を考慮すると2枚以上)用意しよう。レストラン、デパートはもちろん、街の小さなブーランジュリーなどでも使えるところが多い。銀行口座から円換算され、即時引き落とされるデビットカードも便利。手数料はカード会社の契約内容による。ATMは銀行併設のものを銀行が開いている時間に利用するのが望ましい。

ATMお役立ち単語集

暗証番号 …… PIN/ID CODE/SECRET CODE/PERSONAL NUMBER
確認 ………… ENTER/OK/CORRECT/YES
取消 ………… CANCEL
取引 ………… TRANSACTION
現金引出 ……… WITHDRAWAL/GET CASH
キャッシング … CASH ADVANCE/CREDIT
金額 ………… AMOUNT

info デビットカードは三井住友銀行のSMBCデビット、ソニー銀行のSony Bank WALLET、楽天銀行デビットカード、Wiseなど多数。口座引き落としなので、使いすぎを防止できる。

季節のこと

主な祝祭日

1月1日	元日
4月20日	復活祭(イースター)★
4月21日	復活祭翌日月曜日(イースターマンデー)★
5月1日	メーデー
5月8日	1945年5月8日戦勝記念日
5月9日	キリスト昇天祭★
5月19日	聖霊降臨祭★
5月20日	聖霊降臨祭翌日月曜日★
7月14日	革命記念日
8月15日	聖母被昇天祭
11月1日	諸聖人の日
11月11日	1918年休戦記念日
12月25日	クリスマス

主なイベント

2月中～下旬ごろ	カーニバル(ニース)★
4月上旬	パリ・マラソン(パリ)★
5月14～25日	カンヌ国際映画祭(カンヌ)★
5月20日～6月9日	全仏オープンテニス(パリ)★
6月15・16日	ル・マン24時間耐久レース(ル・マン)★
6月21日	音楽の日(フランス全土)
6月29日～7月21日	ツール・ド・フランス(フランスと周辺国)★
7月15～19日	ジャズ・フェスティバル(ニース)★
7月14日	革命記念日(パリ)
7月26日～8月11日	パリ2024オリンピック★
8月28日～9月8日	パリ2024パラリンピック★
10月5～6日	凱旋門賞(パリ)★
10月9～13日	ブドウ収穫祭(パリ・モンマルトル)★
11月14～18日	栄光の3日間〈ワイン祭り〉(ボーヌ)★
11月中旬～1月上旬	クリスマス・イルミネーション

★印の祝祭日やイベントは年によって変わる。上記は2024年5月～2025年4月のもの。イベントは日程変更になることもある。

気候とアドバイス

※日の出・日の入はその月の15日を記載

春 3～5月

3月は寒い日も多く、春らしくなるのは4月中旬ごろから。日中、陽が差すと暑くなることもあるが、朝夕は冷え込むことも。1日の寒暖の差が激しいので薄手の防寒具の用意を。

3月の日出目安：7時04分
3月の日入目安：18時56分

夏 6～8月

7・8月は気温30℃を超えることもあるが、日本に比べ湿度が低いので過ごしやすい。朝晩は思いのほか冷え込むこともある。格式あるレストランに行くなら男性はジャケットが必要となるので忘れずに。

6月の日出目安：5時46分
6月の日入目安：21時56分

秋 9～11月

9月以降は気温も低下、朝夕の冷え込みも強くなってくるので、セーターやコートなどが必要になる。また、雨が降ると冷たい雨になるので、折り畳み傘など雨具の用意があると安心。

9月の日出目安：7時28分
9月の日入目安：20時03分

冬 12～2月

どんよりとした底冷えする日が続き、晴れ間が見えることは稀。コートや帽子、手袋、ブーツなどの防寒対策をしっかりと。冬季は南仏でも冷え込むので油断せずに。

12月の日出目安：8時37分
12月の日入目安：16時54分

平均気温＆平均降水量

※気温、降水量は理科年表2024版の平年値

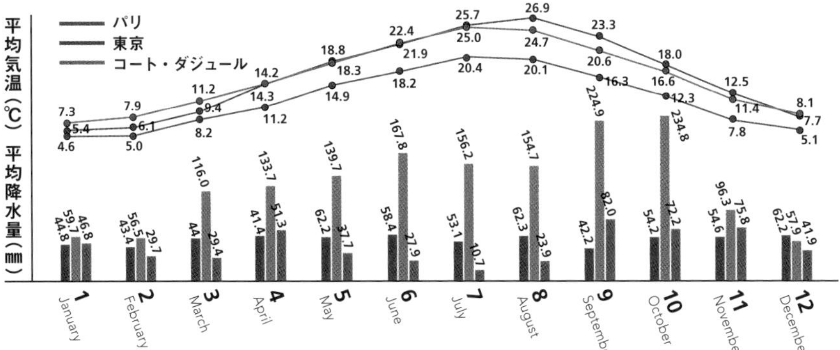

info メーデーやクリスマス、元旦、美術館やショップなど、ほとんどの施設が閉まるのでこの時期をはさむ旅行は注意。

電話のこと

フランス国内電話

フランスの電話番号は0から始まる10桁の番号。全土を通じて10桁で市外局番はない。ホテルの客室電話からかける場合は外線番号を忘れずに。

携帯電話・スマートフォン

使っている携帯電話の機種や契約によって海外での使用方法はいろいろ。事前に確認して自分に合った設定や海外プランなどに加入しよう。

フランス→日本

国際電話識別番号		日本の国番号		最初の0を省く
00	+	81	+	相手の電話番号

*例えば(03)-1234-5678にかける場合、　00-81-3-1234-5678とダイヤルする

日本→フランス

国際電話識別番号		フランスの国番号		最初の0を省く
010	+	33	+	相手の電話番号

*例えば01 23 45 67 89にかける場合、　010-33-1-23-45-67-89とダイヤルする

インターネットのこと

街なかで

マクドナルドやスターバックスコーヒー、カフェ、公園や図書館、美術館などの公共施設では、各所にWi-Fiスポットがある。無線LAN対応機器があれば利用可能。接続パスワードが必要な場合は、スタッフに確認を。パリでは無料公共Wi-Fi「Paris Wi-Fi」もあり、市内約260の公共施設で接続できる。

ホテルで

ほとんどのホテルでWi-Fiの接続が可能。パソコン、スマートフォン、タブレットを持参すれば使える。接続無料のホテルが多いが、高級ホテルだとロビーは無料で、客室は有料のところも。チェックイン時にWi-FiのIDとパスワードを聞こう。

郵便のこと

はがき・封書

切手は郵便局やタバコ店で購入できる。日本へ送る場合、あて先は「JAPON」「PAR AVION」と記せば、ほかは日本語でOK。はがきと封書20gまで€1.96、封書100gまで€4.15、数日～数週間で届く。ポストは黄色の箱型で、日本への郵便は「Etranger」に投函する。郵便局の営業時間は支店により異なるが、基本的に9時～18時30分（土曜は～12時、日曜休み）。

URL www.laposte.fr/

小包・宅配便

フランスから国外へ送る普通小包の重量制限は20kgまで。税関申告書を兼ねた所定用紙に必要事項を記して小包に貼る。外装には別送品「Unaccompanied Baggage」と書く。この表示がないと一般貿易貨物と同じ輸入手続きが必要となる。日本への小包はコリッシモ「Colissimo International」という箱付きサービスが安い。5kgまでが€70.80、～8日程度で届く。また、パリには日本の宅配業者もあり日本語で依頼ができる。荷物に保険もかけられ、日本での着払いも可能。一般発送のみ。

欧州ヤマト運輸パリ空港支店 E-mail ypepar@yamatoeurope.com

info 海外で携帯電話を使う際は利用料金に注意。使わない時はパケット通信を切るか、海外用定額サービス、SIMカードやeSIMの利用を。

そのほか知りたいこと

飲料水

パリの水道水は飲めないことはない。しかし、石灰分が多く含まれているので、慣れない人にはミネラルウォーターがおすすめ。ミネラルウォーターには無炭酸のノン・ガズーズ「Non Gazeuse」と炭酸入りのガズーズ「Gazeuse」がある。日本でおなじみの銘柄も数多い。

ビジネスアワー

一般的な営業時間は以下の通り。

レストラン
㊋12時～14時30分、19時30分～23時　㊡日曜

ショップ
㊋10～19時　㊡日曜

デパート
㊋9時30分～20時（週に1日だけ～21時）　㊡なし

美術館・博物館
㊋10～18時（週に1日だけ～21時もあり）
㊡月曜または火曜

トイレ

無料の公衆トイレは緑のランプがついていれば利用可能。ホテルやデパート、美術館などは有料トイレが多く€1程度を出口の皿などに置く。パリの革新的な有料トイレPoint WC（ポワン・ヴェッセ）は1回€1～かかるものの、清潔でスタイリッシュと行列ができることも。

電圧とプラグ

電圧は220～230V、周波数は50Hz。日本から電化製品を持参する場合は、変圧器内蔵の海外旅行用のものか変圧器が必要。プラグの形にはCタイプの2本型とSEタイプの3本型ピンがある。

タバコ事情

フランス国内において、バスや地下鉄、鉄道などの公共交通機関や、駅や空港、観光施設、レストランやカフェ、ホテルなど建物内の公共スペースでは喫煙禁止。違反者には罰金（最大€750）が科せられるので注意しよう。2023年にはビーチ、公園、森林などでも喫煙禁止と発表された。

サイズの目安

フランスと日本ではサイズ表示が異なるので換算表を参考に。ただし、メーカーなどにより差があるので試着をしたほうがよい。

レディスファッション

洋服	日本	7	9	11	13	15
	フランス	36	38	40	42	44
靴	日本	22.5	23	23.5	24	24.5
	フランス	35.5	36	36.5	37	37.5

メンズファッション

洋服	日本	S	M	L	LL	3L
	フランス	38	40	42	44	46
靴	日本	24.5	25	25.5	26	26.5
	フランス	40	40.5	41	41.5	42

※上記サイズ比較表はあくまで目安。メーカーなどにより差があるので注意。

物価はどのくらい?

ミネラルウォーター（500㎖）
€0.50 ～

マクドナルドのハンバーガー
€2.65～

スターバックスコーヒーのブレンドコーヒー（T）
€3.45～

ビール（1パイント）
€7～

タクシー初乗り
€7.30～

info 上記ミネラルウォーターの価格は、駅の自販機などでは€1.80、観光地では€2ぐらいすることもある。また、生ビールの価格は、庶民的なパブなどでは€5前後ぐらい。

観光

美術館・博物館見学のコツ

人気の美術館・博物館は行列ができ、入場するまでにかなり時間がかかることも多いので、前売り券やパリ・ミュージアム・パスPMP(→P25) をあらかじめ購入しておくとチケット売り場に並ばずに済む。また、開館直後の時間が比較的人が少ないおすすめの時間帯。

教会の見学について

教会は観光のみどころである前に、ミサや冠婚葬祭が行われる厳粛な場所。肌を露出した服装は禁止。また、日曜の朝などミサが行われているときは見学を控える。

写真撮影について

美術館や博物館では撮影禁止のところが多い。また、撮影OKのところでもフラッシュや三脚は禁止されていることが多いので注意。ほかにも作品には手をふれないなど、さまざまな禁止事項があるので確認を。

ストライキに注意

メトロや鉄道などの交通機関をはじめ、美術館などの観光施設でも、ストライキが頻繁に行われる。ストライキは事前予告が義務付けられているので、事前に各機関や施設の公式サイトなどで確認するとよい。フランスではストライキのことを「グレーヴ(grève)」という。

観光案内所

パリ市観光局
㊟101, Quai Jacques Chirac 15e
(2024年12月まで。以降、パリ市庁舎内に移動)
㊕10〜18時

㊡12月25日 MAP別冊P18A3

ニース・コート・ダジュール観光局
㊟5, Promenade des Anglais/
㊕9〜19時
10〜6月は〜18時
㊡10〜6月の日曜 MAP P99A1

リヨン観光案内所

㊟Pl.Bellecour
㊕9〜18時 ㊡なし MAP P127A2

ストラスブール観光案内所
㊟17, Pl. de la Cathédrale
㊕9〜19時 ㊡なし MAP P132A1

※上記のほか、主要観光地には観光案内所が設置されている

グルメ

店の種類

●レストラン Restaurant…飲食店全体の総称でもあるが、事前予約が必要でドレスコードのある高級フランス料理店を指すことが一般的。
●ビストロ Bistro…もともと庶民派の食堂を意味していたが、近年パリではスターシェフが手がけるネオ・ビストロも多数派に。一方でカジュアルなレストランも増えており、両者の垣根がなくなってきているとも言える。どちらのタイプの店でも、特にディナーの際はあまりラフすぎない服装で臨むのがおすすめ。
●ブラッスリー Brasserie…フランス版居酒屋。予約不要で時間を選ばず食事ができるところがほとんど。
●カフェ Café…パリではカフェは文化のひとつ。歴史ある老舗カフェ(→P50) はもはや観光名所といえるほど。食事にも利用できるので利用価値大。

営業時間

レストランやビストロは、ランチが12時からで14時〜14時30分ラストオーダー、ディナーは20時からで22〜23時がラストオーダーのところが多い。夏期休業として8月に2〜3週間休む店も多いので注意。

予約、注文、会計、チップ

(→付録P32グルメガイド)

オーベルジュ

フランス発祥の宿泊施設を備えたレストラン。おもに郊外や地方にあり、その土地の素材を活かした料理とその土地のワインを楽しめる。なかには星付きの実力店も。

スーパー&マルシェ

小さなスーパーでもワインとチーズ売り場は充実していて安い。特に土地のワインの品揃えが豊富。マルシェ(市場)に遭遇したら新鮮なフルーツや生で食べられる野菜を。外食に疲れたらホテルの部屋で食べるのもおすすめ。

郷土料理を楽しむ

フランス各地を周遊するなら名物料理をぜひ。土地の気候風土にあった伝統の郷土料理は、その土地で食べるとさらにおいしい。周辺で産出されるワインとの相性も抜群。

フランスのカフェは席によって料金が異なる。室内とテラス席が一番高く、カウンター席が最も安い。

ショッピング

ソルド(Soleds)

年2回、1〜2月と6〜7月に行われるバーゲンセール。30〜50%オフになり、ソルドの時期と期間はフランス国内均一。

付加価値税の払い戻し

フランスでの購入品には20%(食品・書籍は5.5%、その他2.1%)の付加価値税(フランス語・TVA)が課せられる。

●払い戻しの条件

EU圏以外の居住者で、EU圏内の滞在期間が6カ月未満、16歳以上。TAX FREE加盟店で、3日以内に同一店舗で€100.01以上の買物をした場合。条件は店によって異なるので都度確認しよう。帰国便がEU加盟国のヨーロッパ経由であれば、最後に立ち寄るEU加盟国で手続きする。免税印受領の期限は商品購入月から3カ月後の月末まで。

●お店で

TAX FREE加盟店舗で買物をする際、パスポートを提示して、免税手続きを申し出る。必要書類に必要事項を記入し、免税書類と免税用封筒を受け取る。電子認証システムのパブロ(PABLO)マークがあれば、バーコード付きの免税書類をもらう。この時、払い戻し方法(現金かクレジットカード)を選ぶ。

●空港で

帰国時、空港の免税手続きカウンター「Détaxe」近くに設置された自動端末機「パブロ(PABLO)」に免税書類のバーコードを読み取らせ、緑色のスクリーンに"OK 認証済免税証"と表示されれば免税手続きは完了(赤色のスクリーンで"無効な免税証"が表示されたら、免税カウンターへ)。クレジットカードへの払い戻しの場合は、書類を免税用封筒に入れて、近くにある専用のBOXに投函(投函後2〜3カ月で指定の口座に振り込まれる)。現金(ユーロ)の場合は、空港内の払い戻しカウンター「キャッシュ・パリ(Cash Paris)」へ。手数料€4程度が引かれて払い戻される。税関窓口で手続きを行う場合、免税書類、パスポートなどを提示(未使用の状態の商品提示を求められる場合もある)して、免税印を受ける。

↑シャルル・ド・ゴール空港、CDG1の発着ターミナル。「Tax Refund」の英語表記もあるので分かりやすい

→シャルル・ド・ゴール空港に設置されている電子認証システムのパブロ(PABLO)。日本語も対応

ホテル

ランクと種類

政府観光局によって決められた基準により1〜5つ星、その上のパラスホテルの6段階にランク付けられている。基準は料金の違いではなく、立地の良し悪し、客室のバスやトイレの有無、エレベーターの有無、フランス語以外の外国語を話せる従業員の有無など、規模や設備、施設の充実度などによって決められている。宿泊料金に宿泊税(地方、季節、星の数によって異なる)が加算される。また、パリには、伝統的な建物に現代的なアレンジを加えたデザインホテルや、こぢんまりとした空間にこだわり満載のプチホテルなども人気がある。

アパルトマン

短期旅行者向けサービスを提供するアパルトマン。3日以上の滞在なら、自分で料理や洗濯ができ、暮らすように過ごせるとリピーターを中心に人気。基本3泊から申し込み可能、日本人スタッフ運営のものもあって安心。

セジュール・ア・パリ URL www.sejouraparis.fr/
パリ生活社 URL paris-seikatsu.com/

予約

旅行代理店、ホテルの公式サイト、宿泊予約サイトなど予約方法はさまざま。予約が確定したら先方からの予約確認返信メールをプリントして持参しよう。

チップ

荷物を運んでもらったら荷物1個につき€1〜2を運び終わったときに渡す。枕銭は€1〜2を枕元またはサイドテーブルへ。ルームサービスは€2〜を手渡そう。手渡すときは、メルシー(ありがとう)の言葉も忘れずに。

マナー

客室内以外は街なかと同じ公共のスペースなので、廊下やロビーはスリッパなどのままで歩いたり、大声を出したりしないこと。また、洗濯した場合はバスルームに干すように。

チェックイン&チェックアウト

到着が遅くなる場合は、前もってホテルに知らせておこう。連絡せずにあまり遅くなると予約が取り消されることもある。チェックアウト時は、渡された請求書をよく確認して、間違えがなければサインして支払いを。

info ショップに入るとき、窓口で訪ねるとき、タクシーに乗るとき、まずは元気に「ボンジュール」とあいさつを。試着希望なら「エクスジュ プ エ セイエ サ?」と伝えよう。店を出るときは「メルシー」を忘れずに。

トラブル対処法

病気になったら

ためらわずに病院へ。どうしたらいいかわからない場合は、ホテルのフロントで医師の手配を頼むか、参加したツアー会社や加入している保険会社の現地デスクに連絡すれば、病院を紹介してくれる。海外の薬は体に合わないこともあるので、日本から使いなれた薬を持参しておくといい。

盗難・紛失の場合

パスポート

警察署で盗難・紛失届証明書を発行してもらい、現地の日本国大使館で失効手続き後、「帰国のための渡航書」の発給を申請。①渡航書発給申請書②紛失一般旅券等届出書③警察署発行の「盗難・紛失届証明書」④写真2枚(縦4.5cm×横3.5cm、6カ月以内に撮影)⑤6カ月以内に発行の戸籍謄本(抄本)又は本籍地が記載された住民票(コピー可。旅券や運転免許書・保険証等は不可)⑥eチケットなど帰国日程が確認できる書類⑦本人確認書類(運転免許証など。ない場合は窓口で相談)を、手数料とともに提出。原則として帰国予定日の前日に受領。なお、紛焼失による新規発給もできるが、原則として1週間かかる。

クレジットカード

不正使用を防ぐため、まずカード会社に連絡し、カードを無効にしてもらう。その後はカード会社の指示に従おう。

荷物

まず手元に戻ることはないが、現地の警察で盗難・紛失届出証明書を発行してもらう。ホテルの場合はホテルからももらう。帰国後、保険会社に証明書を送り、手続きを行う。

安全対策

見知らぬ人を安易に信用しない

気安く日本語や英語で話しかけてきたり、親切にしてきたりしても無条件に信用しないこと。食事や酒に誘われても気軽についていかないように。

荷物には常に注意を払う

貴重品は他人の目に付かないようにする、バッグは斜めがけにしたり手前に持つなど、持ち方に気をつける。歩くときは車道側にバッグを持たない。

人ごみでは気を引き締める

観光名所や大きな駅周辺、地下鉄など観光客が集まる場所で犯罪が多発。見学や移動に気をとられている隙を狙われるので要注意。また、メトロ混雑時の乗車はなるべく避けよう。

トラブルに遭遇したら

フランスでは犯罪や交通事故にあった場合、警察に速やかに届ける必要がある(☎17)。盗難にあったときは警察で盗難・紛失届出証明書Pré Déclaration de Planteプレ・デクララシオン・ドゥ・プラントを発行してもらう。パリ市内の警察には日仏語併記の被害届作成依頼書が用意されている。

旅の便利帳

フランス

在フランス日本国大使館(パリ)

㊟7, Av. Hoche 75008, Paris
㊒9時30分～13時、14時30分～17時
㊡土·日曜、休館日 ※公式サイト要参照
MAP別冊P15C1

在ストラスブール日本国総領事館

㊟9F, 20 Pl. des Halles,"Bureaux Europe", 67000 Strasbourg
㊒9～12時、14～17時 ㊡土·日曜、休館日 MAP P132A1

在リヨン領事事務所

㊟7F, 131, Bd. de Stalingrad, Villeurbanne
㊒9～12時、13時45分～16時30分
㊡土·日曜、休館日 MAP P127B1

在マルセイユ日本国総領事館

㊟4F, 132, Bd. Michelet
㊒9～12時、13時45分～16時30分
㊡土·日曜、休館日

警察 ☎17(携帯電話からは☎112も可能)
救急車 ☎15(有料)
消防署 ☎18

日本

在日フランス大使館

フランス観光開発機構

外務省海外安全ホームページ

info 盗難などの被害を最小限にするために、パスポートやクレジットカード、現金などは何カ所かに分けて管理するのがおすすめ。いざというときに備えて、滞在先ホテルの電話番号をメモしておくと安心。

持ち物LIST♥♥

手荷物に入れるもの

- □ **パスポート**
- □ **クレジットカード**
- □ **現金**
- □ **カメラ**
- □ **携帯電話、充電器**
- □ **バッテリー**（モバイル、カメラ）
- □ **Wi-Fiルーター**（必要な人のみ）
- □ **筆記用具**
- □ **ツアー日程表**（航空券/eチケット控え）
- □ **ハンカチ・ティッシュ**
- □ **メガネ**
- □ **リップバーム**（リップクリーム）
- □ **ストール/マスク**

※液体やクリーム類はジッパー付透明袋に入れる

スーツケースに入れるもの

- □ **くつ**
- □ **衣類**
- □ **下着類**
- □ **歯みがきセット**
- □ **洗顔グッズ**
- □ **コスメ**
- □ **日焼け止め**
- □ **バスグッズ**
- □ **スリッパ**
- □ **常備薬**
- □ **コンタクトレンズ用品**
- □ **生理用品**
- □ **変換プラグ**
- □ **変圧器**
- □ **エコバッグ**
- □ **折りたたみ傘**
- □ **防寒着**
- □ **サングラス**
- □ **帽子**
- □ **顔写真とパスポートのコピー**

※リチウム電池またはリチウムイオン電池はスーツケースなど預け入れ荷物に入れることができない。携帯電話充電用のバッテリーなどは注意。詳しくは国土交通省のサイトを参照 URL www.mlit.go.jp/koku/15_bf_000004.html

歩きやすいシューズ以外に、お出かけシューズもあると便利

食事時に財布や携帯だけを持ち歩けるミニバッグもあると重宝する

MEMO

パスポートNo.

パスポートの発行日　　年　　月　　日

パスポートの有効期限　　年　　月　　日

ホテルの住所

フライトNo.（行き）

フライトNo.（帰り）

出発日　　年　　月　　日

帰国日　　年　　月　　日

インデックス INDEX

●物件名…ジャンル、掲載頁、地図位置の順です。

パリ » 観光スポット

パリ » グルメスポット

●物件名…ジャンル、掲載頁、地図位置の順です。

パリ » ショッピングスポット

パリ » ホテル

パリ近郊 » 観光スポット

パリ近郊 » グルメスポット

パリ近郊 » ショッピングスポット

パリ近郊 » ホテル

南フランス » 観光スポット

南フランス » グルメスポット

●物件名…ジャンル、掲載頁、地図位置の順です。

南フランス » ショッピングスポット

南フランス » ホテル

かわいいフランスの町 » 観光スポット

かわいいフランスの町 » グルメスポット

かわいいフランスの町 » ショッピングスポット

ワイン特集

ララチッタ
フランス
France

2024年4月15日	初版印刷
2024年5月　1日	初版発行

編集人	福本由美香
発行人	盛崎宏行
発行所	JTBパブリッシング 〒135-8165 東京都江東区豊洲5-6-36 豊洲プライムスクエア11階

企画・編集	情報メディア編集部
編集デスク	矢﨑歩
担当	藤﨑恵
取材・執筆・撮影	editorial team Flone（木村秋子）／谷素子／yoko／菊田真奈／木戸美由紀／日下智幸／横島朋子／田中敦子／井上実香／齋藤順子／新村真理／井田純代／P.M.A.トライアングル／Coonyang Camera／神戸シュン／森脇多絵／堀之内泰史
本文デザイン	BEAM／中嶋デザイン事務所／和泉真帆／山﨑デザイン室／花デザイン／宇都宮久美子
表紙デザイン	ローグ クリエイティブ（馬場貴裕／西浦隆大）
袋とじデザイン	池内綾乃
シリーズロゴ	ローグ クリエイティブ（馬場貴裕／西浦隆大）
編集・取材・写真協力	アフロ／getty images／123RF／PIXTA／村松史郎／モナコ政府観光会議局
地図製作	ジェイ・マップ／データ・アトラス／アルテコ／アトリエ・プラン
地図製作協力	インクリメント・ピー／Tele Atlas NV
印刷所	TOPPAN

編集内容や、乱丁、落丁のお問合せはこちら
JTBパブリッシング お問合せ
https://jtbpublishing.co.jp/contact/service/

Printed in Japan
244101　759513
ISBN978-4-533-15797-4 C2026

おでかけ情報満載
https://rurubu.jp/andmore/

※続刊予定あり

ヨーロッパ

①ローマ・フィレンツェ
②ミラノ・ヴェネツィア
③パリ
④ロンドン
⑤ミュンヘン・ロマンチック街道・フランクフルト
⑥ウィーン・プラハ
⑦アムステルダム・ブリュッセル
⑧スペイン
⑨北欧
⑩イタリア
⑪フランス
⑫イギリス

アジア

①ソウル
②台北
③香港・マカオ
④上海
⑤シンガポール
⑥バンコク
⑦プーケット・サムイ島・バンコク
⑧ホーチミン
⑨アンコールワット・ホーチミン
⑩バリ島
⑪釜山
⑫ベトナム
⑬台湾
⑭セブ島 フィリピン

アメリカ

①ニューヨーク
②ラスベガス・セドナ
③ロサンゼルス・サンフランシスコ
④バンクーバー・カナディアンロッキー

太平洋

①ホノルル
②グアム
③ケアンズ・グレートバリアリーフ
④シドニー・ウルル（エアーズ・ロック）
⑤ハワイ島・ホノルル
⑥オーストラリア

Lala Citta France

Area Map

フランス
付録MAP

MAP記号の見方

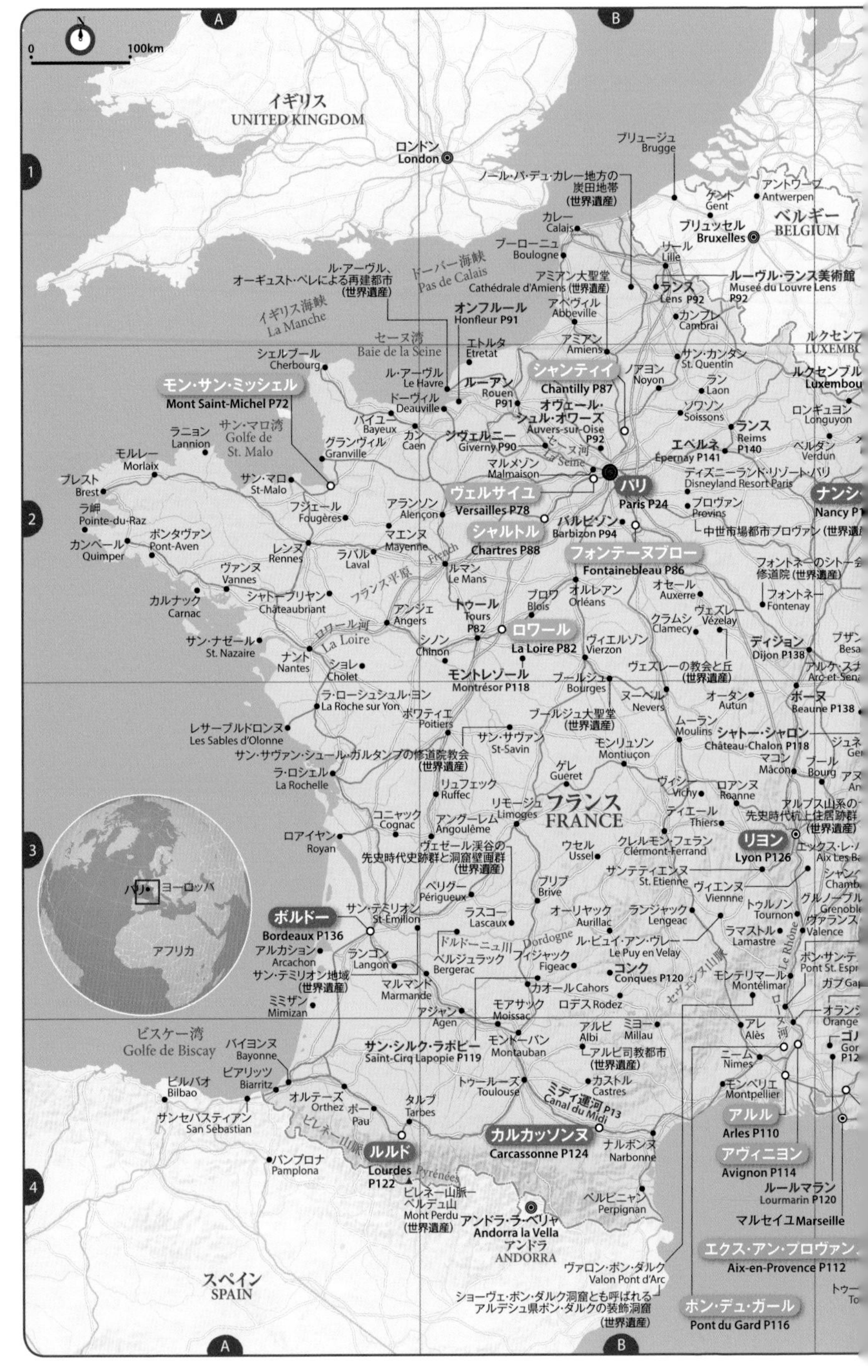
A
B
1
2
3
4
0
100km
イギリス
UNITED KINGDOM
ロンドン
London
ブリュージュ
Brugge
ノール・パ・デュ・カレー地方の炭田地帯
(世界遺産)
ゲント
Gent
アントワープ
Antwerpen
ベルギー
BELGIUM
ブリュッセル
Bruxelles
カレー
Calais
ブーローニュ
Boulogne
ドーバー海峡
Pas de Calais
リール
Lille
ランス
Lens P92
ルーヴル・ランス美術館
Musée du Louvre Lens
P92
アミアン大聖堂
Cathédrale d'Amiens (世界遺産)
ル・アーヴル、
オーギュスト・ペレによる再建都市
(世界遺産)
イギリス海峡
La Manche
オンフルール
Honfleur P91
アベヴィル
Abbeville
カンブレ
Cambrai
セーヌ湾
Baie de la Seine
エトルタ
Etretat
アミアン
Amiens
サン・カンタン
St. Quentin
ルクセンブ
LUXEMB
シェルブール
Cherbourg
ル・アーヴル
Le Havre
シャンティイ
Chantilly P87
ノアヨン
Noyon
ラン
Laon
ルクセンブル
Luxembou
モン・サン・ミッシェル
Mont Saint-Michel P72
ドーヴィル
Deauville
ルーアン
Rouen
P91
オヴェール・シュル・オワーズ
Auvers-sur-Oise
P92
ソワソン
Soissons
ロンギュヨン
Longuyon
ラニョン
Lannion
サン・マロ湾
Golfe de
St. Malo
バイユー
Bayeux
カン
Caen
ジヴェルニー
Giverny P90
セーヌ河
La Seine
ランス
Reims
P140
ヴェルダン
Verdun
モルレー
Morlaix
グランヴィル
Granville
マルメゾン
Malmaison
エペルネ
Epernay P141
ブレスト
Brest
サン・マロ
St-Malo
パリ
Paris P24
ディズニーランド・リゾート・パリ
Disneyland Resort Paris
ナンシー
Nancy P1
ラ岬
Pointe-du-Raz
ヴェルサイユ
Versailles P78
アランソン
Alençon
フジェール
Fougères
プロヴァン
Provins
中世市場都市プロヴァン(世界遺
バルビゾン
Barbizon P94
シャルトル
Chartres P88
マエンヌ
Mayenne
カンペール
Quimper
ポンタヴァン
Pont-Aven
レンヌ
Rennes
ラバル
Laval
フォンテーヌブロー
Fontainebleau P86
フォントネーのシトー会修道院(世界遺産)
ヴァンヌ
Vannes
ルマン
Le Mans
フランス平原
French
オセール
Auxerre
フォントネー
Fontenay
カルナック
Carnac
シャトーブリヤン
Châteaubriant
アンジェ
Angers
トゥール
Tours
P82
ブロワ
Blois
オルレアン
Orléans
クラムシ
Clamecy
ヴェズレー
Vézelay
ロワール河
La Loire
ロワール
La Loire P82
ディジョン
Dijon P138
ブザン
Besa
サン・ナゼール
St. Nazaire
ナント
Nantes
シノン
Chinon
ショレ
Cholet
ヴィエルゾン
Vierzon
ヴェズレーの教会と丘
(世界遺産)
アルケ・スナ
Arc-et-Sena
モントレゾール
Montrésor P118
ブールジュ
Bourges
ラ・ローシュシュル・ヨン
La Roche sur Yon
ヌーベル
Nevers
オータン
Autun
ボーヌ
Beaune P138
ポワティエ
Poitiers
ブールジュ大聖堂
(世界遺産)
ムーラン
Moulins
シャトー・シャロン
Château-Chalon P118
ジュネ
Ge
レサーブルドロンヌ
Les Sables d'Olonne
サン・サヴァン
St-Savin
モンリュソン
Montluçon
マコン
Mâcon
ブール
Bourg
サン・サヴァン・シュール・ガルタンプの修道院教会
(世界遺産)
ラ・ロシェル
La Rochelle
ゲレ
Gueret
ヴィシー
Vichy
ロアンヌ
Roanne
リュフェック
Ruffec
リモージュ
Limoges
フランス
FRANCE
ティエール
Thiers
アルプス山系の先史時代杭上住居跡群
(世界遺産)
コニャック
Cognac
アングーレム
Angoulême
ロアイヤン
Royan
ヴェゼール渓谷の先史時代史跡群と洞窟壁画群
(世界遺産)
ウセル
Ussel
クレルモン・フェラン
Clérmont-Ferrand
リヨン
Lyon P126
エクス・レ・
Aix Les Ba
パリ
ヨーロッパ
アフリカ
サンテティエンヌ
St. Etienne
ヴィエンヌ
Viennne
ペリグー
Périgueux
ブリブ
Brive
トゥルノン
Tournon
グルノーブル
Grenoble
ボルドー
Bordeaux P136
サン・テミリオン
St-Emilion
ラスコー
Lascaux
オーリヤック
Aurillac
ランジャック
Lengeac
ラマストル
Lamastre
ヴァランス
Valence
アルカション
Arcachon
ランゴン
Langon
ドルドーニュ川
Dordogne
ベルジュラック
Bergerac
ル・ピュイ・アン・ヴレー
Le Puy en Velay
フィジャック
Figeac
コンク
Conques P120
Le Rhône
サン・テミリオン地域
(世界遺産)
マルマンド
Marmande
カオール
Cahors
セヴェンヌ山脈
モンテリマール
Montélimar
ガプ
Gap
ミミザン
Mimizan
アジャン
Agen
モアサック
Moissac
ロデス
Rodez
オランジ
Orange
ビスケー湾
Golfe de Biscay
バイヨンヌ
Bayonne
サン・シルク・ラポピー
Saint-Cirq Lapopie P119
モントーバン
Montauban
アルビ
Albi
ミヨー
Millau
アルビ司教都市
(世界遺産)
アレ
Alès
ニーム
Nimes
ビアリッツ
Biarritz
ビルバオ
Bilbao
トゥールーズ
Toulouse
カストル
Castres
モンペリエ
Montpellier
オルテーズ
Orthez
ポー
Pau
タルブ
Tarbes
ミディ運河
Canal du Midi
P13
サンセバスティアン
San Sebastian
アルル
Arles P110
ピレネー山脈
ルルド
Lourdes
P122
Pyrénées
カルカッソンヌ
Carcassonne P124
ナルボンヌ
Narbonne
アヴィニヨン
Avignon P114
パンプロナ
Pamplona
ピレネー山脈-ペルデュ山
Mont Perdu
(世界遺産)
ペルピニャン
Perpignan
ルールマラン
Lourmarin P120
マルセイユ
Marseille
アンドラ・ラ・ベリャ
Andorra la Vella
アンドラ
ANDORRA
エクス・アン・プロヴァン
Aix-en-Provence P112
スペイン
SPAIN
ヴァロン・ポン・ダルク
Valon Pont d'Arc
ショーヴェ・ポン・ダルク洞窟とも呼ばれる
アルデシュ県ポン・ダルクの装飾洞窟
(世界遺産)
ポン・デュ・ガール
Pont du Gard P116

フランス国内交通

フランス国内の移動には、陸路から空路までさまざまな選択肢がある。時間重視なら飛行機、自由度を重視するならレンタカーなど、旅の目的によって最適な手段を選びたい。

【交通手段】

● 鉄道 →P4

● バス

鉄道の通っていない地方の都市間では中距離バスが普及している。各地方によって異なる地元のバス会社が運営しているので、事前にインターネットなどで下調べしておくとよい。床下にトランクのあるような大型の長距離バスは、フランスではCar（カー）またはAutocar（オートカー）という名称になるので表示にも注意を。

● 飛行機

主要都市を結ぶ国内線が豊富で、エールフランス航空や格安航空会社Easyjetなども運行している。フランス本土なら移動時間はどこも１時間半前後となるが、空港までのアクセスや待機時間を考慮すると鉄道利用の方が早くなることも。TGV移動で５時間以上かかる、直通の列車がない、などの場合は飛行機利用が便利なので、事前によく検討しよう。

● レンタカー

国内に点在する地方の美しい村（→本誌P118）を旅するなら車利用が便利。Avis、Europcar、Hertzなどレンタカー会社も多数あり、空港やTGV駅構内の営業所から借りられる。パスポートと国際免許証、海外用保険は必ず準備を。予約の際にはオプション料金や任意保険の詳細、乗り捨ての可否や取り扱いクレジットカードなどを必ず確認し、現地の道路標識や交通ルールも予習しておこう。

【パリからの交通】

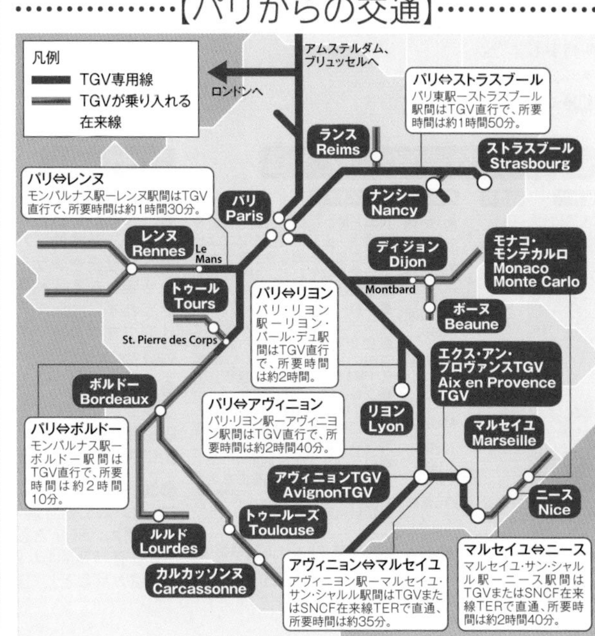

鉄道

フランス国鉄SNCFは、超高速のTGVからローカルなTERまで列車の種類も幅広く利用しやすい。日本の1.5倍の国土をもつフランスは地方それぞれ景観に特徴があり、車窓からの眺めも格別。旅情あふれる鉄道旅行ができる。

TGVの格安高速列車OUiGO

列車の種類

●TGV（テー・ジェー・ヴェー）

国内主要区間で運行する全席指定制の高速列車。1等車、2等車と食堂車の編成。2階建て車両もある。最高時速320kmを誇る。格安料金TGVのOUiGO（ウィゴ）、TGV inoui（テー・ジェー・ヴェー イヌイ）も運行している。

●Intercités（アンテルシテ）

TGVの運行がない都市間を結ぶ長距離列車。夜行列車もこのカテゴリー。夜行はIntercités de nuit。一部区間と夜行以外は任意予約制。

●TER（テー・ウー・エール）

地方都市間の中短距離間を結ぶ快速、普通列車。高速列車や長距離列車を補完する形で運行している。2等車のみの編成が多数で、座席は自由席（1等車除く）となる。

●Transilien（トランシリアン）

パリ近郊のイル＝ド＝フランス地域圏（パリを中心とした首都圏といわれる範囲）で運行。15本の主要路線があり、通勤や郊外への行楽に利用されている。

チケットの種類

窓口や自動販売機では紙の乗車券、フランス国鉄（SNCF）のサイトで購入すると乗車券は二次元コード、PDFファイルでダウンロードすることも可能。自動改札で二次元コードをかざして入場する。紙の乗車券は刻印不要だが、乗車券は必ず持参しよう。

フランス国鉄（SNCF）
URL www.sncf.com/

❶出発日時
❷出発駅
❸車両のクラス、車両（VOITURE）番号、席の場所（COULOIR＝通路側、FENETRE＝窓側）

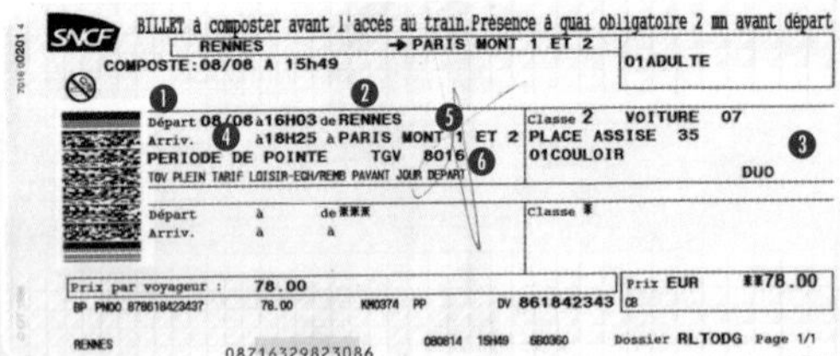

❹到着時刻　❺到着駅　❻列車の種類

主要都市間の所要時間と運賃

出発地	行き先	所要時間	料金システム
パリ	ボルドー	約2時間10分	日本と違い、列車の料金は時季や曜日、出発の時間帯等によって異なる。お得な割引料金も各種設定されている。以下はいずれもSNCFのサイトで購入可。 ●プロ　Pro スマートフォンなどで予約や変更ができる。フレキシブルな分、正規料金に近い。出発の1時間前まで変更できる。 ●プレムス　Prem's 3ヵ月前から予約・購入すると大幅割引。出発7日前までは変更・払い戻し可能。 ●ロワジール　Loisir 3ヵ月前から1週間前まで発売されかなりの割引に。変更・払い戻しは前日まで無料。
	ストラスブール	約1時間50分	
	マルセイユ	約3時間20分	
	ニース	約6時間	
	アヴィニヨン	約2時間40分	
	モン・サン・ミッシェル	1時間30分～	
	リヨン	約2時間	

格安TGV ウィゴー OUiGO
高速列車TGVの格安列車で、いわば「鉄道版LCC」。パリ近郊からリヨンを経てマルセイユなど複数のルートで運行。ネット予約のみ。
URL www.ouigo.com/

お得なパス

フランス国内やヨーロッパを広く網羅し、周遊型旅行者にうれしい鉄道パス。有効期間中は鉄道が乗り放題になる。基本的にパス類は、現地で購入できないので、旅行代理店やチケットサイトなどで日本での事前購入が必要となる。利用を考えているなら旅立つ前に手配を忘れずに。シニア（60歳以上）、ユース（12～27歳）は割引きがあり、4～11歳は無料。
URL www.eurail.com/ja

●ユーレイル・フランスパス

フランス国鉄全線が乗り放題になる。利用日数は1～8日間で設定でき1カ月以内であれば利用する日を自由に選択できる。座席指定などは別途料金が必要。

●ユーレイル・グローバルパス

ヨーロッパ33カ国の国鉄が乗り放題になるパス。有効期間内、何度でも乗車できる（使用日数：4日、5日、7日※有効期間1カ月、使用日数：10日、15日※有効期間2カ月など）。座席の予約は別途。

チケットを買う

言葉に自信がなければ紙に書いて渡そう

きっぷの予約は可能だが、ヴァカンスシーズンなど、よほど混雑している時期とTGV以外は基本的には予約の必要はない。

●窓口で

駅内で「切符Billets」と書かれた表示に従って進むと窓口がある。行き先、出発日、希望時間、1等か2等か、人数を伝えるとシステムで空席を調べ、すぐに発行してくれる。たいてい長蛇の列で待ち時間が長いことが多いので、券売機での購入に挑戦しよう。

●自動販売機で ※画面のデザインは券売機により異なる

❶メニューを選択

機械はタッチパネル式。まずはスタート画面で英語、フランス語など言語を選択。この画面からフランス国鉄のサイトで購入したEチケットの変更も可能。

❷チケットの種類を選ぶ

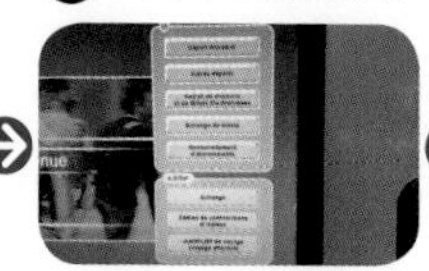

「すぐに出発Départimmédiat」「その他の出発Autresdéparts」「予約チケット、Eチケットの受け取りRetrait de dossiers et de BilletsElectroniques 」から選ぶ。

❸目的地と乗車日を選ぶ

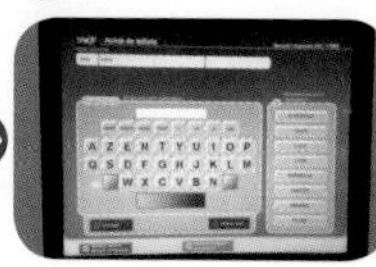

アルファベットで行き先の駅名を打ち込み、続いて、乗車日、乗車時間を選択する。

❹列車を選ぶ

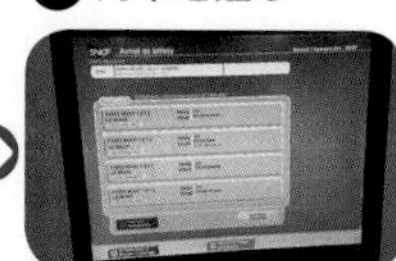

候補の列車が画面にいくつか出てくる。希望の列車をタッチ、チケットの種類を選ぶ。

❺座席を選ぶ

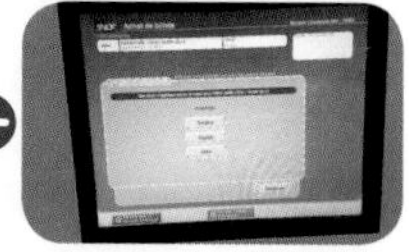

1等か2等車、「窓Fenêtre」「通路Couloir」、1等車なら1人がけ「Isolé」から選択。

❻支払い

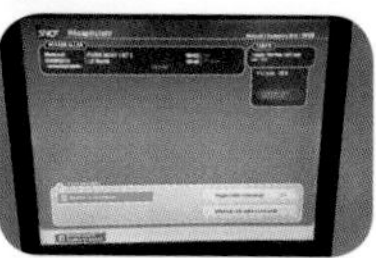

右下の「Régler cette commande」をタッチ。カード支払いが済むとチケットが出てくる。

(!)注意ポイント

○きっぷの刻印義務は2023年に廃止となった。SNCFには改札がなく、ホーム入口の刻印機で自らきっぷに刻印していたが、今後は不要。乗車券は携帯しよう。
○出発ホームや出発時刻を案内板で確認のこと。出発ホームは「Voie」の項をチェック。
○予約席と自由席が混在する長距離列車アンテルシテでは、人が座っていることもある。チケットを見せよう。

パリの主な鉄道駅

パリ市内には7つの国鉄駅が点在。行き先によって乗車駅が異なるので間違えないように。

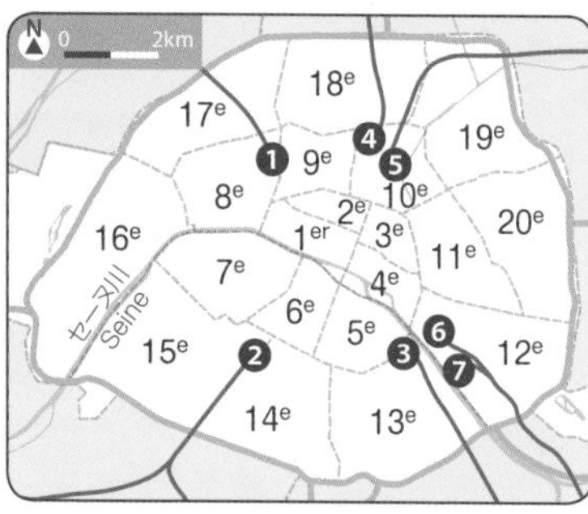

❶サン・ラザール駅
Gare St-Lazare
MAP 別冊 P16A2
ルーアン、ドーヴィルなどノルマンディ地方への電車が発着

❷モンパルナス駅
Gare Montparnasse
MAP 別冊 P24A2
シャルトル、ロワール地方、レンヌなどブルターニュ地方、ボルドーなどフランス西部への列車が発着

❸オステルリッツ駅
Gare d' Austerlitz
MAP 別冊 P13C3
オルレアン、リモージュなどフランス中南部への列車、国内への夜行列車も発着

❹北駅 Gare du Nord MAP 別冊 P13C2
リールなどノール・ピカルディ地方への列車、ベルギー、オランダ、ドイツ北部への国際列車、パリとロンドンを結ぶユーロスターも発着

❺東駅
Gare de l' Est
MAP 別冊 P13C2
ランスなどシャンパーニュ地方、ストラスブールなどアルザス、ロレーヌ地方など東部への列車が発着

❻リヨン駅
Gare de Lyon
MAP 別冊 P13D3
リヨンなどローヌ・アルプ地方、プロヴァンス、コート・ダジュール地方など南方面の列車が発着

❼ベルシー駅
Gare de Bercy
MAP 別冊 P13D4
ブルゴーニュ地方への列車が発着

パリ市内交通

観光にもショッピングにも公共交通機関の利用は不可欠。一番使う地下鉄メトロは旅行者にも利用しやすいほか、路線バスや郊外への移動に便利な高速鉄道RERなどがあり、流しは少ないがタクシーを利用するのも手。自転車貸出しシステム「ヴェリブ・メトロポール」も注目されている。

国際列車も発着する東駅

街のまわり方

●パリはエスカルゴ型

パリ市は中心から時計回りの渦巻き状に1～20区に区分けされ、1～4、8、9区はビジネス街、5区は学生街、10～15区は下町エリアなど、区ごとに個性をもつ。セーヌ河は東から西に流れ、北側を右岸、南側を左岸とよぶ。観光客が多いのは1～8区。

●道路のキホン

パリの住所表記は通り名と番地。番地は道路の片側が偶数、反対側が奇数になっている。セーヌ河に平行する通りは下流に向かうほど、垂直なら河から遠ざかるほど、番地は大きくなっていく。

●きっぷは共通

きっぷはメトロ、RER、バスで共通。メトロ⇔RER、バス⇔トラムの乗換えが可能で、メトロは2時間、バスは1時間30分の間、乗り降り自由。ただしゾーン区別があり、乗越した場合、乗越し精算はできないので注意しよう。

メトロ Métro

パリ市内のほぼ全域を網羅する地下鉄のメトロ。1～14号線まで、全14路線が運行している。各路線はそれぞれ色分けされており、各駅の看板には路線番号、色、終着駅の表示があるので、行きたい方向の終着駅を覚えておこう。乗り方は簡単、料金も手ごろなので積極的に利用しよう。

路線図は窓口でもらえる

自動券売機で現金が使えない場合は窓口へ

●観光に便利な路線

1号線
パリ右岸を東西に貫く路線。必見スポットの最寄駅が多く、観光の足として利用価値が高い。

4号線
パリ中心部を南北に貫く。ノートルダム大聖堂が立つシテ島唯一の駅をもつ路線。

7号線
オペラ・ガルニエ、ルーヴル美術館の観光に便利。

●きっぷの種類と値段

メトロは全線均一料金で、RERやバスにも利用できる。チャージ式ICカード「Navigo Easy」が導入され、複数人で使える10回券はなくなった。

1回券	Billet　ビエ	€2.15
チャージ式ICカード(10回券)	Navigo Easy　ナヴィゴ・イージー(Carnet　カルネ) ※1回券や空港バス、1日乗り放題パスもチャージ可能。カード作成€2、顔写真不要、有効期間10年。複数人で使用不可。	€17.35

①注意ポイント

○混雑した車内やエスカレーター降り口ではスリやひったくりに用心すること。早朝や深夜の利用は避けよう。
○メトロの出口に改札はないが、抜き打ちの検札があるのできっぷは最後までなくさないように持っていること。
○エスカレーターの左側は歩く人用にあけておく。
○入口付近の折りたたみ式椅子は混雑時に使用しない。

●運行時間

5時30分ごろ～24時15分ごろ（曜日や路線によって異なる）

朝夕のラッシュ時には混雑するので、この時間帯を避けて利用しよう

お得なパス

公共交通機関でお得に使えるパス2種類。ナヴィゴは大きめの駅窓口で、そのほかは券売機で買うことができる。

●ナヴィゴ・ジュール　Navigo Jour

ナヴィゴ・イージーにチャージして使用する1日乗り放題券。ゾーン1～2、2～3、3～4、4～5は€8.65、ゾーン1～3は€11.60、ゾーン1～4は€14.35、ゾーン1～5は€20.60。

●パリ・ヴィジット　Paris Visite

パリ市内から郊外まで公共交通機関すべてに使え、観光施設などでの割引も受けられる万能パス。1～3ゾーンのものは1日券€13.95、2日券€22.65、3日券€30.90、5日券€44.45。いずれも連続使用に限る。

●ナヴィゴ・スメーヌ　Navigo Semaine

有効期間内乗り放題のICカード。カード作成€5と顔写真が1枚必要。月曜から一週間限定利用で、使用する前週の金曜から使用する週の木曜までに駅窓口で購入する。1～5ゾーン€30.75。

ゾーンとは？

パリ中心から同心円状に5つのゾーンに区分けされ、料金はゾーン別に設定されている。パリ市内はゾーン1・2で、おもな観光物件はゾーン1内。郊外の違うゾーンに行く際には必ず目的地までのきっぷを買うこと。到着駅での精算はできず、乗り越しは罰金となる。

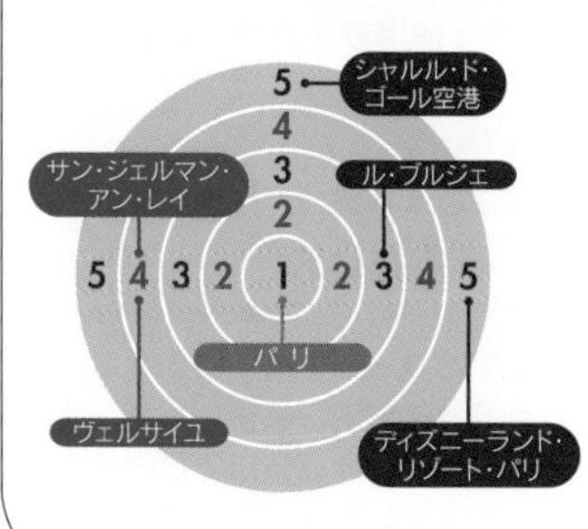

●1回券を買ってみよう

各駅の自動販売機で購入。ほとんどがクレジットカード利用可。

❶メニューを選択する

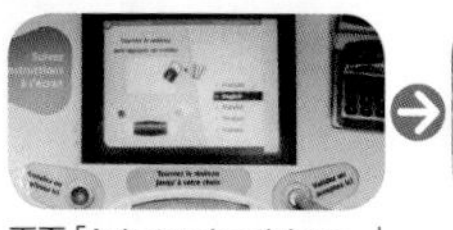

画面「Acheter des tickets…」を押す。言語を英語に選択することもできる

❷チケットの種類を選ぶ

1回券は一番上。この画面でパリ・ヴィジットやモビリス、空港への券も選択可能。

❸枚数を選ぶ

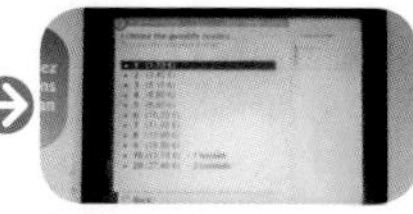

必要枚数を選択。レシートが不要な場合は次の画面で「Non」を選ぶ

❹必要額を投入

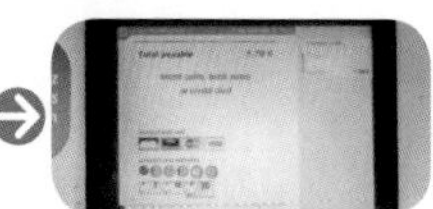

表示された額を投入。クレジットカードの場合はカードを挿入して画面の手順に従う。

●乗ってみよう

ホームの表示は終着駅。行きたい方向の終着駅を覚えておくこと。

❶駅を探す

地下鉄の入口のマークはさまざま。駅名は書かれていないことが多いので、地図で確認を。

❷きっぷを買う

自動券売機は紙幣不可もあるので注意。パスや回数券を買っておけば手間が省けて便利。

❸改札を通る

改札は日本同様自動改札だが、なかにはバーを回すタイプも。ナヴィゴは専用改札を使用。

❹ホームに出る

路線番号と終着駅名をたどれば目的のホームにたどり着く。電光掲示板に到着時間が表示。

❺乗車する

1・14号線と一部新型車両以外はドアは手動式。ボタンを押すかハンドルを押し上げ開ける。

❻下車する

乗車時と同様の操作でドアを開け降りる。「SORTIE」の表示をたどり出口へ向かう。

❼駅を出る

改札はなく、きっぷの回収もない。目的地に一番近い出口を確認してから地上へ。

○乗り換え

「CORRESPONDANCE」と書かれた看板の路線番号と終着駅名をたどればOK。大きな駅の場合、延々と歩くこともあるので覚悟を。

パリ2024オリンピック・パラリンピック期間（2024年7月20日～9月8日）はきっぷが値上げされ、1回券は€4となる。

エール・ウー・エール RER

パリ市交通公団RATPとフランス国鉄SNCFが共同で運営する高速郊外鉄道。A～Eまで5路線あり、終着駅が枝分かれしているものはA1、A3など番号で分類。パリ市内の利用より、ヴェルサイユ宮殿やシャルル・ド・ゴール空港などパリ近郊への足として便利。

●きっぷの種類と値段

パリ市内ではメトロと同様の1回券€2.15やカルネ€17.35を使用できるが、郊外では目的地までのきっぷが必要。

●運行時間

5時30分ごろ～翌1時ごろ。

●きっぷの買い方

目的地が郊外なら1回券や回数券を持っていても目的地までのきっぷを必ず購入すること。自動券売機なら目的地の駅名、往復／片道、枚数を選ぶ。操作が分からない場合は窓口で目的地を紙に書いて渡すとよい。メトロ同様「現地精算」はなく規定のきっぷを持っていないと罰金となるので注意。

駅の看板。下欄は路線名

郊外へ向かうときに便利な鉄道

●観光に便利な路線

B線

市内⇔シャルル・ド・ゴール空港を結ぶ。終点はCDG2ターミナル。CDG1ターミナルは1つ前で下車。

C線

市内⇔ヴェルサイユ宮殿を結ぶ。終点のVERSAILLES-CHÂTEAU-RIVE-GAUCHE駅で下車する。

ⓘ注意ポイント

○RERは路線が複雑なうえ、途中駅を通過するものもあるので、掲示板をしっかり確認しよう。
○メトロと違い出口でも改札で切符を通すので、目的地までのきっぷを購入するのはもちろん、なくさないように。
○メトロよりも治安がよくないことがある。夜間の利用はできれば避けたほうがよい。

バス Autobus

パリ市内に60ルートほどあるバス路線。地下鉄よりも小回りがきき、車窓から街の風景を楽しみながら移動できるのもメリット。路線は複雑なのである程度の土地勘が必要。日曜、祝日は運休する路線も多いが、バスを使いこなせると街歩きがさらに楽しくなる。

路線番号は正面上部に表示

●きっぷの種類と値段

きっぷはメトロと共通で1回券€2.15。最初に刻印してから90分間、乗り換えも可能。車内購入は€2.50で硬貨のみ、乗り換え不可。

●運行時間

6時30分ごろ～20時ごろ（一部の路線は～24時30分ごろまで運行。深夜バスも存在する）。

●観光に便利な路線

27番

サン・ラザール駅、オペラ・ガルニエ、ルーヴル美術館、サン・ミッシェル広場、リュクサンブール公園などに停車。ほぼ並行して走る21番も便利。

95番

北はモンマルトル、南はのみの市が開かれるヴァンヴまでを結ぶ。オペラ・ガルニエ、ルーヴル美術館などを経由。

ⓘ注意ポイント

○車内では「93100」にSMSを送って（29番バスなら「Bus29」と打つ）購入することもできるが、有効なのは特定の通信ネットワーク下のみ。
○停留所の数が多く道路事情にも影響されるため、地下鉄よりは移動時間がかかることを念頭に。

●バスに乗ってみよう

❶ 乗車する

バス停は屋根付きや看板のみなど複数ある。路線番号と行き先名を確認し、自分の乗りたいバスが来たら手を水平に出して乗車の意思を伝える。乗車は前からが基本。ドアが開かない場合はドア横の緑のボタンを押して乗車。

❷ 刻印機にタッチ

きっぷを運転手のすぐ横にある刻印機に通して刻印する。パス類はタッチパネルにかざす。きっぷを持っていない場合は、バス運転手から購入する。

❸ 車内で

車内の路線図や電光掲示板などを見て下車する停留所を確認しよう。車内アナウンスを聞き取るのはかなり困難。

❹ 下車する

降りる1つ手前の停留所を過ぎたら、赤いボタンを押して下車の意思を運転手に伝えよう。降車は後方のドアから。

トラム

パリとその近郊を走る路面電車。路線はT1～T8まであるが、パリ市内のゾーン1を走るのはT2とT3で、ほかの路線は近郊を走る。きっぷはメトロ・RER・バスと共通。

タクシー Taxi

タクシー会社により車体はさまざま
タクシースタンド

駅から離れたところや荷物が多いとき、早朝･深夜の移動など、タクシーは重要な交通手段のひとつ。英語を話す運転手は少ないが、行き先をしっかりと告げることさえできればそれほど心配はいらない。料金もメーター制なので安心して利用できる。

●料金システム

初乗り€2.60。以降、1kmごとに€1.14加算、エリアや時間帯によって€1.53、€1.70と異なる。5人目から€4.50、最低運賃は€7.30。チップは基本的に不要だが、お釣りの端数は受け取らないのがスマート。

●タクシーアプリ

G7（ジェー・セット）
パリで最大級のシェアをもつ、タクシー予約アプリ

！注意ポイント

○パリのタクシーは慢性的に不足気味で、流しのタクシーはつかまえにくい。ホテルやレストランで呼んでもらえるが意外に時間がかかることも。あらかじめ時間が分かっている場合は事前に頼んでおこう。特に帰国時、空港に向かう際などは早めの予約が確実。
○トランクを利用した場合、荷物の出し入れは運転手に任せよう。

●タクシーに乗ってみよう

1 タクシーを探す

街なかではタクシースタンドで拾うのが一般的。屋根の上についたTAXI PARISIENマークのランプが緑色に点灯していれば空車、赤色なら乗車中を示す。

2 乗車する

自分でドアを開けて乗車。行き先は片言のフランス語で告げるよりも紙に書いて見せるほうが確実。

3 支払い＆下車する

メーターに表示された金額に、荷物や乗客などの追加料金を加えた額を支払う。ドアの開け閉めは自分で。チップは基本的に不要だが、お釣りの端数を受け取らないのがスマート。

ヴェリブ Vélib'

パリっ子の日常の移動手段として導入された、セルフレンタサイクル。電動自転車も揃えている。市内に約1400のステーションがあり、約300mごとに設置されているので、便利だ。登録手続きをすれば旅行者でも自由に利用可能。

手軽さがうれしい

●料金システム

登録は機械（右）または公式サイトで。1回「TICKET-V」、1日パス「PASS 24H CLASSIQUE」、3日パス「PASS 3 JOURS」から選ぶ。1回の基本料金は€3、45分まで無料、それ以降は30分ごとに€1。1日パスは基本料金10 €、60分まで無料、それ以降は30分ごとに€1。3日パスは基本料金€20、60分までは無料、それ以降は30分ごとに€1。電動自転車は割高になる。支払いはクレジットカードのみ。
Vélib URL www.velib-metropole.fr/ ※日本からはアクセス不可

！注意ポイント

○クレジットカードで登録時に最大€300のデポジットを要求されるが、事故や故障時のためのもので、問題がなければ引き落とされることはない。
○登録は公式サイトから行う場合、支払いが終わるとコードとPINナンバーが表示されるので、ステーションを探して、自転車に備わる端末に入力する。
○利用する前に壊れていないか、空気は充分に入っているかなどの確認を。パンクしている自転車も多いので注意を。
○パリでは自転車は車と同じルール。近頃、車線と対向の自転車レーンが増えているので注意。またバイクとの接触にも気を付けて。

●ヴェリブに乗ってみよう

1 登録する

ステーションに設置された機械「ボルヌBorne」で登録。言語を選択後、利用日数を設定。クレジットカードで手続きを終えると、8桁のVelibコードが印刷されたチケットが発行される。チケットはなくさないように。

2 レンタルする

登録が完了したらレンタル画面に利用可能な自転車の番号が表示されるので選択。ロックが外されたら自転車を引き出す。

3 返却する

返却するステーションは空きがあればどこでもOK。ランプが赤から緑に変わり、ピッという音が鳴ったら正しく返却されたことになる。

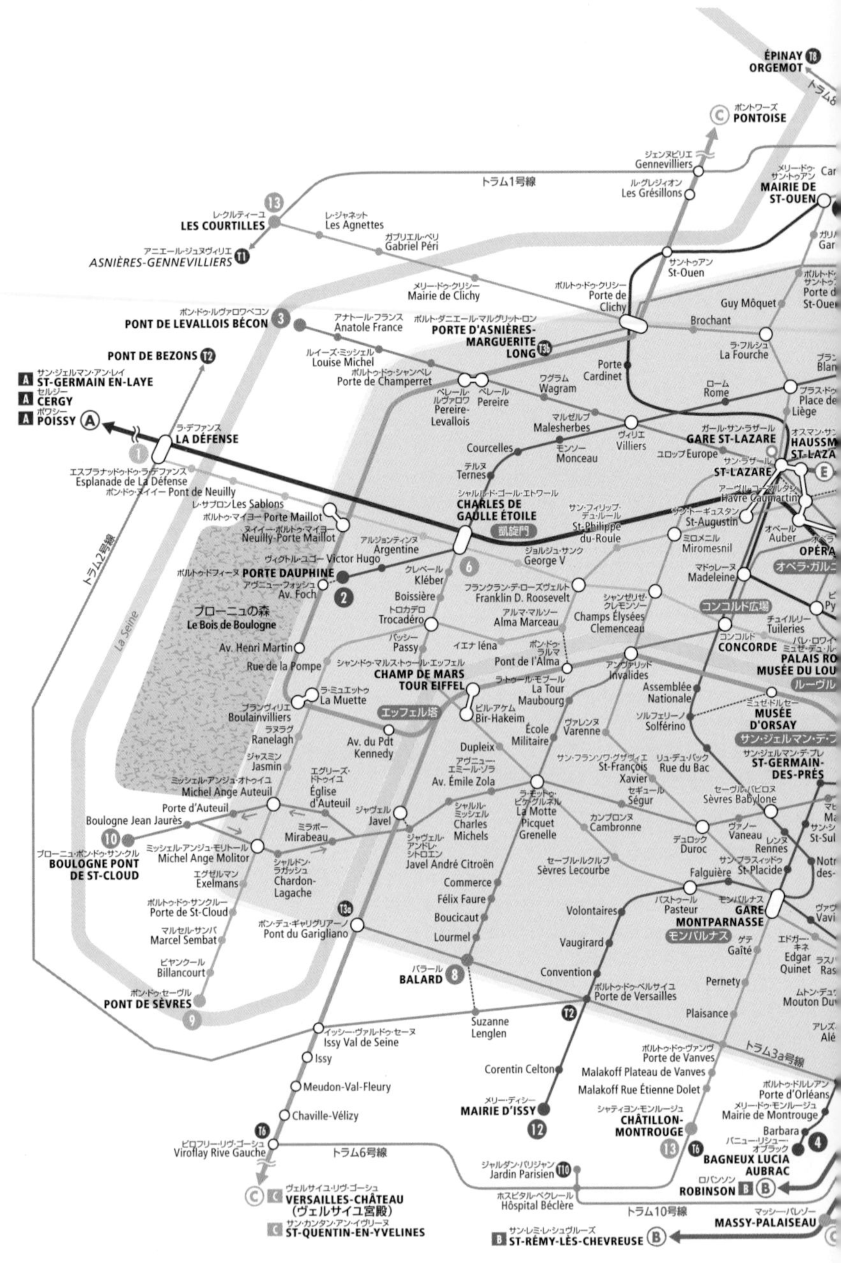
ÉPINAY ORGEMOT
PONTOISE
Gennevilliers
Les Grésillons
MAIRIE DE ST-OUEN
トラム1号線
LES COURTILLES
Les Agnettes
Gabriel Péri
ASNIÈRES-GENNEVILLIERS
St-Ouen
Mairie de Clichy
Porte de Clichy
PONT DE LEVALLOIS BÉCON
Anatole France
PORTE D'ASNIÈRES-MARGUERITE LONG
Brochant
Guy Môquet
PONT DE BEZONS
ST-GERMAIN EN-LAYE
CERGY
POISSY
Louise Michel
Porte de Champerret
La Fourche
Porte Cardinet
Pereire-Levallois
Pereire
Wagram
Rome
Place de Clichy
Liège
LA DÉFENSE
Malesherbes
Villiers
GARE ST-LAZARE
Courcelles
Monceau
Europe
ST-LAZARE
Ternes
Esplanade de La Défense
Pont de Neuilly
Les Sablons
Porte Maillot
Neuilly-Porte Maillot
CHARLES DE GAULLE ÉTOILE
凱旋門
St-Philippe du-Roule
St-Augustin
Havre Caumartin
Argentine
George V
Miromesnil
Auber
OPÉRA
Victor Hugo
PORTE DAUPHINE
Av. Foch
Kléber
Madeleine
オペラ・ガルニエ
Boissière
Franklin D. Roosevelt
ブローニュの森
Le Bois de Boulogne
Trocadéro
Alma Marceau
Champs Élysées Clemenceau
コンコルド広場
Tuileries
Av. Henri Martin
Passy
Iéna
CONCORDE
PALAIS ROYAL MUSÉE DU LOUVRE
ルーヴル
Rue de la Pompe
CHAMP DE MARS TOUR EIFFEL
Pont de l'Alma
Invalides
La Muette
La Tour Maubourg
Assemblée Nationale
Boulainvilliers
エッフェル塔
Bir-Hakeim
Solférino
MUSÉE D'ORSAY
Ranelagh
Av. du Pdt Kennedy
École Militaire
Varenne
サン・ジェルマン・デ・プレ
Jasmin
Dupleix
St-François Xavier
Rue du Bac
ST-GERMAIN-DES-PRÉS
Michel Ange Auteuil
Église d'Auteuil
Av. Émile Zola
La Motte Picquet Grenelle
Ségur
Sèvres Babylone
Porte d'Auteuil
Boulogne Jean Jaurès
Javel
Charles Michels
Cambronne
Vaneau
Mirabeau
Duroc
Rennes
BOULOGNE PONT DE ST-CLOUD
Michel Ange Molitor
Javel André Citroën
Sèvres Lecourbe
St-Placide
Exelmans
Chardon-Lagache
Commerce
Falguière
Félix Faure
Pasteur
GARE MONTPARNASSE
Porte de St-Cloud
Boucicaut
Volontaires
モンパルナス
Pont du Garigliano
Gaîté
Marcel Sembat
Lourmel
Vaugirard
Edgar Quinet
Billancourt
BALARD
Convention
Pernety
PONT DE SÈVRES
Porte de Versailles
Mouton Duvernet
Suzanne Lenglen
Plaisance
Issy Val de Seine
トラム3a号線
Issy
Porte de Vanves
Corentin Celton
Malakoff Plateau de Vanves
Meudon-Val-Fleury
Malakoff Rue Étienne Dolet
Porte d'Orléans
Chaville-Vélizy
MAIRIE D'ISSY
CHÂTILLON-MONTROUGE
Mairie de Montrouge
Barbara
Viroflay Rive Gauche
トラム6号線
BAGNEUX LUCIA AUBRAC
Jardin Parisien
ROBINSON
VERSAILLES-CHÂTEAU (ヴェルサイユ宮殿)
Hôspital Béclère
トラム10号線
MASSY-PALAISEAU
ST-QUENTIN-EN-YVELINES
ST-RÉMY-LÈS-CHEVREUSE
トラム2号線
La Seine

info 地下鉄の路線図は駅の窓口でもらえる。「Plan des Lignes(プラン・デ・リーニュ)」または「Plan de Métro(プラン・ドゥ・メトロ)」と伝えるだけでOK。オフラインで使用できる公式アプリ(Bonjour RATP)もあり

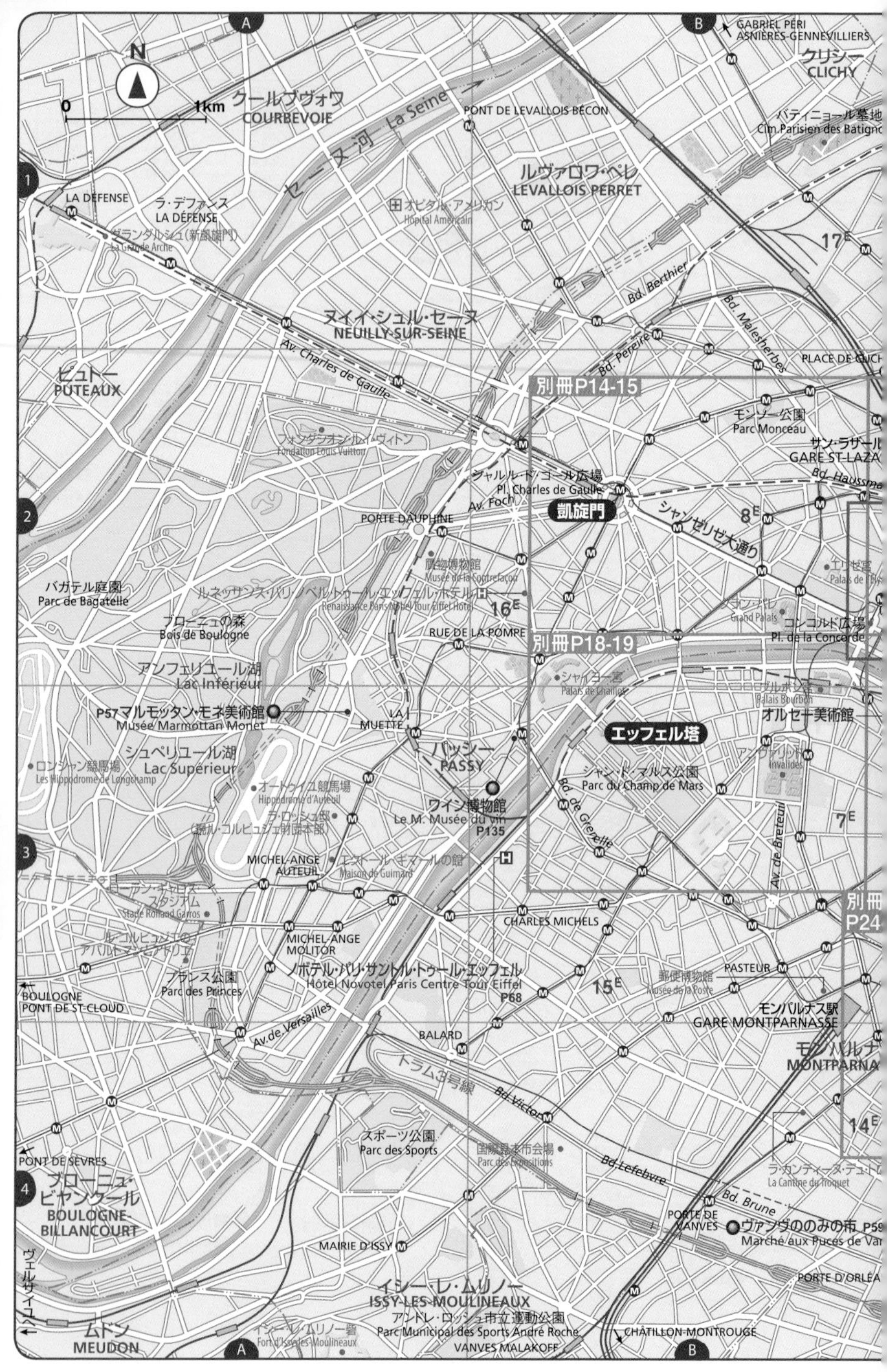

●観光スポット ●ショップ ●レストラン・カフェ・スイーツ・パン ●ナイトスポット H ホテル

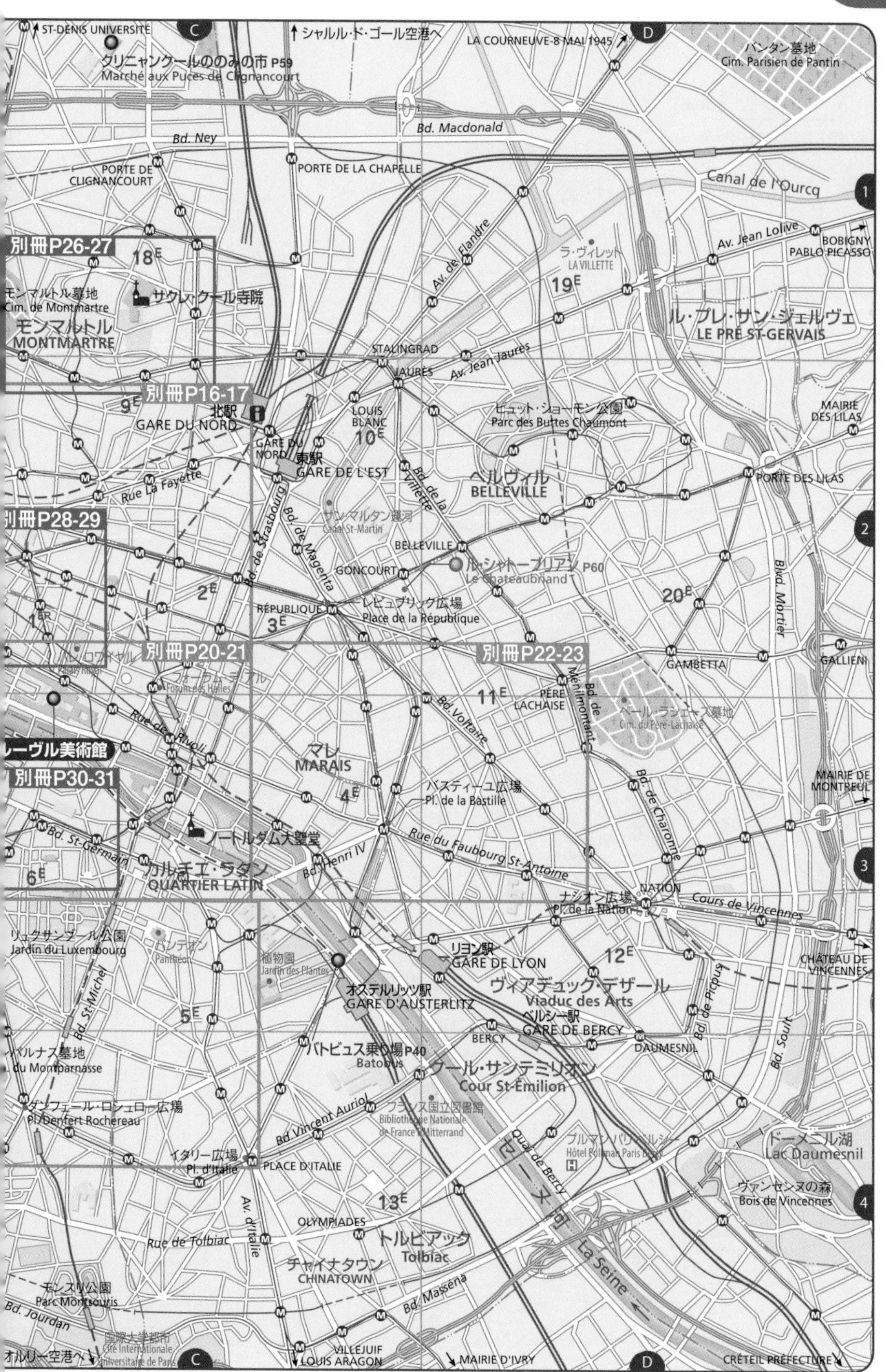

info パリ市郊外につながる東駅や北駅、RERの一部エリアはスリ被害が多発しているので注意。観光客だけでなく、現地のフランス人への被害も続出しているので、特に夜間のひとり歩きは避けたほうがよい。

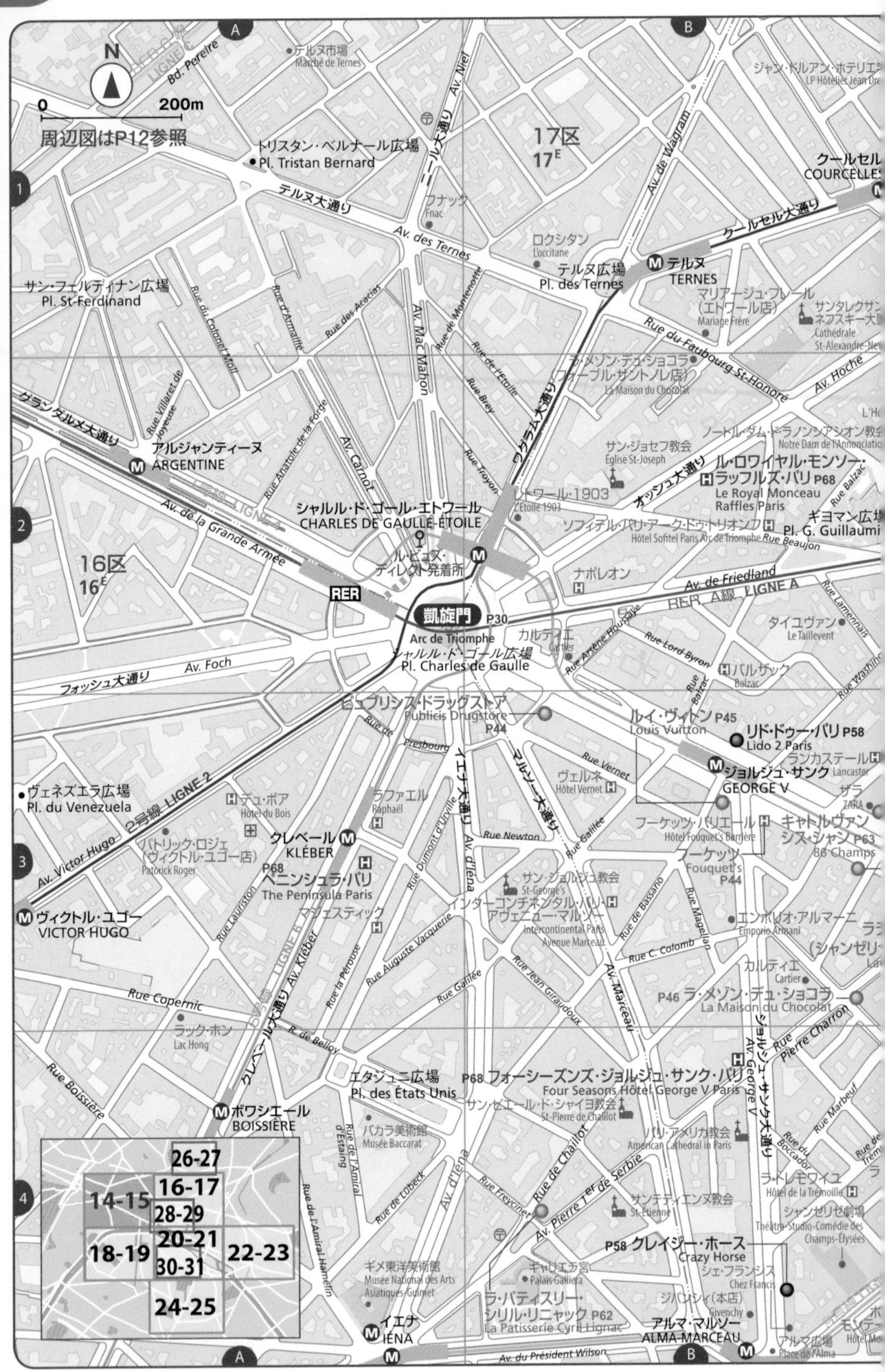

周辺図はP12参照
0 200m
17区 17E
16区 16E
テルヌ市場 Marché de Ternes
トリスタン・ベルナール広場 Pl. Tristan Bernard
テルヌ大通り
Av. des Ternes
フナック Fnac
ロクシタン L'occitane
テルヌ広場 Pl. des Ternes
テルヌ TERNES
クールセル COURCELLES
クールセル大通り
マリアージュ・フレール（エトワール店） Mariage Frère
サン・フェルディナン広場 Pl. St-Ferdinand
ニール大通り Av. Niel
Av. de Wagram
Av. Mac Mahon
Av. Carnot
ワグラム大通り
Rue du Faubourg St-Honoré
Av. Hoche
ラ・メゾン・デュ・ショコラ（フォーブル・サントノレ店） La Maison du Chocolat
ノートル・ダム・ド・ラノンシアシオン教会
サン・ジョセフ教会 Église St-Joseph
ル・ロワイヤル・モンソー・ラッフルズ・パリ P68 Le Royal Monceau Raffles Paris
グランダルメ大通り
アルジャンティーヌ ARGENTINE
Av. de la Grande Armée
シャルル・ド・ゴール・エトワール CHARLES DE GAULLE-ÉTOILE
ルトワール・1903 L'Étoile 1903
ソフィテル・パリ・アーク・ドゥ・トリオンフ Hôtel Sofitel Paris Arc de Triomphe
ギヨマン広場 Pl. G. Guillaumin
ルーピュス・ディレクト発着所
ナポレオン
Av. de Friedland
RER A線 LIGNE A
RER
凱旋門 P30 Arc de Triomphe
シャルル・ド・ゴール広場 Pl. Charles de Gaulle
カルティエ Cartier
タイユヴァン Le Taillevent
バルザック Balzac
Av. Foch
フォッシュ大通り
ピュブリシス・ドラッグストア Publicis Drugstore P44
ルイ・ヴィトン P45 Louis Vuitton
リド・ドゥー・パリ P58 Lido 2 Paris
ジョルジュ・サンク GEORGE V
ヴェネズエラ広場 Pl. du Venezuela
2号線 LIGNE 2
Av. Victor Hugo
デュ・ボア Hôtel du Bois
ラファエル Raphaël
ヴェルネ Hôtel Vernet
イエナ大通り
マルソー大通り
パトリック・ロジェ（ヴィクトル・ユゴー店） Patrick Roger
クレベール KLÉBER
P68 ペニンシュラ・パリ The Peninsula Paris
マジェスティック
フーケッツ・バリエール Hôtel Fouquet's Barrière
フーケッツ Fouquet's P44
キャトルヴァン・シス・シャン P63 86 Champs
サン・ジョルジュ教会 St-George's
インターコンチネンタル・パリ・アヴェニュー・マルソー Intercontinental Paris Avenue Marceau
エンポリオ・アルマーニ Emporio Armani
ヴィクトル・ユゴー VICTOR HUGO
カルティエ Cartier
P46 ラ・メゾン・デュ・ショコラ La Maison du Chocolat
Rue Copernic
ラック・ホン Lac Hong
クレベール大通り Av. Kléber
Av. Marceau
ジョルジュ・サンク大通り Av. George V
エタジュニ広場 Pl. des États Unis
P68 フォーシーズンズ・ジョルジュ・サンク・パリ Four Seasons Hôtel George V Paris
サン・ピエール・ド・シャイヨ教会 St-Pierre de Chaillot
ボワシエール BOISSIÈRE
バカラ美術館 Musée Baccarat
パリ・アメリカ教会 American Cathedral in Paris
ラ・トレモワイユ Hôtel de la Trémoille
サンテティエンヌ教会 St-Etienne
シャンゼリゼ劇場 Théâtre-Studio-Comédie des Champs-Élysées
P58 クレイジー・ホース Crazy Horse
シェ・フランシス Chez Francis
ギメ東洋美術館 Musée National des Arts Asiatiques-Guimet
ガリエラ宮 Palais Galliera
ラ・パティスリー・シリル・リニャック P62 La Patisserie Cyril Lignac
ジバンシィ（本店） Givenchy
イエナ IÉNA
アルマ・マルソー ALMA-MARCEAU
アルマ広場 Place de l'Alma
Av. du Président Wilson
26-27
14-15
16-17
28-29
18-19
20-21
30-31
22-23
24-25

●観光スポット ●ショップ ●レストラン・カフェ・スイーツ・パン ●ナイトスポット H ホテル

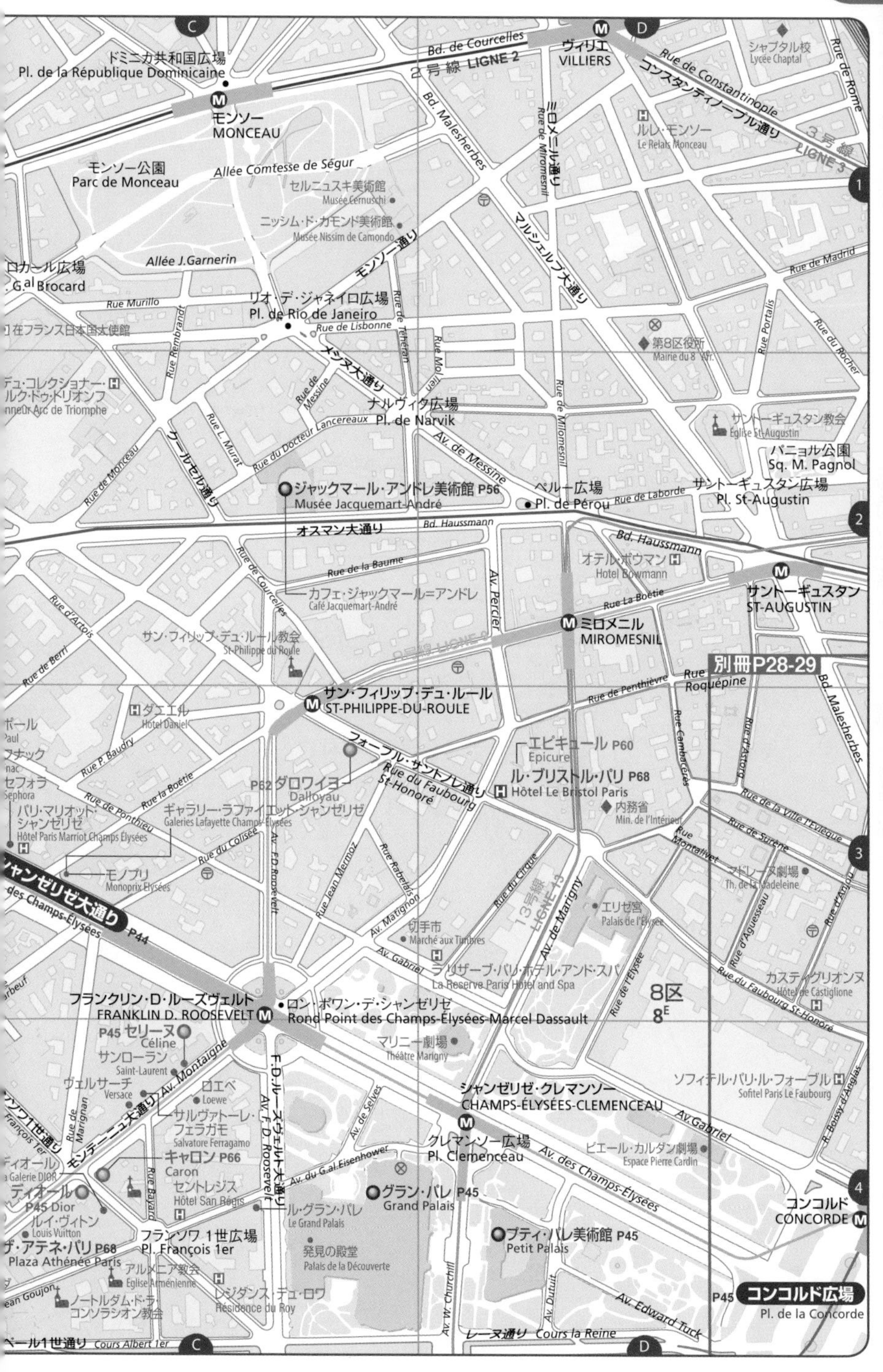

info シャンゼリゼ大通りをバスでおさんぽするのもよい。73番バスはオルセー美術館を出発した後、コンコルド広場(D4)を経由し、シャンゼリゼ大通りを一直線に凱旋門(A2)まで、各バス停を停車しながら進む。

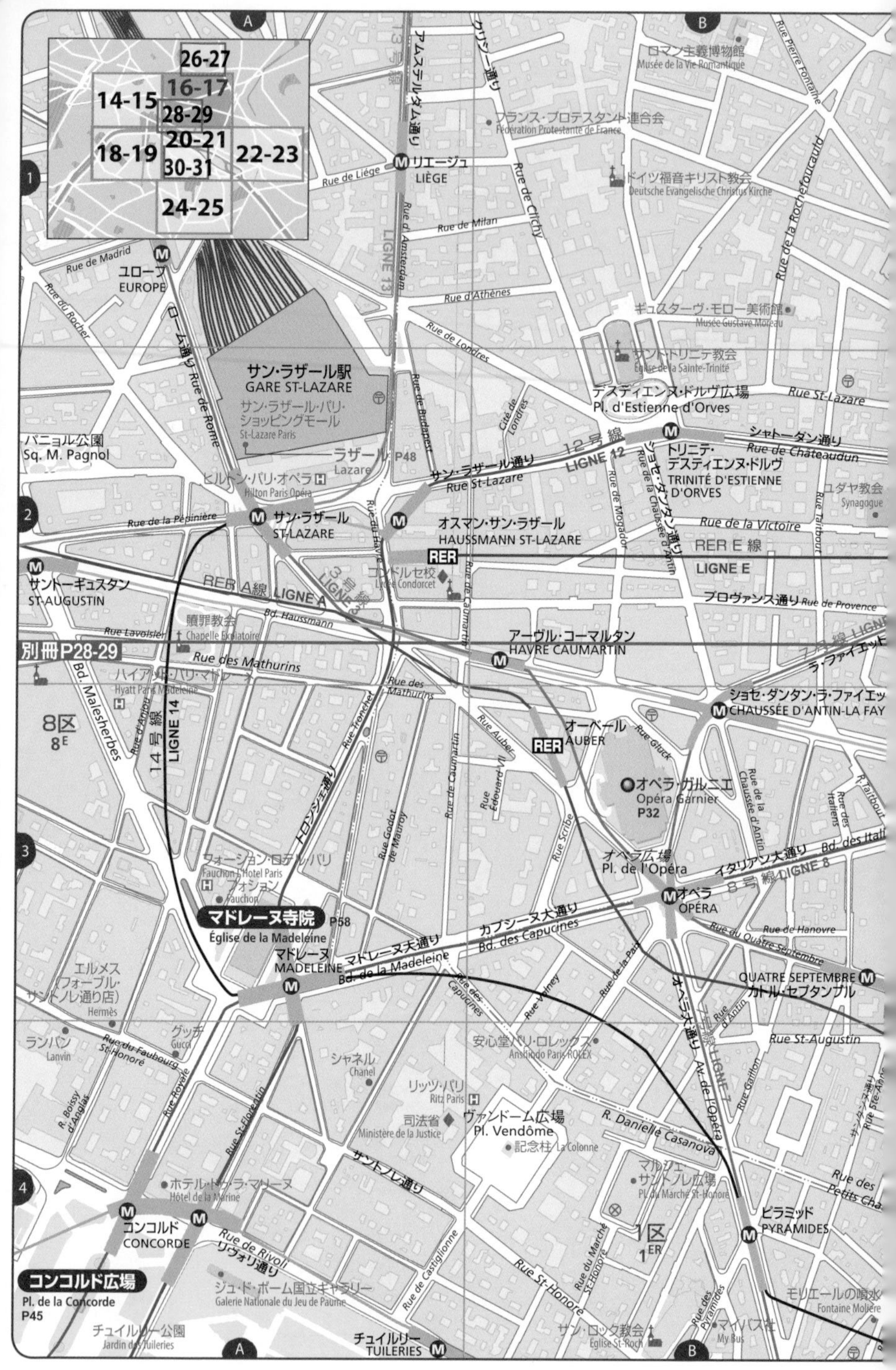

観光スポット　ショップ　レストラン・カフェ・スイーツ・パン　ナイトスポット　H ホテル

C
D
N
0
200m
周辺図はP13参照
北駅
GARE DU NORD
LIGNE 4
4号線
Rue J.Baptiste Say
Av. Trudaine
Rue Condorcet
Rue Bochart de Saron
Rue Rodier
Rue du Faubourg Poissonnière
Rue de Maubeuge
パーフェクト
Perfect Hotel & Hostel
ローズ・ベーカリー P63
Rose Bakery
Rue des Martyrs
Rue Clauzel
P61 シェ・ミッシェル
Chez Michel
ジーグフリート専門学校
Lycée Techn.Jules Siegfried
サン・ヴァンサン・ド・ポール教会
St-Vincent-de-Paul
マジャンタ大通り
Bd. de Magenta
ヴァランシエンヌ広場
Pl. de Valanciennes
9区
9E
サン・ジョルジュ
ST-GEORGES
セバスチャン・ゴダール P62
Sébastien Gaudard
Rue Choron
ラマルティーヌ校
Lycée Lamartine
Rue La Fayette
ラ・ファイエット通り
フランツ・リスト広場
Pl. Franz Liszt
Rue Cadet
カデ通り
Rue Hippolyte Lebas
Rue Milton
カイユボット P60
Caillebotte
モントロン公園
Square Montholon
ポワソニエール
POISSONNIÈRE
Rue N. D. de Lorette
ノートルダム・ド・ロレット
NOTRE-DAME-DE-LORETTE
カデ
CADET
ル・プルティエ
LE PELETIER
フランマソヌリ博物館
Musée de la Franc-Maçonnerie
Rue du Fg. Montmartre
リシェ通り
Rue Richer
プティットゼキュリエ通り
Rue des Petites Écuries
Rue Le Peletier
贖罪教会
Rédemption
パッサージュ・ヴェルドー
Passage Verdeau
Rue de la Grange Batelière
Rue de Montyon
国立演劇学校
Conservatoire Nat. Sup. d'Art Dramatique
10区
10E
Rue Rossini
第9区役所
Mairie du 9e Arr.
パッサージュ・ジュフロア P59
Passage Jouffroy
Rue Bergère
フォーブル・サン・ドニ通り
Rue du Faubourg St-Denis
グレヴァンろう人形館
Musée Grévin
Bd. Haussmann
Bd. Montmartre
シャルティエ P60
Chartier
リシュリュー・ドルーオ
RICHELIEU DROUOT
グラン・ブールヴァール
GRANDS BOULEVARDS
パッサージュ・ブラディ
Passage Brady
パッサージュ・デ・パノラマ P59
Passage des Panoramas
Bd. Poissonnière
ボンヌ・ヌーヴェル
BONNE NOUVELLE
Rue d'Uzès
Rue St-Marc
Rue Vivienne
Rue Feydeau
Bd. de Bonne Nouvelle
サン・ドニ門
Porte St-Denis
ストラスブール大通り
Bd. de Strasbourg
Rue Ménars
Rue N. D. des Victoires
モンマルトル通り
Rue Montmartre
Rue des Jeûneurs
Rue St-Fiacre
Rue du Sentier
Rue Poissonnière
RER D線 LIGNE D
ストラスブール・サン・ドニ
STRASBOURG ST-DENIS
証券取引所
La Bourse
Rue du Croissant
Rue d'Aboukir
ブルス
BOURSE
3号線 LIGNE 3
Rue de Richelieu
Rue de la Banque
Rue de Cléry
Rue des Petits Carreaux
フレンチー・バー・ア・ヴァン P61
Frenchie Bar à Vins
Rue St-Denis
サン・ドニ通り
Rue de Nil
国立図書館
Bibliothèque Nationale
Rue Paul Lelong
サンティエ
SENTIER
レオミュール通り
ギャラリー・ヴィヴィエンヌ
Galerie Vivienne
Rue du Mail
R. d'Aboukir
Rue Montmartre
Rue Réaumur
エミール・ショータン公園
Sq. Emile Chautemps
Basilique N. D. des Victoires
レオミュール・セバストポル
RÉAUMUR SÉBASTOPOL
ヴィクトワール広場
Place des Victoires
R. d'Aboukir
2区
2E
パレ・ロワイヤル庭園
Jardin du Palais Royal
Rue Étienne Marcel
Rue de la Jussienne
1
2
3
4

info オペラ大通り(B3)からヴィクトワール広場(C4)まで延びるRue des Petits Champs(B4)沿いには、パッサージュ(19世紀から続くアーケード街)があり、今でも昔ながらのパリの面影を残す必見スポット。

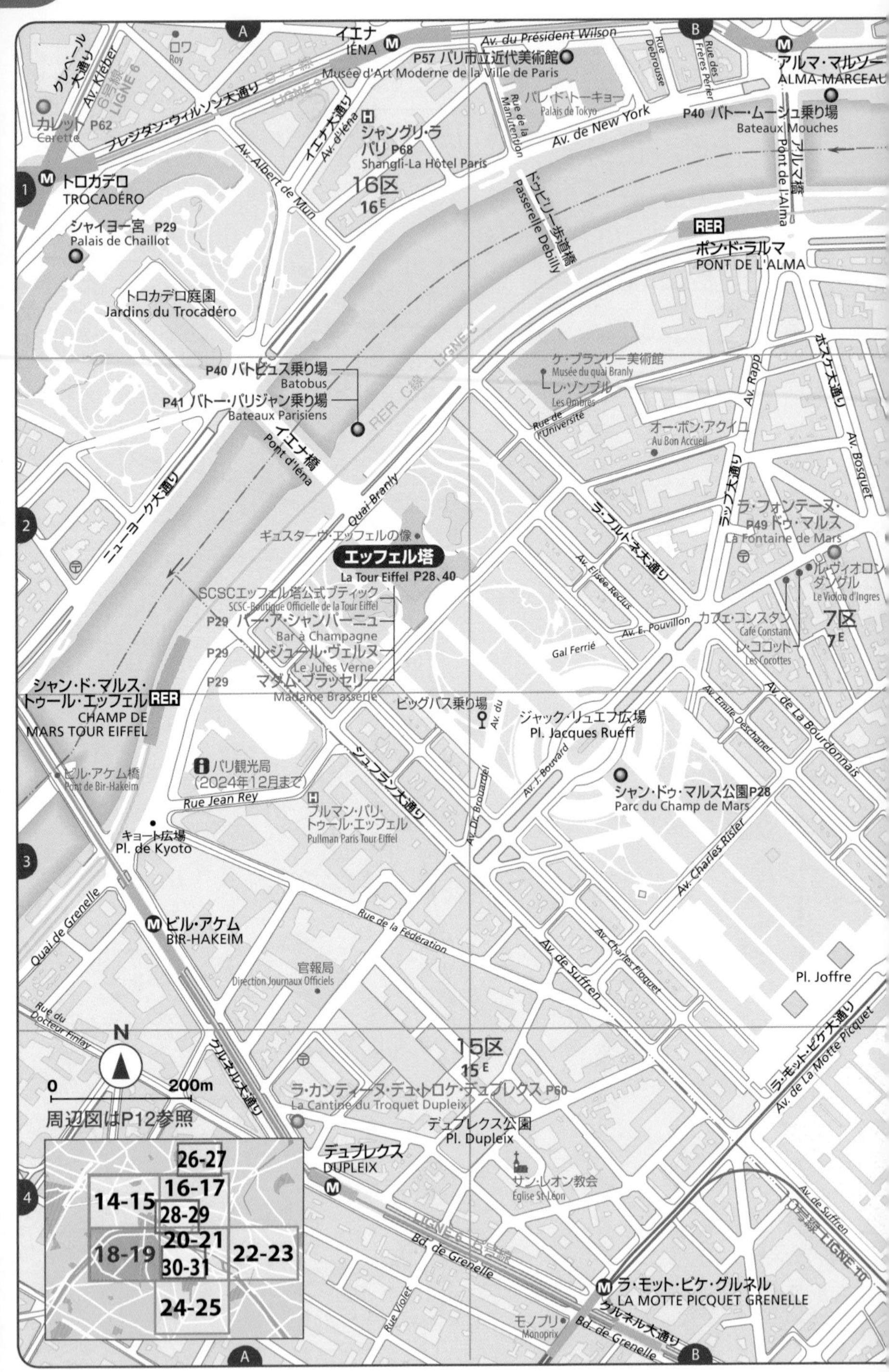

イエナ IÉNA
Av. du Président Wilson
P57 パリ市立近代美術館
Musée d'Art Moderne de la Ville de Paris
アルマ・マルソー ALMA-MARCEAU
ロワ Roy
クレベール大通り
Av. Kléber
6号線 LIGNE 6
カレット P62 Carette
プレジダン・ウィルソン大通り
イエナ大通り Av. d'Iéna
シャングリ・ラ パリ P68
Shangri-La Hôtel Paris
パレ・ド・トーキョー Palais de Tokyo
Rue Debrousse
Rue des Frères Perier
Rue de la Manutention
Av. de New York
P40 バトー・ムーシュ乗り場 Bateaux Mouches
アルマ橋 Pont de l'Alma
トロカデロ TROCADÉRO
Av. Albert de Mun
16区 16E
シャイヨー宮 P29 Palais de Chaillot
ドゥビリー歩道橋 Passerelle Debilly
RER ポン・ド・ラルマ PONT DE L'ALMA
トロカデロ庭園 Jardins du Trocadéro
P40 バトビュス乗り場 Batobus
P41 バトー・パリジャン乗り場 Bateaux Parisiens
RER C線 LIGNE C
ケ・ブランリー美術館 Musée du quai Branly
レ・ゾンブル Les Ombres
Rue de l'Université
オー・ボン・アクイユ Au Bon Accueil
Av. Rapp
ボスケ大通り
Av. Bosquet
イエナ橋 Pont d'Iéna
Quai Branly
ニューヨーク大通り
ギュスターヴ・エッフェルの像
エッフェル塔
La Tour Eiffel P28、40
ラ・ブルドネ大通り
ラップ大通り
ラ・フォンテーヌ・ドゥ・マルス P49
La Fontaine de Mars
Av. Elisée Reclus
ル・ヴィオロン・ダングル Le Violon d'Ingres
SCSCエッフェル塔公式ブティック
SCSC-Boutique Officielle de la Tour Eiffel
P29 バー・ア・シャンパーニュ Bar à Champagne
P29 ル・ジュール・ヴェルヌ Le Jules Verne
P29 マダム・ブラッセリー Madame Brasserie
Av. E. Pouvillon
カフェ・コンスタン Café Constant
レ・ココット Les Cocottes
7区 7E
Gal Ferrié
シャン・ド・マルス・トゥール・エッフェル RER
CHAMP DE MARS TOUR EIFFEL
ビッグバス乗り場
Av. du
ジャック・リュエフ広場 Pl. Jacques Rueff
Av. Emile Deschanel
Av. de La Bourdonnais
ビル・アケム橋 Pont de Bir-Hakeim
パリ観光局 (2024年12月まで)
シュフラン大通り
Av. J. Bouvard
Av. Dr. Brouardel
シャン・ドゥ・マルス公園 P28
Parc du Champ de Mars
Rue Jean Rey
プルマン・パリ・トゥール・エッフェル
Pullman Paris Tour Eiffel
キョート広場 Pl. de Kyoto
Av. Charles Risler
ビル・アケム BIR-HAKEIM
Quai de Grenelle
Rue de la Fédération
官報局 Direction Journaux Officiels
Av. Charles Floquet
Av. de Suffren
Pl. Joffre
Rue du Docteur Finlay
N
0 200m
周辺図はP12参照
グルネル大通り
15区 15E
ラ・モット・ピケ大通り
Av. de La Motte Picquet
ラ・カンティーヌ・デュ・トロケ・デュプレクス P60
La Cantine du Troquet Dupleix
デュプレクス公園 Pl. Dupleix
デュプレクス DUPLEIX
サン・レオン教会 Église St-Léon
LIGNE 6 6号線
Bd. de Grenelle
Av. de Suffren
10号線 LIGNE 10
ラ・モット・ピケ・グルネル
LA MOTTE PICQUET GRENELLE
Rue Violet
モノプリ Monoprix
グルネル大通り Bd. de Grenelle
26-27 14-15 16-17 28-29 18-19 20-21 30-31 22-23 24-25
A B 1 2 3 4

観光スポット　ショップ　レストラン・カフェ・スイーツ・パン　ナイトスポット　H ホテル

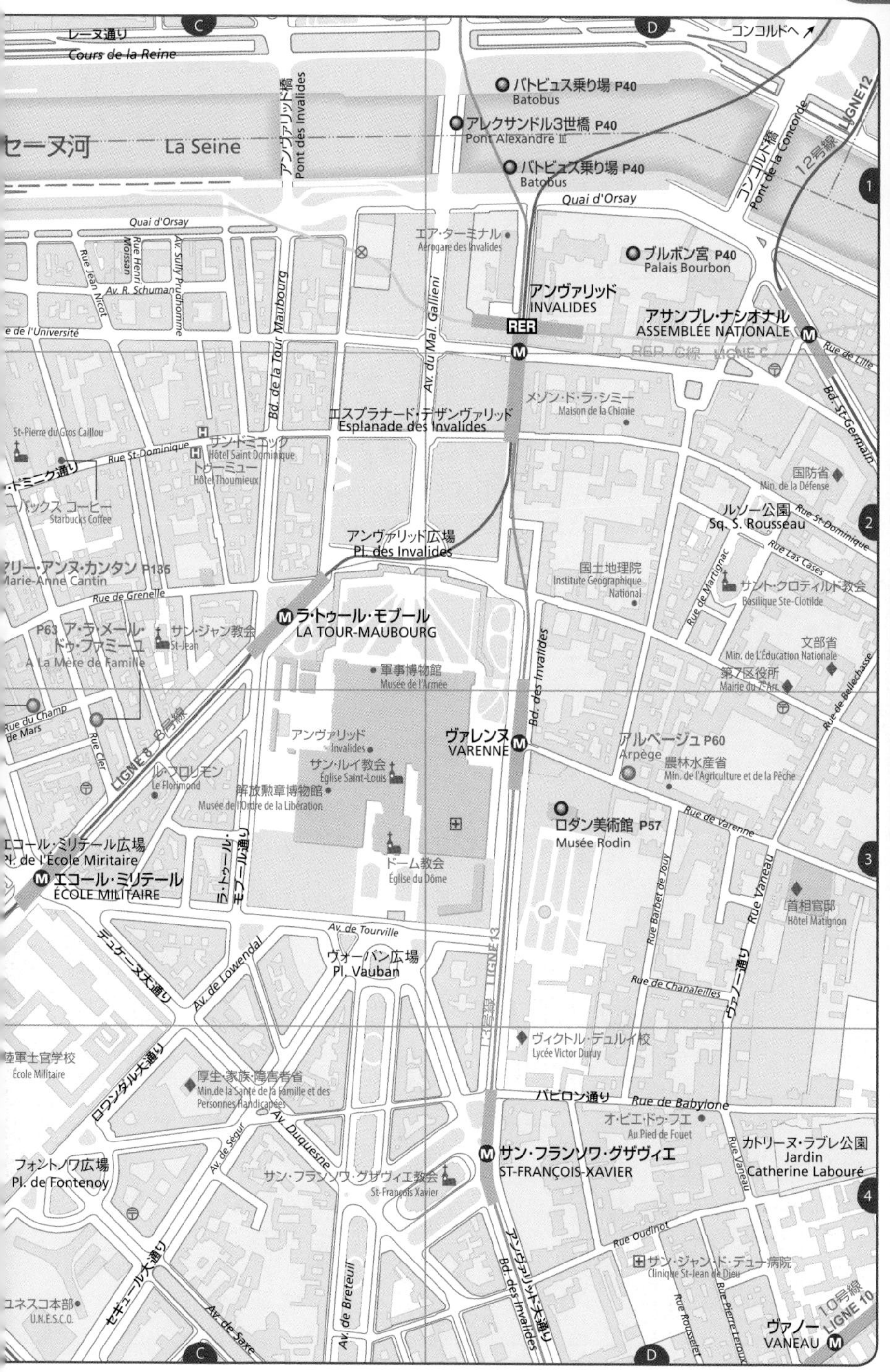
レーヌ通り
Cours de la Reine
セーヌ河
La Seine
アンヴァリッド橋
Pont des Invalides
バトビュス乗り場 P40
Batobus
アレクサンドル3世橋 P40
Pont Alexandre III
バトビュス乗り場 P40
Batobus
コンコルドへ
コンコルド橋
Pont de la Concorde
12号線
LIGNE12
Quai d'Orsay
エア・ターミナル
Aérogare des Invalides
ブルボン宮 P40
Palais Bourbon
アンヴァリッド
INVALIDES
RER
アサンブレ・ナシオナル
ASSEMBLÉE NATIONALE
RER C線 LIGNE C
Rue de Lille
Bd. St-Germain
Av. R. Schuman
Rue Jean Nicot
Rue Henri Moissan
Av. Sully Prudhomme
Bd. de la Tour Maubourg
Av. du Mal. Gallieni
Rue de l'Université
メゾン・ド・ラ・シミー
Maison de la Chimie
エスプラナード・デザンヴァリッド
Esplanade des Invalides
St-Pierre du Gros Caillou
Rue St-Dominique
サンドミニック
Hôtel Saint Dominique
トゥーミュー
Hôtel Thoumieux
ドミニク通り
スターバックス コーヒー
Starbucks Coffee
国防省
Min. de la Défense
ルソー公園
Sq. S. Rousseau
Rue St-Dominique
Rue Las Cases
アンヴァリッド広場
Pl. des Invalides
マリー・アンヌ・カンタン P135
Marie-Anne Cantin
Rue de Grenelle
国土地理院
Institute Géographique National
Rue de Martignac
サント・クロティルド教会
Basilique Ste-Clotilde
ラ・トゥール・モブール
LA TOUR-MAUBOURG
P63 ア・ラ・メール・ドゥ・ファミーユ
A La Mère de Famille
サン・ジャン教会
St-Jean
軍事博物館
Musée de l'Armée
Bd. des Invalides
文部省
Min. de l'Éducation Nationale
第7区役所
Mairie du 7e Arr.
Rue de Bellechasse
Rue du Champ de Mars
Rue Cler
LIGNE 8
8号線
ル・フロリモン
Le Florimond
アンヴァリッド
Invalides
サン・ルイ教会
Église Saint-Louis
解放勲章博物館
Musée de l'Ordre de la Libération
ヴァレンヌ
VARENNE
アルページュ P60
Arpège
農林水産省
Min. de l'Agriculture et de la Pêche
ロダン美術館 P57
Musée Rodin
Rue de Varenne
エコール・ミリテール広場
Pl. de l'École Militaire
エコール・ミリテール
ÉCOLE MILITAIRE
ラ・トゥール・モブール通り
ドーム教会
Église du Dôme
Rue Barbet de Jouy
Rue Vaneau
首相官邸
Hôtel Matignon
デュケーヌ大通り
Av. de Lowendal
Av. de Tourville
ヴォーバン広場
Pl. Vauban
LIGNE13
13号線
Rue de Chanaleilles
ヴァノー通り
陸軍士官学校
École Militaire
ロウンダル大通り
厚生・家族・障害者省
Min. de la Santé de la Famille et des Personnes Handicapées
ヴィクトル・デュルイ校
Lycée Victor Duruy
バビロン通り
Rue de Babylone
オ・ピエ・ドゥ・フエ
Au Pied de Fouet
Av. Duquesne
Av. de Ségur
フォントノワ広場
Pl. de Fontenoy
サン・フランソワ・グザヴィエ教会
St-François Xavier
サン・フランソワ・グザヴィエ
ST-FRANÇOIS-XAVIER
Rue Vaneau
カトリーヌ・ラブレ公園
Jardin Catherine Labouré
Rue Oudinot
サン・ジャン・ド・デュー病院
Clinique St-Jean de Dieu
ユネスコ本部
U.N.E.S.C.O.
セギュール大通り
Av. de Saxe
Av. de Breteuil
アンヴァリッド大通り
Bd. des Invalides
Rue Rousselet
Rue Pierre Leroux
10号線
LIGNE 10
ヴァノー
VANEAU
C
D
1
2
3
4

info エッフェル塔のおすすめビュースポットがⓂ6号線PASSY駅方面からBIR-HAKEIM駅へ向かうビル・アケム橋(A3)。地下鉄でもその区間は地上を走るため、車内からでもセーヌ河を絡めた美しい姿を楽しめる。

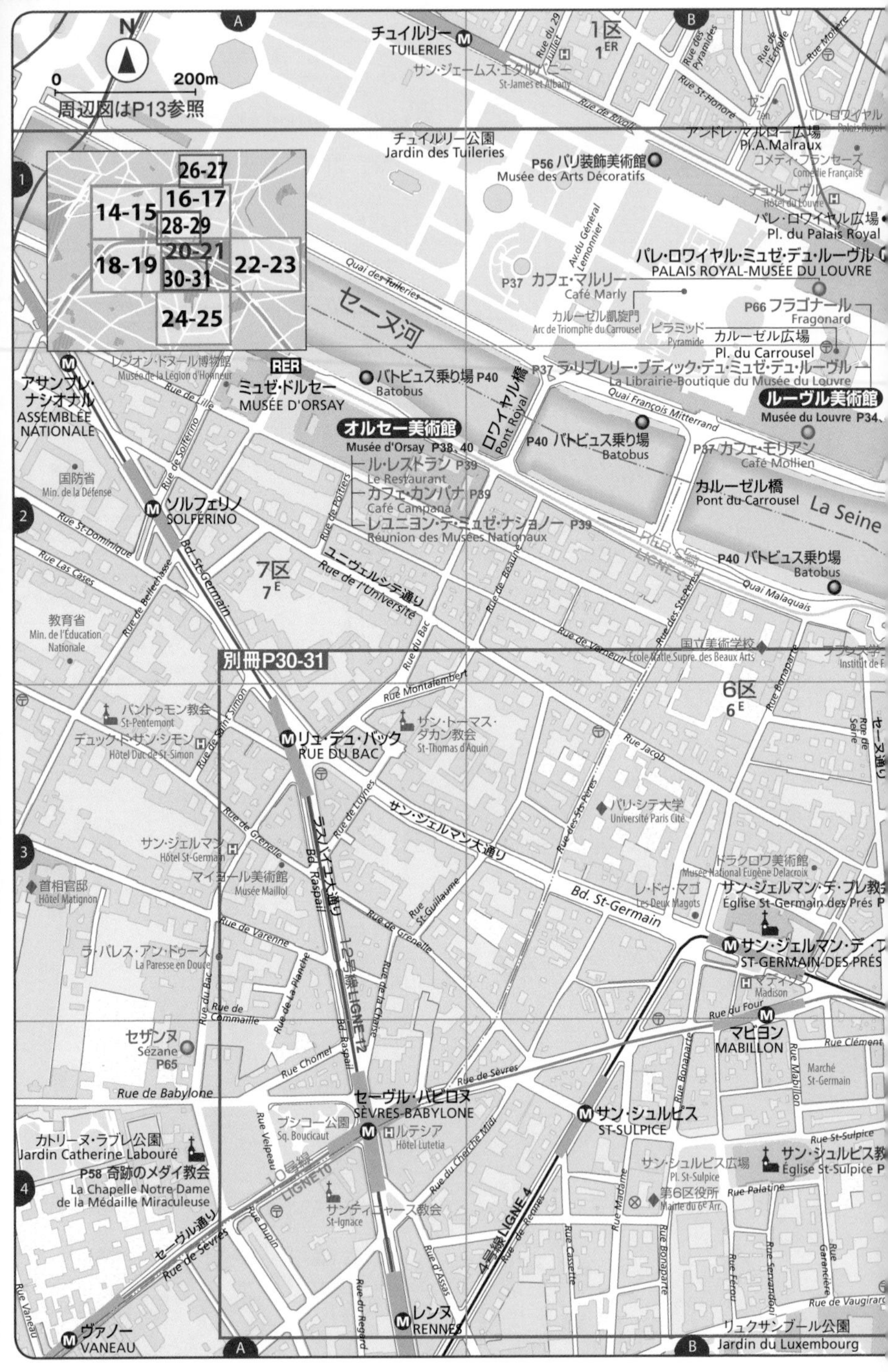
N
0 200m
周辺図はP13参照
26-27
14-15
16-17
28-29
18-19
20-21
30-31
22-23
24-25
別冊P30-31
チュイルリー TUILERIES
サン・ジェームス・エ・アルバニー St-James et Albany
1区 1ER
Rue de Rivoli
Rue St-Honoré
Rue des Pyramides
Rue de l'Échelle
Rue Molière
ゼン Zen
パレ・ロワイヤル Palais Royal
チュイルリー公園 Jardin des Tuileries
アンドレ・マルロー広場 Pl.A.Malraux
P56 パリ装飾美術館 Musée des Arts Décoratifs
コメディ・フランセーズ Comédie Française
デュ・ルーヴル Hôtel du Louvre
パレ・ロワイヤル広場 Pl. du Palais Royal
パレ・ロワイヤル・ミュゼ・デュ・ルーヴル PALAIS ROYAL-MUSÉE DU LOUVRE
Av. du Général Lemonnier
Quai des Tuileries
セーヌ河
P37 カフェ・マルリー Café Marly
カルーゼル凱旋門 Arc de Triomphe du Carrousel
ピラミッド Pyramide
P66 フラゴナール Fragonard
カルーゼル広場 Pl. du Carrousel
P37 ラ・リブレリー・ブティック・デュ・ミュゼ・デュ・ルーヴル La Librairie-Boutique du Musée du Louvre
ルーヴル美術館 Musée du Louvre P34
レジオン・ドヌール博物館 Musée de la Légion d'Honneur
RER
ミュゼ・ドルセー MUSÉE D'ORSAY
バトビュス乗り場 P40 Batobus
ロワイヤル橋 Pont Royal
P40 バトビュス乗り場 Batobus
Quai François Mitterrand
P37 カフェ・モリアン Café Mollien
アサンブレ・ナシオナル ASSEMBLÉE NATIONALE
Rue de Lille
オルセー美術館 Musée d'Orsay P38、40
ル・レストラン Le Restaurant P39
カフェ・カンパナ Café Campana P39
レユニヨン・デ・ミュゼ・ナショノー Réunion des Musées Nationaux P39
Rue de Solférino
国防省 Min. de la Défense
ソルフェリノ SOLFERINO
Rue de Poitiers
カルーゼル橋 Pont du Carrousel
La Seine
P40 バトビュス乗り場 Batobus
Quai Malaquais
Rue St-Dominique
Rue Las Cases
Bd. St-Germain
7区 7E
ユニヴェルシテ通り Rue de l'Université
Rue de Beaune
Rue des Sts-Pères
Rue de Bellechasse
教育省 Min. de l'Éducation Nationale
Rue du Bac
Rue de Verneuil
国立美術学校 École Natle.Supre. des Beaux Arts
Institut de F
Rue Bonaparte
Rue Montalembert
6区 6E
パントゥモン教会 St-Pentemont
サン・トーマス・ダカン教会 St-Thomas d'Aquin
Rue de Seine
セーヌ通り
デュック・ド・サン・シモン Hôtel Duc de St-Simon
Rue de Saint Simon
リュ・デュ・バック RUE DU BAC
Rue Jacob
パリ・シテ大学 Université Paris Cité
Rue de Luynes
サン・ジェルマン大通り
Rue de Grenelle
ラスパイユ大通り Bd. Raspail
サン・ジェルマン Hôtel St-Germain
ドラクロワ美術館 Musée National Eugène Delacroix
首相官邸 Hôtel Matignon
マイヨール美術館 Musée Maillol
レ・ドゥ・マゴ Les Deux Magots
サン・ジェルマン・デ・プレ教会 Église St-Germain des Prés
Bd. St-Germain
Rue St-Guillaume
Rue de Varenne
12号線 LIGNE 12
ラ・パレス・アン・ドゥース La Paresse en Douce
サン・ジェルマン・デ・プレ ST-GERMAIN-DES-PRÉS
マディソン Madison
Rue de la Planche
Rue de la Chaise
Rue de Commaille
Rue du Four
マビヨン MABILLON
Rue Clément
セザンヌ Sézane P65
Rue Chomel
Rue Mabillon
Marché St-Germain
Rue de Sèvres
Rue de Babylone
セーヴル・バビロヌ SÈVRES-BABYLONE
サン・シュルピス ST-SULPICE
ブシコー公園 Sq. Boucicaut
ルテシア Hôtel Lutetia
カトリーヌ・ラブレ公園 Jardin Catherine Labouré
Rue Velpeau
Rue du Cherche Midi
サン・シュルピス広場 Pl. St-Sulpice
サン・シュルピス教会 Église St-Sulpice
P58 奇跡のメダイ教会 La Chapelle Notre Dame de la Médaille Miraculeuse
10号線 LIGNE 10
第6区役所 Mairie du 6e Arr.
Rue Palatine
サンティニャース教会 St-Ignace
Rue Madame
セーヴル通り Rue de Sèvres
Rue Dupin
4号線 LIGNE 4
Rue de Rennes
Rue Cassette
Rue Bonaparte
Rue Férou
Rue Servandoni
Rue Garancière
Rue d'Assas
Rue de Vaugirard
Rue Vaneau
Rue du Regard
レンヌ RENNES
ヴァノー VANEAU
リュクサンブール公園 Jardin du Luxembourg

●観光スポット ●ショップ ●レストラン・カフェ・スイーツ・パン ●ナイトスポット H ホテル

info オペラ地区からサン・ジェルマン・デ・プレへの移動はバスが便利。95番バスなら乗り換えナシで到着できる。道中でルーヴル美術館の広場も通り、ガラスのピラミッドを眺められるので観光気分も盛り上がる。

マレ〜バスティーユ周辺

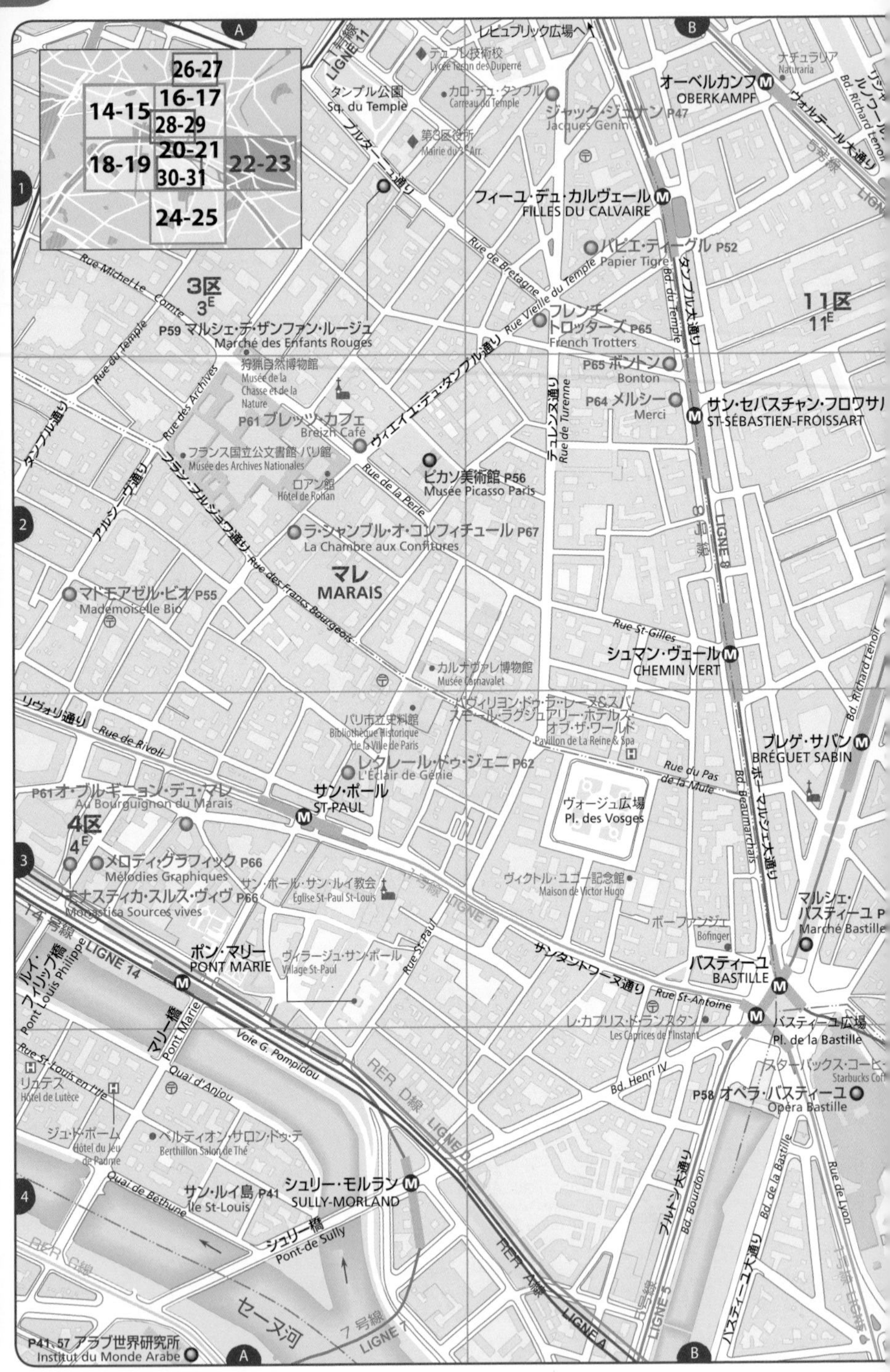

● 観光スポット ● ショップ ● レストラン・カフェ・スイーツ・パン ● ナイトスポット H ホテル

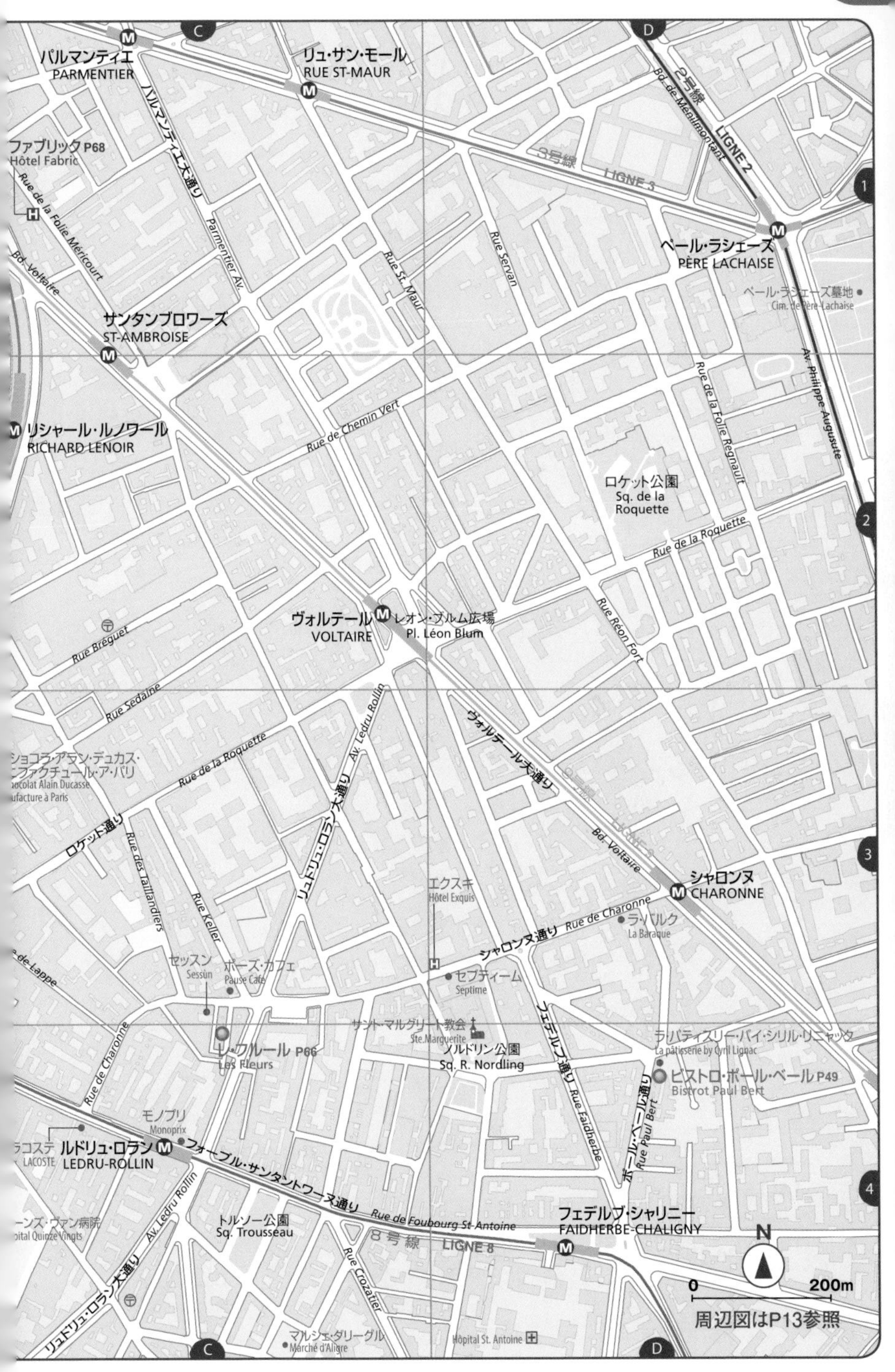

パルマンティエ
PARMENTIER
リュ・サン・モール
RUE ST-MAUR
ファブリック P68
Hôtel Fabric
パルマンティエ大通り
Parmentier Av.
Rue de la Folie Méricourt
Bd. Voltaire
Rue St. Maur
Rue Servan
2号線
Bd. de Ménilmontant
LIGNE 2
3号線
LIGNE 3
ペール・ラシェーズ
PÈRE LACHAISE
ペール・ラシェーズ墓地
Cim. de Père-Lachaise
サンタンブロワーズ
ST-AMBROISE
リシャール・ルノワール
RICHARD LENOIR
Rue de Chemin Vert
Rue de la Folie Regnault
Av. Philippe-Auguste
ロケット公園
Sq. de la Roquette
Rue de la Roquette
ヴォルテール
VOLTAIRE
レオン・ブルム広場
Pl. Léon Blum
Rue Réon Fort
Rue Bréguet
Rue Sedaine
Av. Ledru Rollin
ヴォルテール大通り
Bd. Voltaire
ショコラ・アラン・デュカス・
マニファクチュール・ア・パリ
Chocolat Alain Ducasse
Manufacture à Paris
Rue de la Roquette
ロケット通り
Rue des Taillandiers
Rue Keller
リュドリュ・ロラン大通り
エクスキ
Hôtel Exquis
シャロンヌ
CHARONNE
ラ・バルク
La Baraque
シャロンヌ通り
Rue de Charonne
セッスン
Sessùn
ポーズ・カフェ
Pause Café
セプティーム
Septime
Rue de Lappe
サント・マルグリート教会
Ste.Marguerite
ノルドリン公園
Sq. R. Nordling
フェデルブ通り
Rue Faidherbe
ラ・パティスリー・バイ・シリル・リニャック
La pâtisserie by Cyril Lignac
ビストロ・ポール・ベール P49
Bistrot Paul Bert
ポール・ベール通り
Rue Paul Bert
レ・フルール P66
Les Fleurs
Rue de Charonne
モノプリ
Monoprix
ラコステ
LACOSTE
ルドリュ・ロラン
LEDRU-ROLLIN
フォーブル・サンタントワーヌ通り
Rue de Foubourg St-Antoine
8号線
LIGNE 8
フェデルブ・シャリニー
FAIDHERBE-CHALIGNY
カーンズ・ヴァン病院
Hôpital Quinze Vingts
Av. Ledru Rollin
トルソー公園
Sq. Trousseau
リュドリュ・ロラン大通り
Rue Crozatier
マルシェ・ダリーグル
Marché d'Aligre
Hôpital St. Antoine
N
0
200m
C
D
1
2
3
4

周辺図はP13参照

info バスティーユ広場（B3）からセーヌ河方面にパリの運河が続く。
河岸にはヨットやクルーザーがたくさん停泊しているので、ちょっとしたリゾート気分で運河沿いを散歩できる。

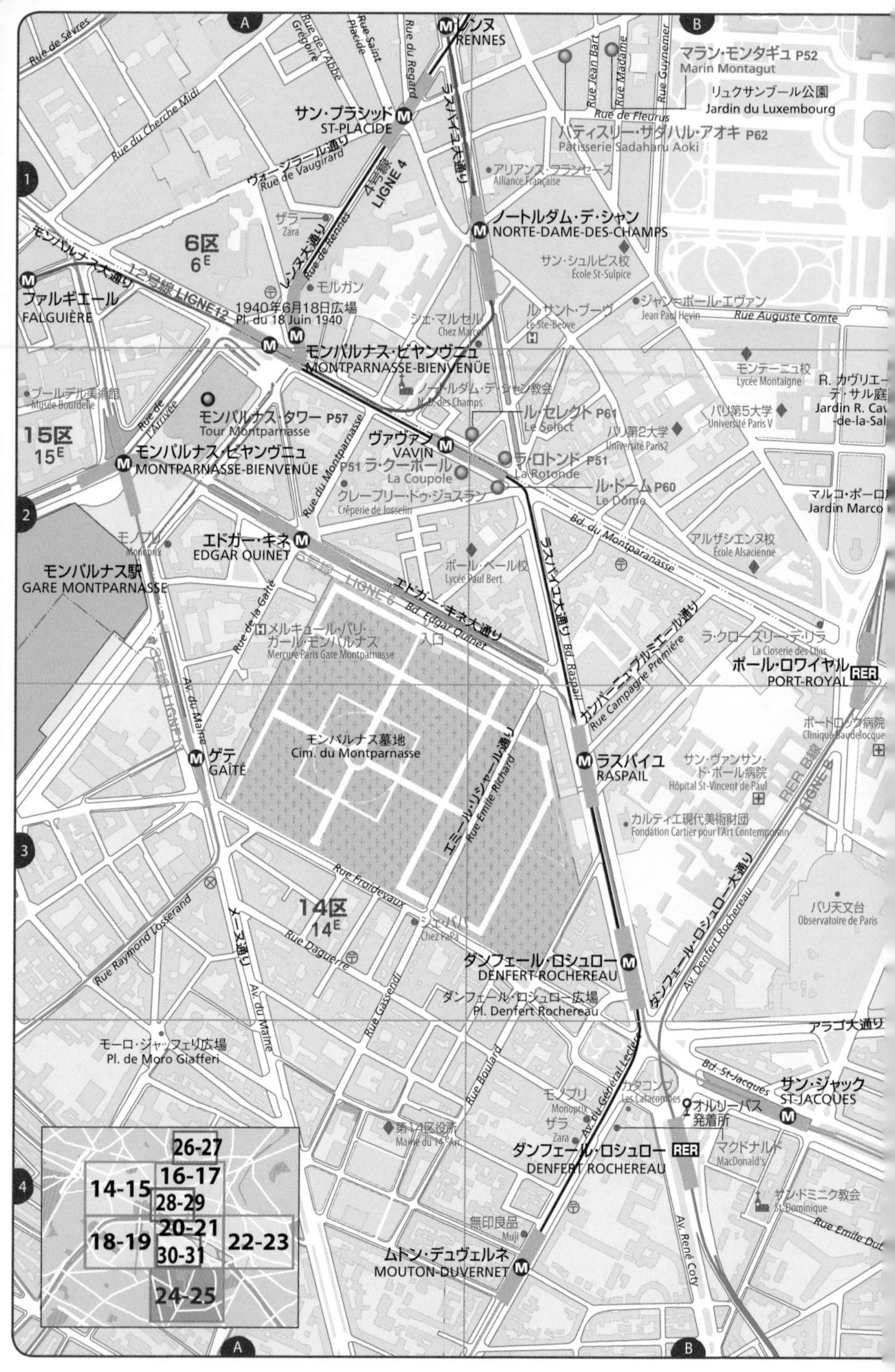

● 観光スポット ● ショップ ● レストラン・カフェ・スイーツ・パン ● ナイトスポット H ホテル

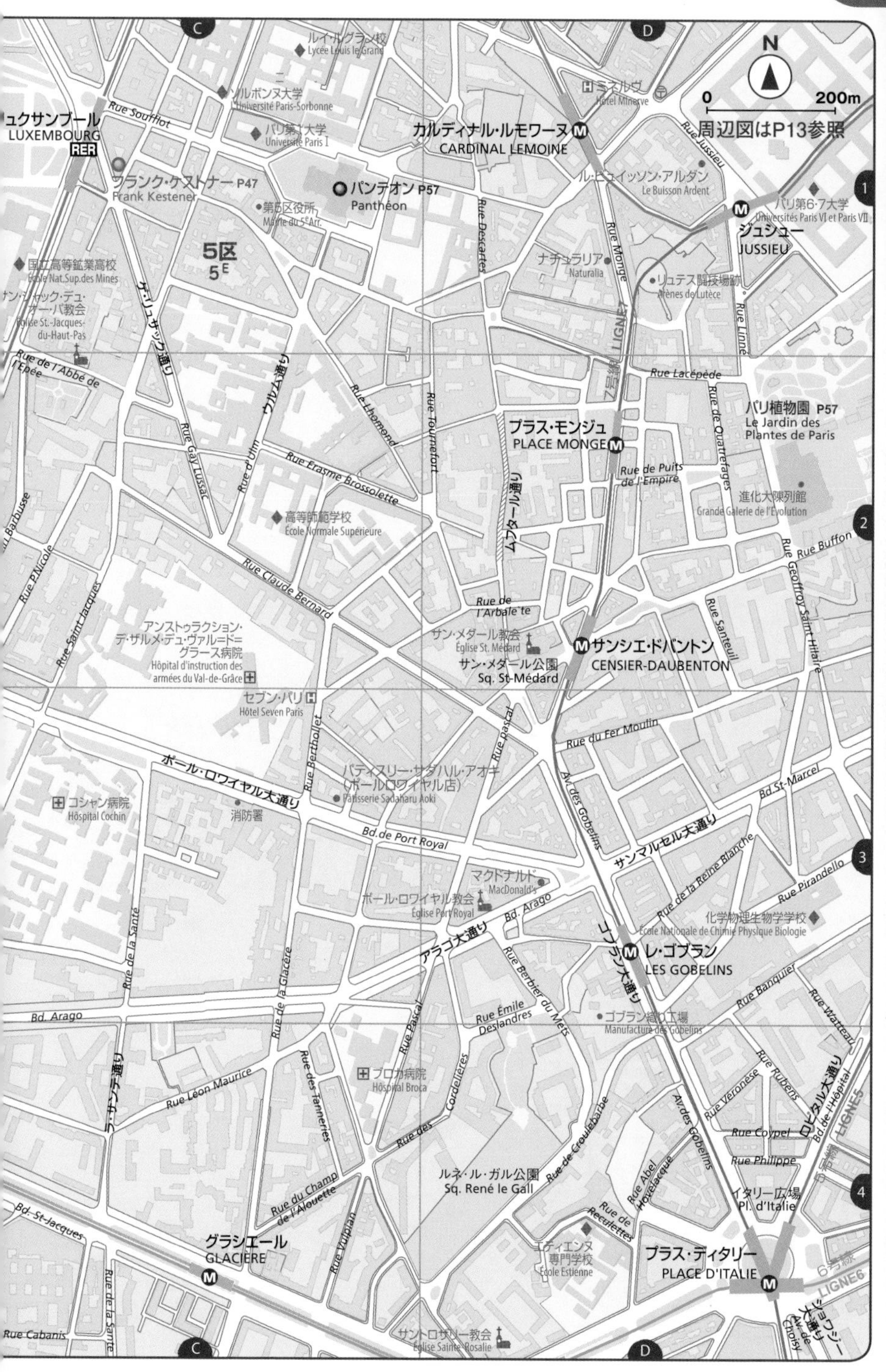
周辺図はP13参照
0 200m
N
パンテオン P57
Panthéon
カルディナル・ルモワーヌ
CARDINAL LEMOINE
ジュシュー
JUSSIEU
リュクサンブール
LUXEMBOURG
フランク・ケストナー P47
Frank Kestener
5区
5E
プラス・モンジュ
PLACE MONGE
パリ植物園 P57
Le Jardin des Plantes de Paris
サンシエ・ドバントン
CENSIER-DAUBENTON
レ・ゴブラン
LES GOBELINS
グラシエール
GLACIÈRE
プラス・ディタリー
PLACE D'ITALIE
イタリー広場
Pl. d'Italie
ポール・ロワイヤル大通り
Bd.de Port Royal
アラゴ大通り
Bd. Arago
サンマルセル大通り
Bd.St-Marcel
ゴブラン大通り
Av.des Gobelins
ロピタル大通り
Bd.de l'Hôpital
ショワジー大通り
Av. de Choisy
Rue Soufflot
Rue Monge
Rue Mouffetard
ムフタール通り
Rue Claude Bernard
Rue Gay Lussac
ゲイ・リュサック通り
Rue d'Ulm
ウルム通り
Rue Saint Jacques
Bd. St-Jacques
Rue de la Santé
ラ・サンテ通り
Rue Lacépède
Rue Buffon
Rue Geoffroy Saint Hilaire
Rue Cuvier
Rue Linné
Rue Jussieu
Rue Tournefort
Rue Lhomond
Rue Descartes
Rue Erasme Brossolette
Rue Berthollet
Rue Pascal
Rue du Fer Moulin
Rue de la Reine Blanche
Rue Pirandello
Rue Banquier
Rue Watteau
Rue Rubens
Rue Véronèse
Rue Coypel
Rue Philippe
Rue de Croulebarbe
Rue Abel Hovelacque
Rue de Reculettes
Rue Berbier du Mets
Rue Émile Deslandres
Rue des Cordelières
Rue Léon Maurice
Rue des Tanneries
Rue de la Glacière
Rue du Champ de l'Alouette
Rue Vulpian
Rue Cabanis
Rue de l'Abbé de l'Épée
Rue P.Nicole
Rue Santeuil
Rue de Quatrefages
Rue de Puits de l'Empire
Rue de l'Arbalète
ルイ・ル・グラン校
Lycée Louis le Grand
ソルボンヌ大学
L'Université Paris-Sorbonne
パリ第1大学
Université Paris I
第5区役所
Mairie du 5e Arr.
ミネルヴ
Hotel Minerve
ル・ビュイッソン・アルダン
Le Buisson Ardent
パリ第6・7大学
Universités Paris VI et Paris VII
ナチュラリア
Naturalia
リュテス闘技場跡
Arènes de Lutèce
進化大陳列館
Grande Galerie de l'Evolution
国立高等鉱業高校
École Nat.Sup.des Mines
サン・ジャック・デュ・オー・パ教会
Église St.-Jacques-du-Haut-Pas
高等師範学校
École Normale Supérieure
アンストゥラクション・デ・ザルメ・デュ・ヴァル=ド=グラース病院
Hôpital d'instruction des armées du Val-de-Grâce
セブン・パリ
Hôtel Seven Paris
サン・メダール教会
Église St. Médard
サン・メダール公園
Sq. St-Médard
パティスリー・サダハル・アオキ（ポールロワイヤル店）
Pâtisserie Sadaharu Aoki
コシャン病院
Hôspital Cochin
消防署
マクドナルド
MacDonald's
ポール・ロワイヤル教会
Église Port Royal
化学物理生物学学校
École Nationale de Chimie Physique Biologie
ゴブラン織り工場
Manufacture des Gobelins
ブロカ病院
Hôspital Broca
ルネ・ル・ガル公園
Sq. René le Gall
エティエンヌ専門学校
École Estienne
サント・ロザリー教会
Église Sainte-Rosalie
7号線 LIGNE7
6号線 LIGNE6
5号線 LIGNE5
RER

info サン・ジェルマン・デ・プレから続くレンヌ大通り(A1)沿いにはショップが軒を連ね、モンパルナスに近いほど庶民派系のお店が多い。モンパルナス駅(A2)は巨大なので迷子にならないよう注意。

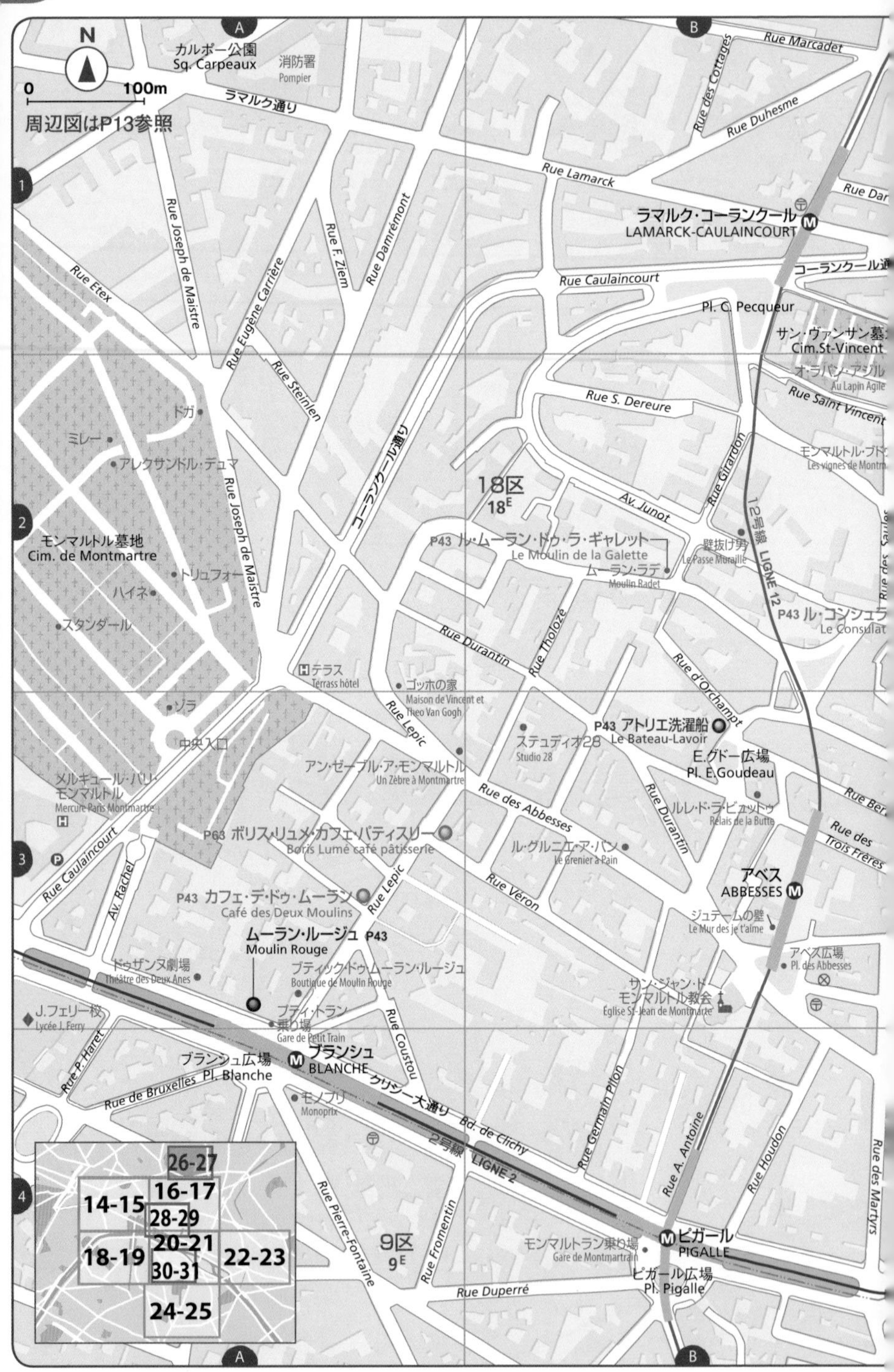
N
0
100m
周辺図はP13参照
A
B
1
2
3
4
カルポー公園
Sq. Carpeaux
消防署
Pompier
ラマルク通り
Rue Marcadet
Rue des Cottages
Rue Duhesme
Rue Lamarck
Rue Dar
ラマルク・コーランクール
LAMARCK-CAULAINCOURT
コーランクール通
Rue Caulaincourt
Pl. C. Pecqueur
サン・ヴァンサン墓
Cim.St-Vincent
オ・ラパン・アジル
Au Lapin Agile
Rue Saint Vincent
モンマルトル・ブドウ
Les vignes de Montm
Rue Joseph de Maistre
Rue Eugène Carrière
Rue F. Ziem
Rue Damrémont
Rue Etex
Rue Steinlen
Rue S. Dereure
ドガ
ミレー
アレクサンドル・デュマ
コーランクール通り
18区
18E
Av. Junot
Rue Girardon
12号線 LIGNE 12
壁抜け男
Le Passe Muraille
モンマルトル墓地
Cim. de Montmartre
トリュフォー
ハイネ
スタンダール
P43 ル・ムーラン・ドゥ・ラ・ギャレット
Le Moulin de la Galette
ムーラン・ラデ
Moulin Radet
P43 ル・コンシュラ
Le Consulat
Rue Durantin
Rue Tholozé
Rue d'Orchampt
テラス
Terrass hôtel
ゴッホの家
Maison de Vincent et Theo Van Gogh
ゾラ
中央入口
Rue Lepic
ステュディオ28
Studio 28
P43 アトリエ洗濯船
Le Bateau-Lavoir
E.グドー広場
Pl. E.Goudeau
アン・ゼーブル・ア・モンマルトル
Un Zèbre à Montmartre
メルキュール・パリ・モンマルトル
Mercure Paris Montmartre
Rue des Abbesses
Rue Durantin
ルレ・ド・ラ・ビュット
Relais de la Butte
Rue Ber
Rue des Trois Frères
P63 ボリス・リュメ・カフェ・パティスリー
Boris Lumé café pâtisserie
ル・グルニエ・ア・パン
Le Grenier à Pain
Rue Caulaincourt
Av. Rachel
Rue Véron
アベス
ABBESSES
P43 カフェ・デ・ドゥ・ムーラン
Café des Deux Moulins
Rue Lepic
ジュテームの壁
Le Mur des je t'aime
ムーラン・ルージュ P43
Moulin Rouge
ドゥザンヌ劇場
Théâtre des Deux Anes
ブティック・ドゥ・ムーラン・ルージュ
Boutique de Moulin Rouge
アベス広場
Pl. des Abbesses
サン・ジャン・ド・モンマルトル教会
Église St-Jean de Montmartre
J.フェリー校
Lycée J. Ferry
プティ・トラン乗り場
Gare de Petit Train
Rue Coustou
Rue P. Haret
ブランシュ広場
Pl. Blanche
ブランシュ
BLANCHE
クリシー大通り
Bd. de Clichy
Rue de Bruxelles
モノプリ
Monoprix
2号線 LIGNE 2
Rue Germain Pilon
Rue A. Antoine
Rue Houdon
Rue des Martyrs
26-27
14-15
16-17
28-29
18-19
20-21
30-31
22-23
24-25
Rue Pierre-Fontaine
9区
9E
Rue Fromentin
モンマルトラン乗り場
Gare de Montmartrain
ピガール
PIGALLE
ピガール広場
Pl. Pigalle
Rue Duperré

●観光スポット ●ショップ ●レストラン・カフェ・スイーツ・パン ●ナイトスポット H ホテル

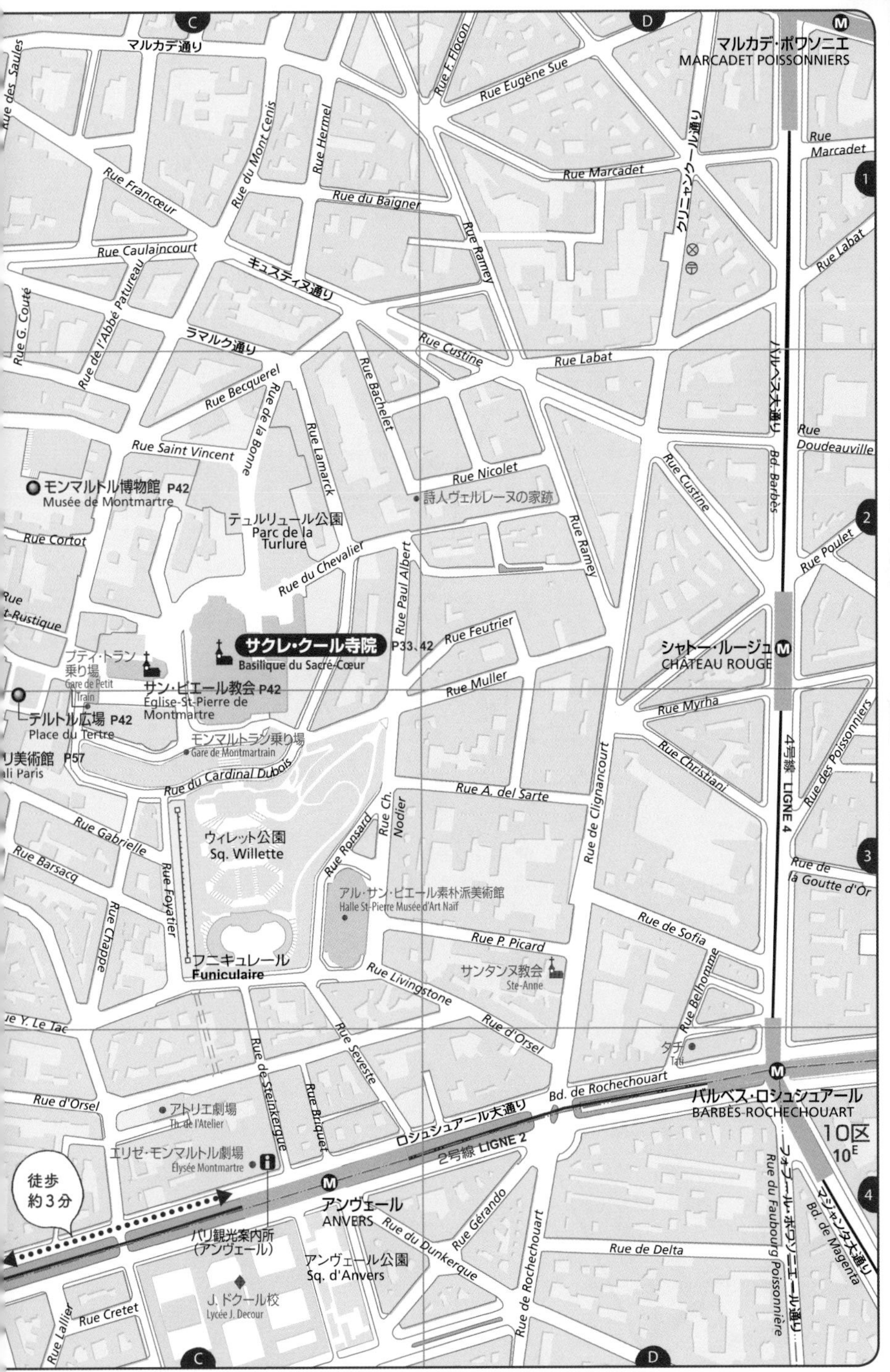

マルカデ・ポワソニエ
MARCADET POISSONNIERS
マルカデ通り
Rue des Saules
Rue F. Flocon
Rue Eugène Sue
Rue Marcadet
Rue Hermel
Rue du Mont Cenis
Rue Francœur
Rue du Baigner
Rue Marcadet
クリニャンクール通り
Rue Caulaincourt
キュスティヌ通り
Rue Ramey
Rue Labat
Rue G. Couté
Rue de l'Abbé Patureau
ラマルク通り
Rue Custine
Rue Labat
バルベス大通り
Bd. Barbès
Rue Becquerel
Rue Bachelet
Rue de la Bonne
Rue Lamarck
Rue Saint Vincent
Rue Nicolet
Rue Doudeauville
Rue Custine
モンマルトル博物館 P42
Musée de Montmartre
詩人ヴェルレーヌの家跡
テュルリュール公園
Parc de la Turlure
Rue Cortot
Rue du Chevalier
Rue Paul Albert
Rue Ramey
Rue Poulet
サクレ・クール寺院 P33、42
Basilique du Sacré-Cœur
Rue Feutrier
プティ・トラン乗り場
Gare de Petit Train
サン・ピエール教会 P42
Église-St-Pierre de Montmartre
シャトー・ルージュ
CHÂTEAU ROUGE
テルトル広場 P42
Place du Tertre
Rue Muller
Rue Myrha
モンマルトラン乗り場
Gare de Montmartrain
Rue Christiani
Rue des Poissonniers
4号線 LIGNE 4
Rue du Cardinal Dubois
Rue A. del Sarte
Rue de Clignancourt
Rue Ch. Nodier
Rue Gabrielle
ウィレット公園
Sq. Willette
Rue Ronsard
Rue Barsacq
Rue Foyatier
Rue de la Goutte d'Or
アル・サン・ピエール素朴派美術館
Halle St-Pierre Musée d'Art Naïf
Rue de Sofia
Rue Chappe
Rue P. Picard
フニキュレール
Funiculaire
サンタンヌ教会
Ste-Anne
Rue Livingstone
Rue Belhomme
Rue Y. Le Tac
Rue d'Orsel
Rue Seveste
Rue de Steinkerque
タチ
Tati
Rue Briquet
Rue d'Orsel
Bd. de Rochechouart
バルベス・ロシュシュアール
BARBÈS-ROCHECHOUART
アトリエ劇場
Th. de l'Atelier
ロシュシュアール大通り
10区
10E
2号線 LIGNE 2
エリゼ・モンマルトル劇場
Élysée Montmartre
徒歩約3分
アンヴェール
ANVERS
フォーブール・ポワソニエール通り
Rue du Faubourg Poissonnière
マジャンタ大通り
Bd. de Magenta
パリ観光案内所（アンヴェール）
Rue du Dunkerque
Rue Gérando
Rue de Delta
アンヴェール公園
Sq. d'Anvers
Rue de Rochechouart
J.ドクール校
Lycée J. Decour
Rue Cretet
Rue Lallier

info Ⓜ12号線ABBESSES駅（B3）を出てすぐの広場にジュテームの壁（B3）が登場し、地元カップルの人気スポットになっている。“Le Mur des je t'aime”がフランス語名。

●観光スポット ●ショップ ●レストラン・カフェ・スイーツ・パン ●ナイトスポット H ホテル

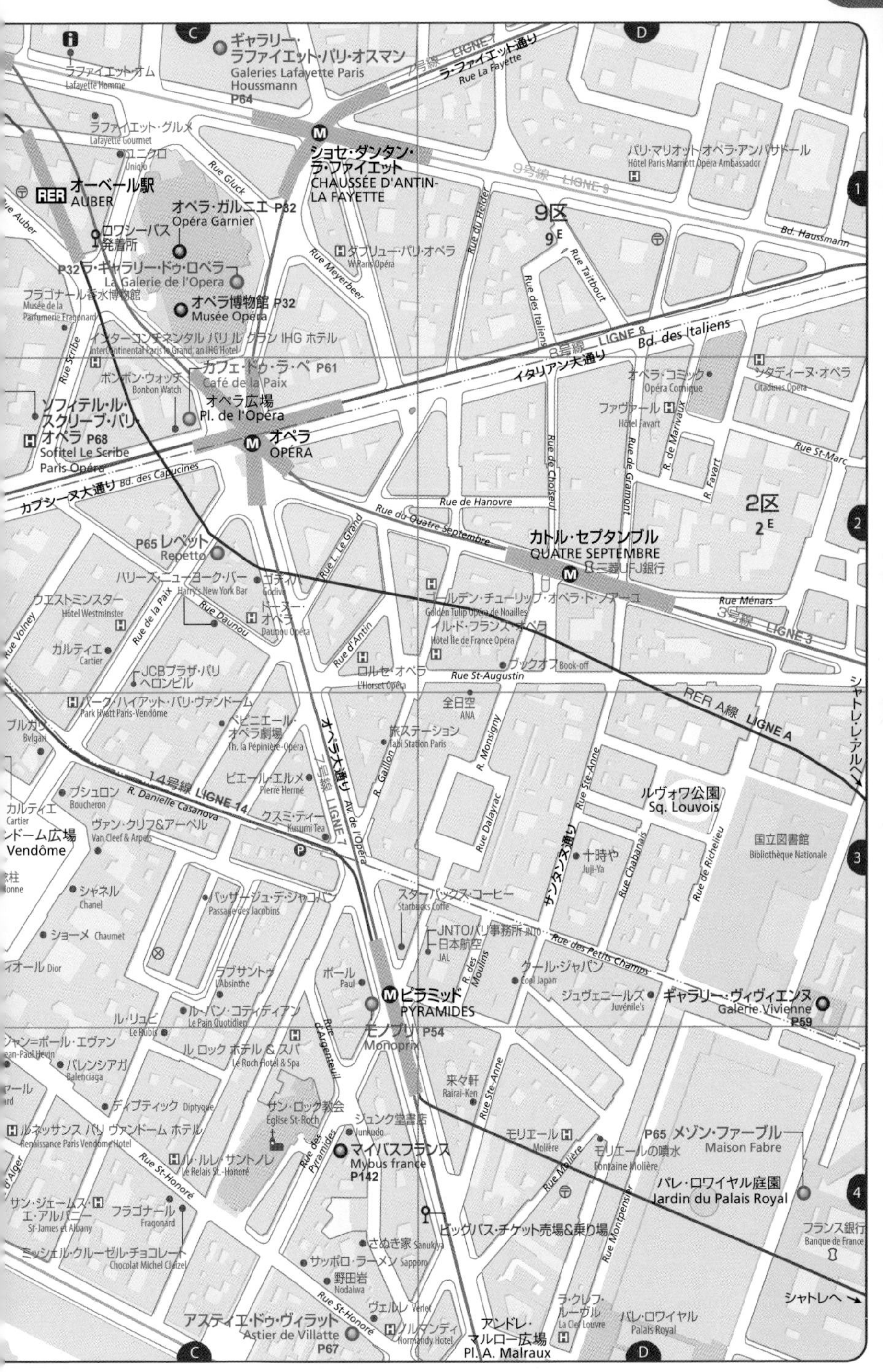

info 西はシャンゼリゼ大通り、東はチュイルリー公園に突き当たるコンコルド広場（A4）は、映画『プラダを着た悪魔』にも登場。主人公が上司との連絡用に支給された携帯電話を投げ入れた噴水も実在。

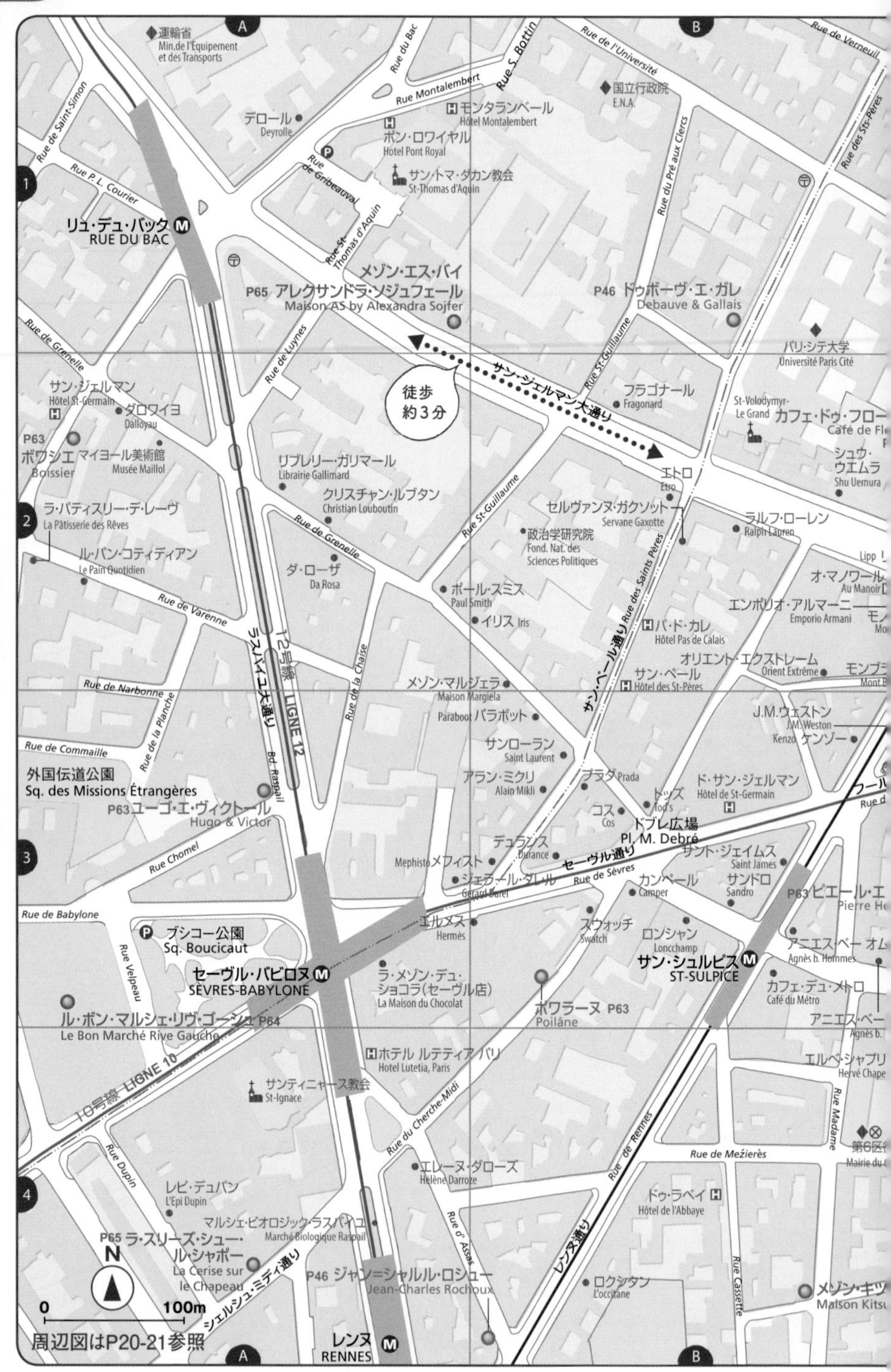
A
B
1
2
3
4
運輸省
Min.de l'Equipement et des Transports
Rue du Bac
Rue S. Bottin
Rue de l'Université
Rue de Verneuil
Rue Montalembert
モンタランベール
Hôtel Montalembert
国立行政院
E.N.A.
Rue de Saint-Simon
デロール
Deyrolle
ポン・ロワイヤル
Hotel Pont Royal
Rue de Gribeauval
サン・トマ・ダカン教会
St-Thomas d'Aquin
Rue du Pré aux Clercs
Rue des Sts-Pères
Rue P. L. Courier
リュ・デュ・バック
RUE DU BAC
Rue St-Thomas d'Aquin
メゾン・エス・バイ
P65 アレクサンドラ・ソジュフェール
Maison AS by Alexandra Sojfer
P46 ドゥボーヴ・エ・ガレ
Debauve & Gallais
パリ・シテ大学
Université Paris Cité
Rue de Grenelle
Rue de Luynes
Rue St-Guillaume
徒歩
約3分
サン・ジェルマン大通り
サン・ジェルマン
Hôtel St-Germain
ダロワイヨ
Dalloyau
フラゴナール
Fragonard
St-Volodymyr-Le Grand
カフェ・ドゥ・フロー
Café de Fl
P63
ボワシエ
Boissier
マイヨール美術館
Musée Maillol
リブレリー・ガリマール
Librairie Gallimard
エトロ
Etro
シュウ・ウエムラ
Shu Uemura
ラ・パティスリー・デ・レーヴ
La Pâtisserie des Rêves
クリスチャン・ルブタン
Christian Louboutin
セルヴァンヌ・ガクソット
Servane Gaxotte
政治学研究院
Fond. Nat. des Sciences Politiques
ラルフ・ローレン
Ralph Lauren
ル・パン・コティディアン
Le Pain Quotidien
Rue de Grenelle
ダ・ローザ
Da Rosa
Rue St-Guillaume
Rue des Saints Pères
オ・マノワール
Au Manoir
ポール・スミス
Paul Smith
エンポリオ・アルマーニ
Emporio Armani
Rue de Varenne
イリス Iris
パ・ド・カレ
Hôtel Pas de Calais
ラスパイユ大通り
12号線 LIGNE 12
サン・ペール通り
オリエント・エクストレーム
Orient Extrême
Rue de la Chaise
メゾン・マルジェラ
Maison Margiela
サン・ペール
Hôtel des St-Pères
Rue de Narbonne
Paraboot パラボット
J.M.ウェストン
J.M. Weston
Rue de Commaille
Rue de la Planche
Bd. Raspail
サンローラン
Saint Laurent
Kenzo ケンゾー
外国伝道公園
Sq. des Missions Étrangères
アラン・ミクリ
Alain Mikli
プラダ Prada
ド・サン・ジェルマン
Hôtel de St-Germain
P63 ユーゴ・エ・ヴィクトール
Hugo & Victor
トッズ
Tod's
コス
Cos
ドブレ広場
Pl. M. Debré
Rue Chomel
デュランス
Durance
サン・ジェイムス
Saint James
Mephisto メフィスト
セーヴル通り
Rue de Sèvres
ジェラール・ダレル
Gérard Darel
カンペール
Camper
サンドロ
Sandro
P63 ピエール・エ
Pierre He
Rue de Babylone
エルメス
Hermès
スウォッチ
Swatch
ロンシャン
Longchamp
ブシコー公園
Sq. Boucicaut
アニエス・ベー・オム
Agnès b. Hommes
Rue Vaneau
セーヴル・バビロヌ
SÈVRES-BABYLONE
ラ・メゾン・デュ・ショコラ(セーヴル店)
La Maison du Chocolat
サン・シュルピス
ST-SULPICE
カフェ・デュ・メトロ
Café du Métro
ボワラーヌ P63
Poilâne
ル・ボン・マルシェ・リヴ・ゴーシュ P64
Le Bon Marché Rive Gauche
アニエス・ベー
Agnès b.
ホテル ルテティア パリ
Hotel Lutetia, Paris
エルベ・シャプリ
Hervé Chape
10号線 LIGNE 10
サンティニャース教会
St-Ignace
Rue du Cherche-Midi
Rue de Rennes
Rue Madame
第6区
Mairie du 6
Rue Dupin
エレーヌ・ダローズ
Hélène Darroze
Rue de Mézières
レピ・デュパン
L'Epi Dupin
ドゥ・ラベイ
Hôtel de l'Abbaye
マルシェ・ビオロジック・ラスパイユ
Marché Biologique Raspail
Rue d' Assas
P65 ラ・スリーズ・シュー・ル・シャポー
La Cerise sur le Chapeau
レンヌ通り
Rue Cassette
N
シェルシュ・ミディ通り
P46 ジャン=シャルル・ロシュー
Jean-Charles Rochoux
ロクシタン
L'occitane
メゾン・キツ
Maison Kitsu
0
100m
周辺図はP20-21参照
レンヌ
RENNES

●観光スポット ●ショップ ●レストラン・カフェ・スイーツ・パン ●ナイトスポット 🅷ホテル

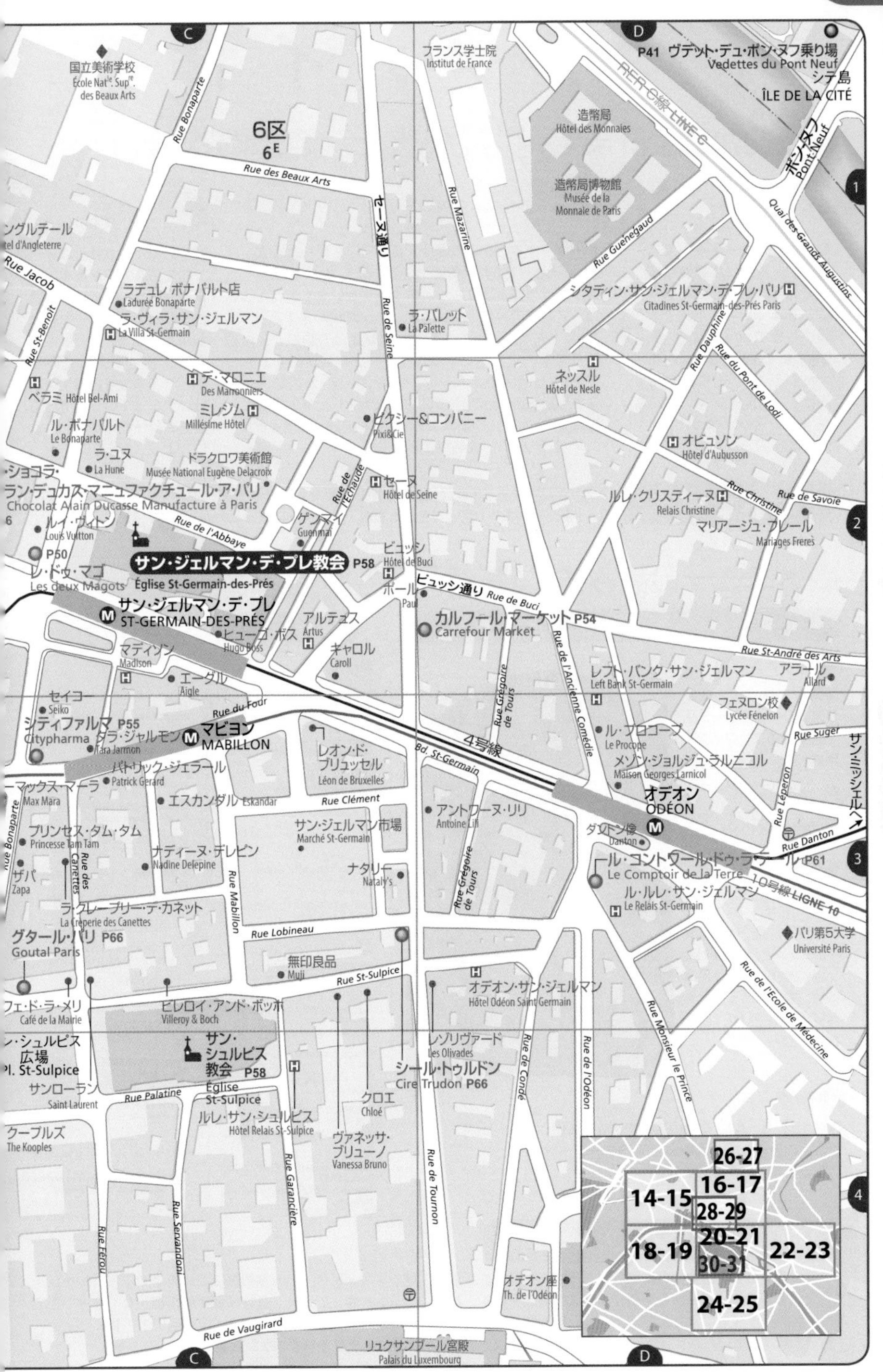

info Ⓜ12号線RUE DU BAC駅(A1)からサン・ジェルマン・デ・プレ教会(C2)までのサン・ジェルマン大通りはキッチンやヨーロッパの有名インテリア家具のショールームが並ぶ。インテリアに興味のある人は見逃せない。

グルメガイド

●予約から会計まで

レストランの予約はどうしたら？ お会計は？
現地のルールやマナーなど気になるポイントをチェック。

Step ❶ 予約

電話かインターネットで席を予約。事前に店に直接行って聞くのもアリ。予約するときは「2名で予約をお願いします Je voudrais réserver la table pour 2 personnes.（ジュ ヴードレ レゼルヴェ ラ ターブル プール ドゥー ペルソンヌ）」と伝えよう。

→

Step ❷ 注文

オーダーするときの基本は「私は〇〇をいただきます Je voudrais 〇〇（ジュ ヴードレ 〇〇）」。単品を選ぶアラカルトよりも、おすすめがセレクトされたコース料理の方が注文は簡単。「Apéritif（アペリティフ）は？」と聞かれたらシャンパンなどを頼むか、断っても大丈夫。ミネラルウオーターは炭酸なし（L'eau non gazeuse ローノン・ガズーズ）か炭酸入り（L'eau gazeuse ローガズーズ）のいずれかを指定。高級店でなければ無料の水道水（Une carafe d'eau ユヌ カラフ ドー）を頼むこともできる。

→

Step ❸ 会計

食べ終わったら会計はテーブルで済ますのが基本。食事をサービスしてくれた給仕を呼んで「お勘定お願いします（→P33）」と言えば、伝票を持って来てくれる。テーブル単位で担当する給仕は決まっているので、担当外の給仕を呼ばないようにしよう。

チップはどうする？

フランスの場合チップは義務ではないが、格式の高いお店なら食事代の5～10%を目安に。カード払いの際もキリのよい金額を現金でテーブルに置いていくのがおすすめ。

●メニューの読み方

フランス語で「Carte（カルト）」とよばれるメニューも、
キーワードを押さえておけばバッチリ！

ビストロ

❶セットメニュー
前菜/メイン/デザートのリストの中から1～3品を選択するプリフィクス形式

❷前菜
Entrée（アントレ）、スターターのこと。冷菜と温菜がある

❸メイン
Plat（プラ）。魚（Poissons／ポワソン）と肉（Viandes／ヴィアンドゥ）から1品選ぶか、順番に出ることも。メインは原則1人1皿必ずオーダーしよう。

❹デザート
Dessert（デセール）。季節の果物やチョコを使った品が定番。チーズ（Fromages／フロマージュ）もここに記載されていることがある。

レストラン

MENU

❷
{ ENTRÉES }
Blanc de DAURADE mariné 64€
citron, caviar gold, garniture mimosa

COOKPOT de légumes de saison cuits 60€
longuement, caillé de brebis

Filet de PIGEON en chaud-froid, 62€
la cuisse en pâté, mélange d'herbes amères

HOMARD de nos côtes court-bouillonné, 88€
primeurs croquants, notre sauce César

❸
{ POISSONS }
Pavé de BAR poêlé, fenouil fondant, 86€
sauce Dugléré

Filet de TURBOT à la plancha, 88€
écrevisses à la Riche

Belles LANGOUSTINES dorées en 88€
carapace,primeurs cuits et crus en salade

ROUGET DE MÉDITERRANÉE 78€
farci et braisé au fumet de bouillabaisse

{ VIANDES }
Suprême de VOLAILLE DE BRESSE rôti, 74€
condiment d'une diable

CANON D'AGNEAU à la broche, 78€
l'épaule confite, artichauts à la barigoule

GRENADIN DE VEAU au sautoir, 76€
petites girolles, échalotes, vrai jus

{ FROMAGES }
Sélection de quatre FROMAGES de France 26€
Selection of four perfectly matured cheeses

❹
{ DESSERTS }
L' ÉCROU AU CHOCOLAT et praliné 26€
croustillant, glace noisette

MOELLEUX aux pistaches et 26€
fraises des bois

FINE TARTE À LA RHUBARBE juste pochée, 26€ délicate meringue

VACHERIN CONTEMPORAIN aux 26€
fraises et thym citronné

CARRÉ GOURMAND FRAMBOISE/CHOCOLAT 26€

BABA imbibé de l' Armagnac de votre 26€
choix accompagné de crème peu fouettée

❶
MENU DÉGUSTATION
210 € / 310 € avec les vins
....
ENTRÉES / STARTERS
HOMARD de nos côtes en Bellevue, sucs de cuisson en sabayon et caviar gold

PETITS ARTICHAUTS POIVRADE en barigoule
....
POISSON&VIANDE / FISH&MEAT
Blanc de TURBOT cuit au four façon Dugléré

GRENADIN DE VEAU au sautoir, pommes de terre Anna, vrai jus
....
DESSERTS
MOELLEUX aux pistaches et fraises des bois

L' ÉCROU AU CHOCOLAT et praliné croustillant, glace noisette

レストランとビストロの違いは？

レストランは飲食店全体の総称でもあるが、事前予約が必要で、ドレスコードのある高級フランス料理店を指すことが一般的。ビストロはもともと小規模な居酒屋や庶民派の食堂を意味していたが、近年パリではスターシェフが手がけるネオ・ビストロも多数派に。一方でカジュアルなレストランも増えており、最近は両者の垣根がなくなってきているともいえる。どちらのタイプの店でも、特にディナーの際はあまりラフすぎない服装で臨むのがおすすめ。

美食の都パリをたっぷり堪能したいなら、
予約からメニュー選びまでレストランでの基礎知識を総ざらい！

●メニュー構成

フランス料理のコースは前菜、メイン、デザートの3品が基本。前菜の前につき出し（アミューズブーシュ）、デザートの前にチーズが入ることも。以下が特に代表的な料理。

前菜 Entrée

カルパッチョ
carpaccio
カルパッチョ

シャルキュトリー
charcuterie
ハム・ソーセージなど

フォワグラ
foie gras
フォワグラ

ジャンボン クリュ
jambon cru
生ハム

ウフ デュール マヨネーズ
œuf dur mayonnaise
ゆで卵のマヨネーズあえ

パテ
pâté
パテ

ポタージュ メゾン
potage maison
自家製ポタージュ

ラタトゥイユ
ratatouille
ラタトゥイユ

サラドゥ ヴェルトゥ
salade verte
グリーンサラダ

テリーヌ
terrine
テリーヌ

メイン Plat

ブランケット ド ヴォー
blanquette de veau
仔牛のクリーム煮

コンフィ ド カナール
confit de canard
鴨のコンフィ

プラールドゥ ドゥ ブレッス グリエ
poularde de bresse grillée
ブレス産若鶏のグリル

フィレ ドゥ ソール ムニエール
fillet de sole meunière
舌平目のムニエル

コキーユ サンジャック ア ラ プロヴァンサル
coquille saint-jacques à la provençale
帆立貝のプロヴァンス風
ニンニクバターソース

デザート Dessert

クレームブリュレ
crème brulée
焼きプリン

ガトー オ ショコラ
gâteau au chocolat
チョコレートケーキ

グラス
glace
アイスクリーム

ソルベ
sorbet
シャーベット

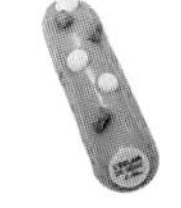

タルトゥ
tarte
タルト

●主な食材

メニューに書かれた食材の仏名を覚えておけば、料理のイメージも明確になるはず！

肉 Viandes

アニョー
agneau 仔羊

ブフ
boeuf 牛肉

カイユ
caille ウズラ

カナール
canard 鴨

フザン
faisan キジ

ラパン
lapin ウサギ

オワ
oie ガチョウ

ポール
porc 豚肉

プーレ
poulet 鶏肉

ヴィー
veau 仔牛

魚介類 Poissons

バール
bar スズキ

カルレ
carrelet カレイ

ドラードゥ
dorade タイ

ガンバス(クルヴェットゥ)
gambas(crevette)
エビ(小エビ)

ユイートル
huître カキ

マクロー
maquereau サバ

ムール
moule ムール貝

ソーモン
saumon サケ

サルディーヌ
sardine イワシ

ソール
sole 舌平目

野菜 Légumes

アイユ
ail ニンニク

アルティショー
artichaut
アーティチョーク

アスペルジュ
asperge
アスパラガス

オーベルジーヌ
aubergine ナス

キャロットゥ
carotte ニンジン

シャンピニョン ドゥ パリ
champignon de Paris
マッシュルーム

シュー
chou キャベツ

コンコーンブル
concombre キュウリ

クルジェットゥ
courgette ズッキーニ

アンディーヴ
endive チコリ

アリコ ベール
haricot vert
インゲン

レテュ
laitue レタス

ランティーユ
lentille レンズ豆

ナヴェ
navet カブ

オニョン
oignon タマネギ

ポワヴロン
poivron ピーマン

ポム ドゥ テール
pomme de terre
ジャガイモ

ポティロン
potiron カボチャ

トマトゥ
tomate トマト

フルーツ Fruits

アナナス
ananas
パイナップル

アブリコ
abricot アンズ

シトロン
citron レモン

フレーズ
fraise イチゴ

フランボワーズ
framboise
ラズベリー

マング
mangue マンゴ

パンプルムス
pamplemousse
グレープフルーツ

ペッシュ
pêche 桃

ポム
pomme リンゴ

レザン
raisin ブドウ

プチ会話

●注文をお願いします
S'il vous plaît. On voudrait commander.
スィル ヴ プレ オン ヴードレ コマンデ

●日本語(英語)のメニューはありますか？
Avez-vous une carte en japonais(anglais)?
アヴェ ヴ ユヌ カルトゥ アン ジャポネ(アングレ)

●これをください
Je vais prendre ça.
ジュ ヴェ プランドル サ

●パンをもう少しください
Est-ce qu'on peut avoir du pain, s'il vous plaît.
エス コン プー アヴォワー デュ パン シル ヴ プレ

●とてもおいしいです
C'est très bon.
セ トレ ボン

●お勘定をお願いします
L'addition, s'il vous plaît
ラディシオン シル ヴ プレ

指さしで簡単オーダー
フランス定番料理図鑑

前菜 Entrée アントレ

食事の始まりの一品で、英語のアペタイザーやスターターに当たる。オードヴル(Hors d' oeuvre)ともよばれる。冷菜と温菜があり、サラダやスープ、パテなどが含まれる。

カルパッチョ
Carpaccio／カルパッチョ

薄くスライスした生の牛肉または魚などに薬味やオリーヴオイル、ソース類をかけた冷菜。イタリア料理がルーツ。

スープ
Soupe／スープ

クリーミーな野菜の「Potageポタージュ」や「Veloutéヴルーテ」、魚介のアラを使ったスープ・ドゥ・ポワソンなどが人気。

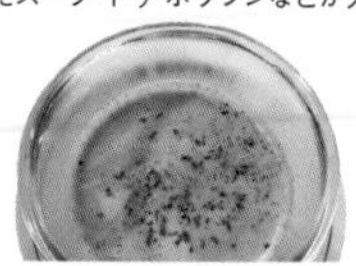

千切りニンジン
Carotte Rapée／キャロット・ラペ

細かく千切りにしたニンジンにヴィネグレット(ドレッシング)をあえた一品は、家庭でもおなじみのヘルシーな前菜。

ゆで玉子のマヨネーズ添え
Œuf Mayonnaise／ウフ・マヨネーズ

固ゆで玉子に自家製マヨネーズを添えた冷菜。カフェやビストロなどの定番メニューで、「ウフ・マヨ」とも略される。

サラダ
Salade／サラドゥ

生野菜をベースにした一品で、ヴィネグレットとともに供する。またサラドゥはレタス系の葉もの全般。

メイン Plat プラ

メインディッシュで、Plat de résistance(プラ ドゥ レジスタンス)またはPlat principal(プラ プランシパル)と称されることも。魚と肉から1品選ぶか、順番に2品が出る。

ステーキとフライドポテト
Steak Frites／ステーク フリット

不朽の人気メニュー。肉の焼き方を聞かれたらレアは「Saignantセニャン」、ウェルダンは「Bien cuitビヤンキュイ」と指定。

黒ブーダン
Boudin Noir／ブーダン・ノワール

豚の血と脂を腸詰めにし、タマネギや香辛料を加えた伝統的なソーセージの一種。付合せは焼きリンゴとポテト。

ロースト・ビーフ
Rosbif／ロスビフ

牛肉の塊をオーブンで肉汁をかけながら長時間焼き、じゃがいもの付合せとソースを添える。元はイギリス料理。

カスレ
Cassoulet／カスレ

南西部の名物で、インゲン豆と鴨やソーセージを煮込んだ郷土料理。地域によってレシピが異なり、仔羊肉が入ることも。

ポトフ
Pot au Feu／ポトフ

牛やベーコンなどの肉とカブやニンジン、セロリといった野菜類をブーケガルニと煮込み、マスタードを添えて供する。

デザート Dessert デセール

食事の最後を飾る甘いデザート。クレーム・キャラメル(カスタードプリン)や季節の果物を使ったタルトにソルベ、ショコラを使ったムースや焼き菓子は人気の定番。

焼きプリン
Crème Brûlée／クレーム ブリュレ

カスタードプリンの表面にザラメ糖を振り、バーナーで焦がして仕上げる。映画『アメリ』で世界に知られた人気スイーツ。

フロマージュ・ブラン
Fromage Blanc／フロマージュ ブラン

「白いチーズ」を意味する、ヨーグルトのような食感のフレッシュチーズ。ハチミツやフルーツソースをかけて味わう。

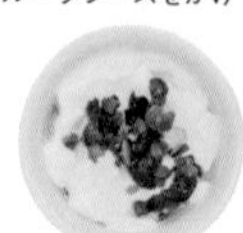

おなじみの定番フレンチのメニューから、P34はビストロ＆レストラン、P35はカフェの代表的な品々を紹介。前菜、メインにデザートから軽食まで、難解に見えるフランス語メニューもこれでらくらく攻略！

軽食
Casse Croûte
カス・クルート

「Le Croûte（バゲットの皮）を壊す」というのが転じ、小腹が空いたときに済ます軽食を意味するように。サンドイッチをはじめ、終日オーダーできるカフェの定番メニューが含まれる。

オープンサンド
Tartine／タルティーヌ

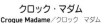

バゲットを縦に半分に切ったもの。これにバターやコンフィチュールを塗るのがフランスの典型的な朝食。

クロック・ムッシュー
Croque Monsieur／クロック　ムッシュー

パンにハムとチーズをはさんでフライパンで焼き、ベシャメルソースをのせるボリューミーな軽食。

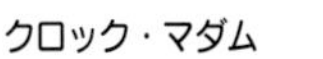

クロック・マダム
Croque Madame／クロック　マダム

クロック・ムッシューに目玉焼きをのせた「婦人風」。ホワイトソースの代わりに玉子だけをのせるのが一般的。

キッシュ
Quiche／キッシュ

パイ生地やタルト生地の中に玉子とクリームを混ぜた液体と具材を入れて焼く。ベーコン入りのロレーヌ風などが有名。

オニオングラタン
Soupe à l'Oignon／スープ　ア　ロニオン

アメ色に炒めたタマネギをコンソメスープに入れ、チーズをのせて焼く。カフェやブラッスリーの夜食の定番。

そば粉のクレープ
Galette／ガレット

ブルターニュ地方の名物。そば粉の生地にはハムやチーズなどの食事系、甘いデザート用は小麦粉のクレープに。

サンドイッチ
Sandwich／サンドイッチ

基本はバゲットにハム（ジャンボン）やチーズ（フロマージュ）をサンド。トマト＆モッツァレラのイタリア風も人気。

オムレツ
Omelette／オムレット

全卵をよく混ぜてふんわり焼き上げた人気メニュー。玉子のみのオムレット・ナチュール、キノコやチーズ入りなども。

ドリンク
Boissons
ボワッソン

観光やショッピングの合間にカフェで休憩タイム…そんなときに頼みたいドリンクメニュー。ホットドリンク（Boissons Chaudes）かコールドドリンク（Boissons Froides）の中から選ぼう。

コーヒー
Café / Double Café／カフェ / ドゥーブル・カフェ

カフェは通常エスプレッソのシングルサイズ。多めがよい場合は倍の「Doubleドゥーブル」、またはお湯で薄めた「Alongéアロンジェ」がおすすめ。

紅茶
Thé／テ

お茶は紅茶（テ・ノワール）のほか緑茶などがチョイスできる店も多い。ハーブティは「Infusion アンフュージョン」または「Tisane ティザーヌ」。

カフェクレーム
Café Crème
カフェ　クレーム

泡立てたミルクを入れたカフェオレ。ミルク少量だけのカフェは「Noisetteノワゼット」。

ホットココア
Chocolat Chaud
ショコラ・ショー

ココアパウダーをホットミルクに溶かしたチョコレートドリンク。生クリームが添えられることも。

レモン水
Citron Pressé
シトロン・プレッセ

搾ったレモン入りのグラスと水道水のピッチャー、砂糖がサービスされる。好みの配合を自分で調整できる。

オランジーナ
Orangina
オランジーナ

フランス発ブランドでオレンジ味の炭酸ジュース。カフェでもコーラと人気を二分する国民的な清涼飲料水。

シーン別 カンタン フランス語

Scene 1 あいさつ

こんにちは
Bonjour
ボンジュール

さようなら
Au revoir
オーヴォワール

ありがとう
Merci
メルスィ

Scene 2 意思を伝える

はい、そうです
Oui, c'est ça.
ウィ　セ　サ

いいえ、違います
Non, ce n'est pas ça.
ノン　ス　ネ　パ　サ

わかりました
D'accord.
ダコール

わかりません
Je ne comprends pas.
ジュ　ヌ　コンプラン　パ

いいえ、結構です
Non, merci.
ノン　メルシ

嫌です
Je n'aime pas ça.
ジュ　ネム　パ　サ

Scene 3 レストランで and more 別冊 P33

メニューをください
La carte, s'il vous plaît
ラ　カルト　シル　ヴ　プレ

おすすめの料理はどれですか?
Qu'est ce que vous me conseillez ?
ケスク　ヴ　ム　コンセイエ

Scene 4 ショップで

いくらですか?
C'est combien ?
セ　コンビヤン

○○はありますか?
Avez-vous ○○ ?
アヴェ　ヴ　○○

試着してもいいですか?
Puis-je l'essayer ?
ピュイ　ジュ　レセイエ

これをください
Je vais prendre ça.
ジュ　ヴェ　ポンドル　サ

Scene 5 観光で

無料の市街地図はありますか?
Avez-vous un plan de la ville gratuit ?
アヴェ　ヴ　アン　プラン　ドゥ　ラ　ヴィル　グラテュイ

○○は今日開いていますか?
Est-ce que ○○ est ouvert aujourd'hui ?
エスク　○○　エ　トゥーヴェール　オージューデュイ

○○へはどう行けばいいのですか?
Comment peut-on aller à ○○ ?
コモン　プートン　アレ　ア　○○

営業時間(開館時間)は何時から何時までですか?
Quels sont les horaires d'ouverture ?
ケル　ソン　レ　ゾレール　ドゥーヴェルチュール

Scene 6 タクシーで

この住所へ行ってください(メモを見せて)
Je voudrais aller à cette adresse.
ジュ　ヴドゥレ　アレ　ア　セタドレス

ここで止めてください
Puis-je descendre ici ?
ピュイ　ジュ　デサンドル　イスィ

よく使うからまとめました♪ 数字・単語

1…un…アン
2…deux…ドゥー
3…trois…トロワ
4…quatre…キャトル
5…cinq…サンク
6…six…シス
7…sept…セット
8…huit…ユイット
9…neuf…ヌフ
10…dix…ディス

駅…station…スタシオン
空港…aéroport…アエロポール
〜行き…pour…プール
出発…départ…デパール
到着…arrivée…アリヴェ

運賃…tarif…タリフ
営業中…ouvert…ウーヴェール
閉店…fermé…フェルメ
出口…sortie…ソルティ
入口…entrée…アントレ
トイレ…toilette…トワレット

レート €1≒162円
(2024年3月現在)

書いておこう♪ 両替時のレート €1≒＿＿円